"互联网+"新形态智能财会类精品系列教材

Excel
在会计和财务中的应用

主　编◎黄芝花　夏红雨　张　静
副主编◎胡争艳　邓亚琼　林丽群　邓京闻　阮筱棋　袁　园
参　编◎昌建强　黄　冲　陈　娜　张访问
主　审◎周艳芳

电子工业出版社
Publishing House of Electronics Industry
北京·BEIJING

内 容 简 介

本书巧妙地将 Excel 应用与会计、财务管理深度融合，围绕中小企业经济活动中的各类具体问题展开系统且详尽的阐释。本书以中小企业会计工作岗位为依托，遵循工作过程导向，实施项目化课程开发，紧扣企业经济业务这一核心主线，精心设计了总账会计岗位、出纳岗位、薪资管理岗位、税务会计岗位、往来会计管理岗位、固定资产管理岗位、成本管理岗位、投融资管理岗位八个财务会计岗位作为全书的主要教学内容。针对财务工作中常见的表格设置、数据处理、图表生成等问题，本书细致入微地介绍了解决诸多问题的有效方法与精准步骤。学习者通过本书的学习，可以快速掌握运用 Excel 解决会计、财务管理问题的技巧与关键要点，并为进一步自主开发及构建专属的会计管理系统作准备。

本书可作为应用型本科、高职、中职院校的学生教学用书，也可供企业财务工作人员参考使用。

未经许可，不得以任何方式复制或抄袭本书之部分或全部内容。
版权所有，侵权必究。

图书在版编目（CIP）数据

Excel 在会计和财务中的应用 / 黄芝花，夏红雨，张静主编. -- 北京：电子工业出版社，2025.3. -- ISBN 978-7-121-49998-2

Ⅰ. F232；F275-39

中国国家版本馆 CIP 数据核字第 2025DH6358 号

责任编辑：贾瑞敏
印　　刷：三河市良远印务有限公司
装　　订：三河市良远印务有限公司
出版发行：电子工业出版社
　　　　　北京市海淀区万寿路 173 信箱　邮编　100036
开　　本：787×1 092　1/16　印张：13.5　字数：345.6 千字
版　　次：2025 年 3 月第 1 版
印　　次：2025 年 3 月第 1 次印刷
定　　价：49.90 元

凡所购买电子工业出版社图书有缺损问题，请向购买书店调换。若书店售缺，请与本社发行部联系，联系及邮购电话：(010) 88254888，88258888。
质量投诉请发邮件至 zlts@phei.com.cn，盗版侵权举报请发邮件至 dbqq@phei.com.cn。
本书咨询联系方式：(010) 88254019，jrm@phei.com.cn。

PREFACE 前言

党的二十大报告明确指出,"教育、科技、人才是全面建设社会主义现代化国家的基础性、战略性支撑"。在此背景下,为积极响应国家战略,紧密围绕区域经济发展对人才培养的迫切需求,编者深入践行使命担当。

Excel 作为一款强大且常用的办公软件,其电子表格具备强大的核算、数据处理和图表分析等功能,为企业财务工作者带来了极大便利。掌握 Excel 的数据处理与应用能力,已成为企业财务人员不可或缺的基本技能。基于此,"Excel 在会计和财务中的应用"成为会计专业学生的必修课程。

为编写这本贴合实际需求、高质量的教材,编者深入株洲中脉蜂灵有限公司、湘潭市新峰金属科技有限公司等多家企业开展深度调研。通过对中小企业会计岗位工作内容的全面剖析,精准提炼典型工作任务,并依托校企合作的强大合力与独特优势,开发了本书。

本书具有以下显著特色。

1. 符合专业人才培养目标

为满足经济管理类专业教学需求,编者参考大量企业实践资料,凭借多年企业实际工作经验与教学经验,整理出一套较为全面的企事业单位基于 Excel 平台建立的财务管理系统模型。该模型着重强调财务工作的原理、构思及实现手段,让学生在 Excel 平台下,模拟企业真实财务环境,构建符合企业财务管理需求的分析和决策模型,从而更好地为企业的财务管理与决策服务。

2. 任务驱动,学生为本

以企事业单位的岗位工作任务为驱动,教师可在学银在线平台发布课程任务及需要完成的操作内容,引导学生思考。在理论教学部分,采用翻转课堂的方式,让学生了解课堂操作所需的理论知识。鉴于在这门课程开设之前,学生已基本具备相关专业理论知识,本书弱化枯燥的理论部分,着重强调实际操作,在操作中为学生答疑解惑,真正实现以学生为中心、教师为引导。此外,还录制了操作视频,大大方便了学生的自主学习。

3. 校企合作,双元开发

紧密结合区域经济对人才培养的需求,紧扣会计职业道德规范,本书的编写获得了厦门网中网软件有限公司的大力支持。编者走访湘潭市新峰金属科技有限公司、湘潭和源林业有限公司等多家企业,在业务素材、内容设置及财务工作岗位内容等方面进行深入研究和细致分析,为本书的编写提供了丰富的案例和可靠的数据支持。

4．思政引领、德技并修

始终坚持全过程育人理念，将会计职业准则和规范全程贯通其中。以习近平新时代中国特色社会主义思想为指导，注重学生社会主义核心价值观的培养。通过"素养目标"，着力培养学生诚实守信的品格、强烈的公民意识及高度的社会责任感；同时，通过分组学习培养学生的沟通能力、协调能力、语言表达能力，以及团队协助和团队互助等意识。

5．资源丰富，易学易懂

本书配有丰富的教学资源，其中操作视频在书中以二维码形式呈现，学习视频和学习任务发布在学银在线平台。此外，还配有 PPT 等教学资源，读者可登录华信教育资源网免费下载。

本书由黄芝花（湖南理工职业技术学院）、夏红雨（湖南理工职业技术学院）、张静（湖南水利水电职业技术学院）担任主编，湖南理工职业技术学院周艳芳担任主审，湖南理工职业技术学院胡争艳、邓亚琼、林丽群、邓京闻、阮筱棋、袁园担任副主编，参与编写的还有湖南理工职业技术学院昌建强、黄冲、陈娜、张访问。感谢湖南理工职业技术学院教材出版基金的资助。

目录

项目一　总账会计岗位 …………001

　　任务一　期初余额表的建立 ………002
　　　　子任务1.1.1　设置账簿封面 ……002
　　　　子任务1.1.2　编制会计
　　　　　　　　　　科目表 …………004
　　　　子任务1.1.3　编制总账及明细账
　　　　　　　　　　期初余额表 ……009
　　　　子任务1.1.4　编制总账期初
　　　　　　　　　　余额表 …………012
　　任务二　会计凭证表的编制 ………015
　　任务三　科目汇总表的编制 ………020
　　　　子任务1.3.1　采用SUMIF函数编
　　　　　　　　　　制科目汇总表 …020
　　　　子任务1.3.2　采用数据透视表编
　　　　　　　　　　制科目汇总表 …024
　　任务四　试算平衡表的编制 ………026
　　任务五　记账凭证的编制 …………030
　　　　子任务1.5.1　手动编制记账
　　　　　　　　　　凭证 ……………031
　　　　子任务1.5.2　采用宏录制编制
　　　　　　　　　　记账凭证 ………033
　　任务六　财务报表的编制 …………035
　　　　子任务1.6.1　编制利润表 ……035
　　　　子任务1.6.2　编制资产
　　　　　　　　　　负债表 …………038
　　任务七　财务分析 …………………042
　　　　子任务1.7.1　进行结构分析 …043
　　　　子任务1.7.2　进行财务比率
　　　　　　　　　　分析 ……………049
　　　　子任务1.7.3　进行杜邦分析 …052

项目二　出纳岗位 …………………057

　　任务一　未达账项的查找 …………057
　　任务二　银行存款余额调节表的
　　　　　　编制 ………………………062

项目三　薪资管理岗位 ……………066

　　任务一　工资及职工信息相关表格的
　　　　　　编制 ………………………066
　　任务二　职工考勤表的编制 ………078
　　任务三　计件工资和满勤奖的
　　　　　　计算 ………………………081
　　任务四　职工薪酬的计算 …………085
　　任务五　制作工资条 ………………088
　　　　子任务3.5.1　排序法生成
　　　　　　　　　　工资条 …………089
　　　　子任务3.5.2　邮件合并法生成
　　　　　　　　　　工资条 …………091
　　　　子任务3.5.3　宏录制法自动生成
　　　　　　　　　　工资条 …………095
　　任务六　对外表格的编制 …………096
　　　　子任务3.6.1　编制个人所得税
　　　　　　　　　　预缴表 …………096
　　　　子任务3.6.2　编制银行代发
　　　　　　　　　　工资表 …………098

    子任务 3.6.3 编制社会保险代扣
        代缴数据表……098

  任务七 工资计提表的编制……099
    子任务 3.7.1 运用函数编制工资
        计提表……100
    子任务 3.7.2 运用分类汇总法编
        制分部门的工资计
        提表……101

项目四 税务会计岗位……108

  任务一 汇总年度工资薪金……108
  任务二 个人所得税汇算清缴……116

项目五 往来会计管理岗位……126

  任务一 销售管理……126
    子任务 5.1.1 进行销售统计及
        分析……127
    子任务 5.1.2 采用高级筛选获取
        员工信息……132
    子任务 5.1.3 制作迷你图……133
  任务二 应收款项管理……134
  任务三 应付款项管理……143

项目六 固定资产管理岗位……149

  任务一 固定资产卡片的建立……149
  任务二 折旧额的计算和分析……153
    子任务 6.2.1 编制固定资产折旧
        计算表……154
    子任务 6.2.2 计算固定资产
        折旧额……156
    子任务 6.2.3 编制折旧
        分析表……157

项目七 成本管理岗位……161

  任务一 成本费用的计算……161
  任务二 辅助生产费用的分配……165
    子任务 7.2.1 采用年度计划分配
        率法分配制造费用
        ……166
    子任务 7.2.2 采用计划成本分配
        法分配辅助生产
        费用……168
    子任务 7.2.3 采用交互分配法分
        配辅助生产费用
        ……169
  任务三 混合成本的分解……171
    子任务 7.3.1 采用高低点法进行
        成本分解……172
    子任务 7.3.2 采用回归直线法
        进行成本分解……172
    子任务 7.3.3 采用 TREND 函数
        进行成本分解……173

项目八 投融资管理岗位……179

  任务一 终值的计算……179
  任务二 现值的计算……183
  任务三 净现值的计算……187
  任务四 收益率的计算……189
  任务五 内含报酬率和修正内含
      报酬率的计算……192
  任务六 投资回收期与还款期的
      计算……195
  任务七 年金的计算……197
  任务八 付款方案分析……200
  任务九 贷款查询系统的设计……201

项目一

总账会计岗位

以下是湖南利达饮品有限公司的企业信息：

- 企业名称：湖南利达饮品有限公司，简称利达公司。
- 企业性质：制造业企业。
- 注册地：湖南省湘潭市凤凰山路15号。
- 注册资金：350万元。
- 法人代表：李兵。
- 财务负责人：张星。
- 会计人员：李林、王丽、杨晓、陈明。
- 出纳：朱帆。
- 国税局税务登记类型：增值税一般纳税企业。
- 税务登记号：9143030078402523612。
- 适用增值税税率为13%，适用企业所得税税率为25%。
- 开户银行：中国银行南华路支行。
- 银行账号：601358789635121524。
- 电话号码：0731—55278642。
- 主营业务：五谷核桃汁和花生牛奶的生产与销售。

任务一　期初余额表的建立

任务目标

1. 知识目标

（1）掌握公司账簿封面内容及期初余额表的构成。
（2）掌握单元格区间名称定义及单元格引用的概念。
（3）掌握VLOOKUP函数、IF函数的功能和参数构成。

2. 能力目标

（1）能设置公司账簿封面和编制会计科目表。
（2）能编制公司总账及明细账期初余额表。
（3）能编制公司总账期初余额表。

3. 素养目标

（1）培养学生自主学习会计信息化的新知识、新技能的能力。
（2）培养学生的团队协助、团队互助等意识。
（3）培养学生的社会责任感、团队精神和协作精神。
（4）培养学生的爱国主义情感、沟通能力和协调能力。

微课视频
账户期初余额表的编制

任务导入

李林是湖南利达饮品有限公司（简称利达公司）的总账会计。他打算运用 Excel 制作利达公司 2024 年 1 月期初余额表，为公司建立账务处理系统做好前期数据准备。请你为他设计一套会计核算流程，以使会计业务处理工作能够循序渐进地开展。

任务实施

子任务 1.1.1　设置账簿封面

在会计业务处理中，设置公司账簿封面是开启项目实施的起始环节。以湖南利达饮品有限公司 2024 年 1 月业务为例，通过 Excel 进行账簿封面设置，其最终呈现效果如图 1-1 所示。

项目一
总账会计岗位

	A	B
1	湖南利达饮品有限公司	
2	注册地	湖南利达饮品有限公司
3	注册资金	350万元
4	法人代表	李兵
5	财务负责人	张星
6	会计	李林、王丽、杨晓、陈明
7	出纳	朱帆
8	国税局税务登记类型	增值税一般纳税企业
9	税务登记号	9143030078402523612
10	适用增值税税率为13%，适用企业所得税税率为25%	
11	开户银行	中国银行南华路支行
12	账号	601358789635121524
13	电话号码	0731—55278642
14	主营业务	五谷核桃汁和花生牛奶的生产与销售

微课视频
封面的编制

图 1-1 账簿封面

（1）在电脑桌面新建名为"利达公司 2024 年 1 月业务.xlsx"的工作簿。将"Sheet1"重命名为"账簿封面"。

（2）选中 A1:B14 单元格区域，设置边框线。

（3）同时选中 A1、B1 两个单元格，右键单击，在弹出的列表中选择"合并单元格"，在弹出的"设置单元格格式"对话框中，单击"对齐"，文本控制勾选"合并单元格"，然后在合并后的单元格中输入"湖南利达饮品有限公司"。以同样的操作将 A10 和 B10 两个单元格进行合并，并输入"适用增值税税率为 13%，适用企业所得税税率为 25%"。

（4）在 B9 单元格，先输入一个英文状态下的反逗号（'），然后输入税务登记号。同样的操作，在 B12 单元格，先输入英文反逗号（'），再输入账号。此反逗号的作用是将后续输入的内容视为文本格式，防止 Excel 自动将其识别为数字或其他格式而进行错误的格式化处理。

（5）参照企业背景资料以及预期的封面效果（见图 1-1），在"账簿封面"工作表中依次输入公司其他相关信息。

知识窗口

（1）单元格的跨列居中：先在一个单元格中输入相应内容。接着选中两个相邻单元格，右键单击选中区域，在弹出的列表中选择"设置单元格格式"。在弹出的"设置单元格格式"对话框中，单击"对齐"，在"水平对齐"的下拉菜单中，选择"跨列居中"，回车确定。这样第一个单元格中的内容会在选中的单元格区域的宽度范围内居中显示，既达到类似合并单元格的效果，又保留了两个单元格的独立性，便于后续数据处理和分析。

（2）数字作为文本的其他输入方式：先选中要输入数字的单元格，右键单击，在"设置单元格格式"对话框中设置数字类别为"文本"，后续输入的内容均被视为文本格式。

子任务 1.1.2　编制会计科目表

会计科目的设置是会计核算工作中极为重要的一项工作，它是会计业务开展的前期准备工作。会计科目是编制会计凭证、设置账户、进行账务处理的依据，也是编制会计报表的基础。必须依据企业会计准则和会计制度的规定对会计科目进行设置和使用，一级科目由财政部统一规定，明细科目根据企业实际情况来设置。利达公司会计科目表如图1-2所示。

利达公司会计科目表	
科目编码	科目名称
1001	库存现金
1002	银行存款
1221	其他应收款
122101	张星
1122	应收账款
112201	湖南绿色食品有限公司
112202	湖南天美食品有限公司
112203	湖南新华食品有限公司
112204	湖南江源食品有限公司
112205	湖南佳味食品有限公司
112206	广东旺旺食品有限公司
112207	江西雅米食品有限公司
112208	广西飘香食品有限公司
1123	预付账款
112301	湖南食美佳有限公司
1231	坏账准备
1403	原材料
140301	核桃仁
140302	花生仁
140303	牛奶
140304	红豆
140305	黑香米
140306	黑芝麻
140307	燕麦
140308	白糖
140309	乳化剂
1405	库存商品
140501	五谷核桃汁
140502	花生牛奶
1411	周转材料

微课视频
编制会计科目表

图 1-2　利达公司会计科目表

141101		盒装袋
141102		纸箱
1601	固定资产	
1602	累计折旧	
2001	短期借款	
2202	应付账款	
220201		广东顺心农产品有限公司
220202		湖南红星糖酒副食品公司
220203		湖南均亚牛奶销售有限公司
220204		河北涉县悠享农产品有限公司
220205		江西阳林包装公司
220206		广西利民副食品有限公司
220207		湖北乐天农产品有限公司
2203	预收账款	
220301		湖南森鲜食品有限公司
2211	应付职工薪酬	
221101		工资
221102		社会保险费
221103		工会经费
2221	应交税费	
222101		应交增值税
22210101		进项税额
22210102		销项税额
222102		未交增值税
222103		应交所得税
222104		应交城建税
222105		应交教育费附加
2231	应付利息	
223101		中国银行南华路支行
2241	其他应付款	
224101		住房公积金
2501	长期借款	
250101		中国银行南华路支行
4001	实收资本	
4101	盈余公积	
410101		法定盈余公积
4103	本年利润	
4104	利润分配	
410407		未分配利润
5001	生产成本	
500101		五谷核桃汁
50010101		直接材料

图 1-2 利达公司会计科目表(续)

50010102	直接人工
50010103	制造费用
500102	花生牛奶
50010201	直接材料
50010202	直接人工
50010203	制造费用
5101	制造费用
510101	水费
510102	工资
510103	折旧
6001	主营业务收入
600101	五谷核桃汁
600102	花生牛奶
6401	主营业务成本
640101	五谷核桃汁
640102	花生牛奶
6601	销售费用
660101	广告费
660102	水费
660103	工资
660104	折旧
6602	管理费用
660201	办公费
660202	差旅费
660203	招待费
660204	水费
660205	电费
660206	工资
660207	折旧
6603	财务费用
660301	利息费
6403	税金及附加

图 1-2　利达公司会计科目表（续）

（1）在"利达公司 2024 年 1 月业务.xlsx"工作簿中，将"Sheet2"工作表重命名为"会计科目表"。

（2）把 A1 和 B2 单元格进行合并，在合并后的单元格中输入"利达公司会计科目表"。

（3）在 A2 单元格输入"科目编码"，接着按下 Tab 键，使光标移动到 B2 单元格，输入"科目名称"，再敲回车键，让光标跳到 A3 单元格，输入"1001"；同样的操作，在 B3 单元格输入"库存现金"。按照此方法重复操作，将利达公司目前所使用的会计科目全部输入到表格中。

（4）在"开始"菜单中找到填充颜色的选项，选择蓝色为填充色。

（5）为区分不同级别的会计科目，需要为二级和三级科目名称前添加前置空格，在二级科目名称前输入一个特殊字符（如“#”），在三级科目名称前输入另一个特殊字符（如“$”）。按 Ctrl+H 快捷键，打开“查找和替换”对话框，在“查找内容”中输入“#”，在“替换为”中输入两个空格，如图 1-3 所示，然后单击“全部替换”，此时所有二级科目名称前的特殊字符“#”都被替换为两个空格，实现二级科目名称的缩进显示。再次按 Ctrl + H 快捷键，打开“查找和替换”对话框，在“查找内容”中输入“$”，在“替换为”中输入四个空格，单击“全部替换”。所有三级科目名称前的特殊字符“$”都被替换为四个空格，完成三级科目名称的缩进显示，如图 1-4 所示。

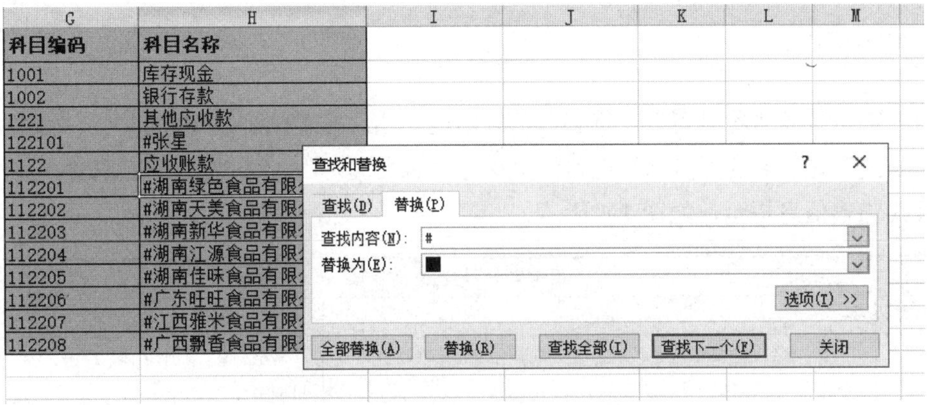

图 1-3 “查找和替换”对话框

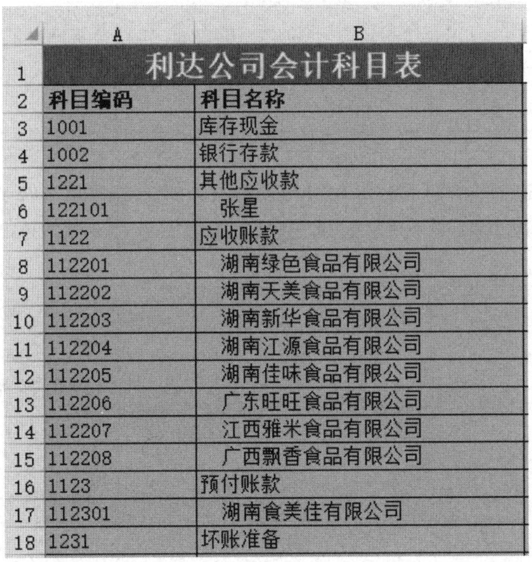

	A	B
1	利达公司会计科目表	
2	科目编码	科目名称
3	1001	库存现金
4	1002	银行存款
5	1221	其他应收款
6	122101	张星
7	1122	应收账款
8	112201	湖南绿色食品有限公司
9	112202	湖南天美食品有限公司
10	112203	湖南新华食品有限公司
11	112204	湖南江源食品有限公司
12	112205	湖南佳味食品有限公司
13	112206	广东旺旺食品有限公司
14	112207	江西雅米食品有限公司
15	112208	广西飘香食品有限公司
16	1123	预付账款
17	112301	湖南食美佳有限公司
18	1231	坏账准备

图 1-4 添加空格后效果

（6）为方便函数的引用，可以对区间进行名称定义。选中 A1:B106 单元格区域，右键单击，在弹出的列表中选择“定义名称”，弹出“新建名称”对话框，在“名称”栏输入“会计科目表”，如图 1-5 所示。

图 1-5 "新建名称"对话框

知识窗口

（1）定义区间名称时可以先选择区间，右键单击，在弹出列表中选择"定义名称"，或者在"公式"选项卡的"名称管理器"里单击"定义名称"，再选定区间。同时，要注意单元格公式错误信息提示，如图 1-6 所示。

单元格公式错误信息提示		
显示内容	原因	解决方法
#####	当列宽不足以显示内容，或者日期和时间为负数时显示此信息	调整列宽，缩小字体，应用另一种数字或日期格式
#VALUE	当使用的参数（函数中用来执行操作或计算的值，参数的类型与函数有关，常用的参数类型包括数字、文本、单元格引用和名称）或操作数（公式中运算符任意一侧的项，在 Excel 中，操作数可以是值、单元格引用、名称、标签或函数）的类型不正确时，就会出现此提示	确保公式或函数所需操作数和参数正确
#DIV/0!	当函数或公式中的除数为 0 时，显示此提示信息或者运行了使用返回值为#DIV/0!错误的函数或公式的宏时显示此信息	确保函数或公式中的除数不为零或不是空值，在被作为公式中的除数引用的单元格中输入值#N/A，目的是将公式的结果从#DIV/0!更改为#N/A，以表示除数不可用
#N/A	当在函数或公式中没有可用数值时，会显示此信息	如果在单元格中手动输入了#N/A，在数据可用时将其替换为实际的数据，对于返回错误的函数，输入该函数的所有必需参数，确保包含工作表函数的工作表已经打开且函数工作正常，确保函数中的参数正确，并且用在了正确的位置
#NULL!	使用了不正确的区域运算符或不正确的单元格引用，会显示此信息	若要引用连续的单元格区域，请使用分割区域中第一个单元格与最后一个单元格；若要引用不相临的两个单元格区域，请使用联合运算符

图 1-6 单元格公式错误信息提示

#NUM!	在需要数字参数的函数中使用了函数不接受的参数或使用了迭代计算的工作表函数，并且函数不能产生有效的结果，以及由公式产生的数字太大或太小以至于Excel不能表示时，会显示此信息	确认函数中使用的参数类型正确无误，；调整迭代设置；检查数据范围；确认参与的计算的数值在有效数字范围之间
#REF!	删除了其他公式所引用的单元格，将已移动的单元格粘贴到其他公式所引用的单元格上；使用了指向当前未运行的程序的对象链接和嵌入链接，链接到了不可用的动态数据交换主题，或者运行了某个宏且返回值为错误的函数时，会显示此信息	更改公式，或者在删除或粘贴单元格之后，立即单击撤销按钮，以恢复工作表中的单元格；启动对象链接和嵌入链接调用的程序，确保使用正确的动态数据交换主题；检查函数以确定参数是否引用了无效的单元格或单元格区域
#NAME	函数名称拼写错误、未加载相关宏或加载项、名称引用错误、文本引用时没有使用双引号、区域引用错误，会显示此信息	对照左边所列原因进行排查

图 1-6　单元格公式错误信息提示（续）

（2）定义区间名称的目的是为后述的操作需要重复选择这个区域作准备。定义区间名称时，对区间是进行绝对引用的，选定未定义区间名称的，是相对引用。在进行操作时要注意单元格的引用方式。单元格引用方式如图 1-7 所示。

单元格引用方式		
引用方式	意义	应用举例
相对引用	相对引用的标志是在引用单元格地址的行坐标和列坐标前不加任何标示符号。若公式采用相对引用，那么公式会记忆原公式所在单元与源公式引用单元格的相对位置。当复制使用相对引用的公式时，被粘贴公式中的引用会被更新，并指向与当前公式位置相对应的单元格	C2=A2+B2，将公式复制到D4单元时，公式变为"=B4+C4"
绝对引用	绝对引用的标志是在引用单元格地址的行坐标和列坐标前分别加标示符号"$"。如果公式采用的是绝对引用，那么公式会记忆工作表的行和列与公式中所引用单元格的绝对位置，不会随着公式所在单元格位置的改变而改变。在复制公式时，如果不希望引用发生改变，则使用绝对引用。 注意：绝对引用主要针对复制公式操作，而在插入或删除行和列时，公式中的绝对地址会自动随着行与列的变化而相应调整	C2=$A$2+$B$2 将 C2 单元格公式复制到 D4 单元时，公式不发生变化 D4=$A$2+$B$2
混合引用	在引用单元格地址的行坐标和列坐标前，一部分加标示符号"$"，一部分不加标示符号"$"，这种方式属于混合引用。混合引用往往是为了固定行引用而改变列引用，或者固定列引用而改变行引用	C2=$A2+B$2，将公式复制到D4单元时，公式变为"=$A4+C$2"

图 1-7　单元格引用

子任务 1.1.3　编制总账及明细账期初余额表

根据公司实际情况编制总账及明细账期初余额表，效果如图 1-8 所示。

	A	B	C	D	E	F	G	H
1		利达公司总账及明细账期初余额表						
2	科目编码	科目名称				期初余额		
3			方向	数量	单位	余额	借方余额	贷方余额
4	1001	库存现金	借方			35,000.00	35,000.00	0.00
5	1002	银行存款	借方			3,447,225.00	3,447,225.00	0.00
6	1122	应收账款	借方			652,000.00	652,000.00	0.00
7	112201	湖南绿色食品有限公司	借方			105,000.00	105,000.00	0.00
8	112202	湖南天美食品有限公司	借方			75,210.00	75,210.00	0.00
9	112203	湖南新华食品有限公司	借方			65,741.80	65,741.80	0.00
10	112204	湖南江源食品有限公司	借方			147,580.00	147,580.00	0.00
11	112205	湖南佳味食品有限公司	借方			78,500.00	78,500.00	0.00
12	112206	广东旺旺食品有限公司	借方			49,367.50	49,367.50	0.00
13	112207	江西雅米食品有限公司	借方			58,600.00	58,600.00	0.00
14	112208	广西飘香食品有限公司	借方			72,000.70	72,000.70	0.00
15	1123	预付账款	借方			253,210.00	253,210.00	0.00
16	112301	湖南食美生有限公司	借方			253,210.00	253,210.00	0.00
17	1231	坏账准备	借方			12,000.00	0.00	12,000.00
18	1403	原材料	借方			352,410.00	352,410.00	0.00
19	140301	核桃仁	借方	1863	千克	65,200.00	65,200.00	0.00
20	140302	花生仁	借方	6767	千克	57,520.00	57,520.00	0.00
21	140303	牛奶	借方	1944	千克	35,000.00	35,000.00	0.00
22	140304	红豆	借方	4725	千克	37,800.00	37,800.00	0.00
23	140305	黑香米	借方	4532	千克	38,520.00	38,520.00	0.00
24	140306	黑芝麻	借方	1706	千克	35,823.00	35,823.00	0.00
25	140307	燕麦	借方	11211	千克	35,874.00	35,874.00	0.00
26	140308	白糖	借方	4897	千克	36,730.00	36,730.00	0.00
27	140309	乳化剂	借方	2841	千克	9,943.00	9,943.00	0.00
28	1405	库存商品	借方			489,521.00	489,521.00	0.00
29	140501	五谷核桃汁	借方	7042	件	295,800.00	295,800.00	0.00
30	140502	花生牛奶	借方	5382	件	193,721.00	193,721.00	0.00
31	1411	周转材料	借方			58,590.00	58,590.00	0.00
32	141101	盒装袋	借方	57650	套	46,120.00	46,120.00	0.00
33	141102	纸箱	借方	8314	个	12,470.00	12,470.00	0.00
34	1601	固定资产	借方			1,600,000.00	1,600,000.00	0.00
35	1602	累计折旧	借方			324,000.00	0.00	324,000.00
36	2001	短期借款	借方			500,000.00	0.00	500,000.00
37	2202	应付账款	借方			510,000.00	0.00	510,000.00
38	220201	广东顺心农产品有限公司	借方			95,100.00	0.00	95,100.00
39	220202	湖南红星糖酒副食品公司	借方			103,580.00	0.00	103,580.00
40	220203	湖南均亚牛奶销售有限公司	借方			71,300.00	0.00	71,300.00
41	220204	河北涉县悠享农产品有限公司	借方			54,300.00	0.00	54,300.00
42	220205	江西阳林包装公司	借方			71,800.00	0.00	71,800.00
43	220206	广西利民副食品有限公司	借方			61,520.00	0.00	61,520.00
44	220207	湖北乐天农产品有限公司	借方			52,400.00	0.00	52,400.00
45	2203	预收账款	借方			230,000.00	0.00	230,000.00
46	220301	湖南森鲜食品有限公司	借方			230,000.00	0.00	230,000.00
47	2211	应付职工薪酬	借方			121,000.00	0.00	121,000.00
48	221101	工资	借方			87,280.00	0.00	87,280.00
49	221102	社会保险费	借方			25,250.00	0.00	25,250.00
50	221103	工会经费	借方			8,470.00	0.00	8,470.00
51	2221	应交税费	借方			113,560.00	0.00	113,560.00
52	222101	应交增值税	借方			102,204.00	0.00	102,204.00
53	22210101	进项税额	贷方			0.00	0.00	0.00
54	22210102	销项税额	贷方			0.00	0.00	0.00
55	222102	未交增值税	借方			102,204.00	0.00	102,204.00
56	222103	应交所得税	贷方			0.00	0.00	0.00
57	222104	应交城建税	借方			7,949.20	0.00	7,949.20
58	222105	应交教育费附加	借方			3,406.80	0.00	3,406.80
59	2231	应付利息	借方			20,000.00	0.00	20,000.00
60	223101	中国银行南华路支行	借方			20,000.00	0.00	20,000.00
61	2241	其他应付款	贷方			21,625.00	0.00	21,625.00
62	224101	住房公积金	贷方			21,625.00	0.00	21,625.00
63	2501	长期借款	借方			500,000.00	0.00	500,000.00
64	250101	中国银行南华路支行	借方			500,000.00	0.00	500,000.00
65	4001	实收资本	借方			3,500,000.00	0.00	3,500,000.00
66	4101	盈余公积	借方			860,000.00	0.00	860,000.00
67	410101	法定盈余公积	借方			860,000.00	0.00	860,000.00
68	4104	利润分配	贷方			439,271.00	0.00	439,271.00
69	410407	未分配利润	贷方			439,271.00	0.00	439,271.00
70	5001	生产成本	借方			263,500.00	263,500.00	0.00
71	500101	五谷核桃汁	借方			139,000.00	139,000.00	0.00
72	50010101	直接材料	借方			90,100.00	90,100.00	0.00
73	50010102	直接人工	借方			32,100.00	32,100.00	0.00
74	50010103	制造费用	借方			16,800.00	16,800.00	0.00
75	500102	花生牛奶	借方			124,500.00	124,500.00	0.00
76	50010201	直接材料	借方			81,250.00	81,250.00	0.00
77	50010202	直接人工	借方			28,950.00	28,950.00	0.00
78	50010203	制造费用	借方			14,300.00	14,300.00	0.00
79	5101	制造费用	借方			0.00	0.00	0.00
80	6001	主营业务收入	借方		件	0.00	0.00	0.00
81	6401	主营业务成本	借方		件	0.00	0.00	0.00
82	6602	管理费用	借方			0.00	0.00	0.00

图 1-8 总账及明细账期初余额表

（1）在"湖南利达饮品有限公司2024年1月业务.xlsx"工作簿中新建工作表，将其重命名为"账户期初余额"。

（2）将A1:F1单元格区域进行合并，在合并后的单元格输入"利达公司总账及明细账期初余额表"。

（3）将A2与A3单元格进行合并，在合并后的单元格输入"科目编码"；将B2与B3单元格进行合并，在合并后的单元格中输入"科目名称"。

（4）将C2:F2单元格区域进行合并，在合并后的单元格输入"期初余额"。表中的科目编码、科目名称、期初余额、方向、数量、单位、余额等内容需手动输入。

（5）将A列的科目编码全部手动输入到表中。

（6）在B4单元格输入公式"=VLOOKUP(A4,会计科目表,2,0)"，如图1-9所示。因为已对会计科目表区域进行名称定义，所以函数中的区域引用直接写定义的名称"会计科目表"即可。也可通过"插入函数"来实现，单击"公式"选项卡的"插入函数"，在"插入函数"对话框中选择查找与引用函数VLOOKUP，在弹出的"函数参数"对话框中进行设置，在设置table_array参数时，可以单击"公式"选项卡的"用于公式"，选中已定义的区间名称"会计科目表"，如图1-10所示。

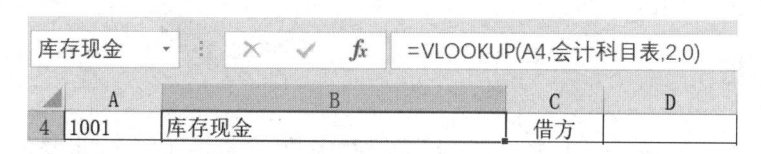

图1-9　直接输入函数

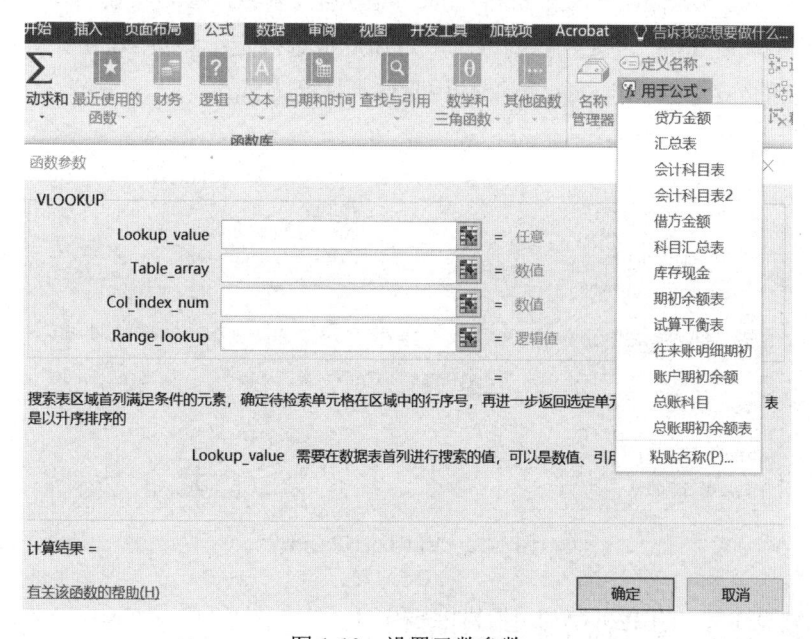

图1-10　设置函数参数

（7）选中 B4 单元格，当鼠标指针变成实心的"+"字形时，双击鼠标，即可完成单元格向下的自动填充，一直填充到 A 列有内容的最后一个单元格。

（8）选中 A4:B82 单元格区域，进行区间名称定义，将其定义名称为"账户期初余额"，如图 1-11 所示。

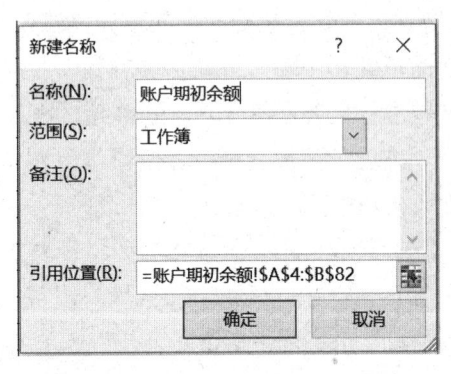

图 1-11　定义区间名称

（9）在建立利达公司总账及明细账期初余额表后，根据个人喜好设置单元格的字体和颜色，对表格进行美化。

知识窗口

VLOOKUP 函数是 Excel 中的一个纵向查找函数，（见图 1-12），其语法：VLOOKUP (lookup_value,table_array,col_index_num,range_lookup)。其中：参数 lookup_value 为需要查找的值；参数 table_array 是要查找的区域，可通过框选确定；参数 col_index_num 用于选择查找值所在的列数；参数 range_lookup 用于选择匹配方式。

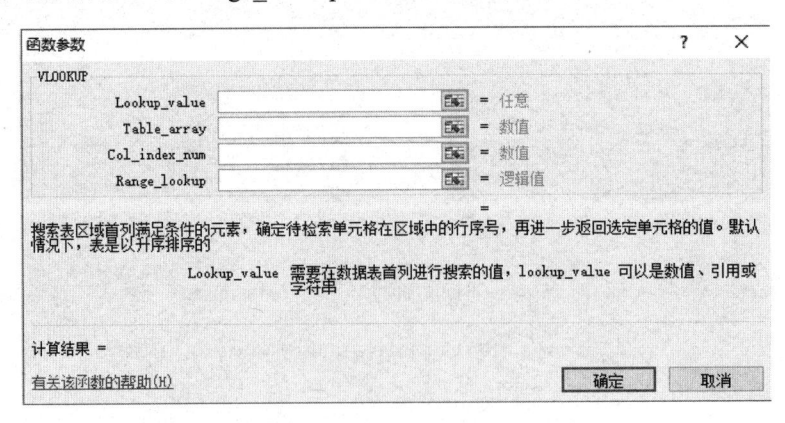

图 1-12　VLOOKUP 函数

子任务 1.1.4　编制总账期初余额表

（1）新增一个工作表，将其重命名为"总账期初余额"。

(2) 合并 A1:F1 单元格区域,在合并后的单元格输入"利达公司总账期初余额表"。

(3) 选中"账户期初余额"工作表中的 A4:B82 单元格区域,对其复制后,以值的形式将其粘贴到"总账期初余额表"工作表中。然后选中该工作表的 B 列单元格进行降序排序,此时总账科目排列在上。接着复制 A1:B26 单元格区域的科目编码和总账科目名称,如图 1-13 所示,并将其粘贴到"总账期初余额"工作表的 A4:B29 单元格区域。

	A	B
1	1001	库存现金
2	6001	主营业务收入
3	6401	主营业务成本
4	1411	周转材料
5	5101	制造费用
6	2501	长期借款
7	1403	原材料
8	2203	预收账款
9	1123	预付账款
10	4101	盈余公积
11	1122	应收账款
12	2221	应交税费
13	2211	应付职工薪酬
14	2202	应付账款
15	2231	应付利息
16	1002	银行存款
17	4001	实收资本
18	5001	生产成本
19	2241	其他应付款
20	4104	利润分配
21	1602	累计折旧
22	1405	库存商品
23	1231	坏账准备
24	6602	管理费用
25	1601	固定资产
26	2001	短期借款

图 1-13 总账科目编码和名称

(4) C 列的"方向"根据账户性质手动输入。

(5) 在 D4 单元格输入"=VLOOKUP(A4,账户期初余额表,6,0)",敲回车确定,双击鼠标填充下面的单元格。

(6) 在 E4 单元格输入"=IF(C4="借",D4,0)",敲回车确定,双击鼠标填充下面的单元格。

(7) 在 F4 单元格输入"=IF(C4="借",0,-D4)",敲回车确定,双击鼠标填充下面的单元格。

(8) 在 C31 单元格输入=IF(D30=0,"平衡","不平衡"),或者在 C31 单元格输入"=IF(E30=F30,"平衡","不平衡")"。

(9) 在 E30 单元格输入"=SUM(E4:E29)",在 F30 单元格输入"=SUM(F4:F29)";或者选中 E4:F29 单元格区域后,按 Alt+"="快捷键,敲回车结束。计算结果如图 1-14 所示。

(10) 将 B4:F29 单元格区域定义名称为"总账期初余额"。

	A	B	C	D	E	F
1	利达公司总账期初余额表					
2	科目编码	总账科目名称	方向	余额	期初余额	
3					借方余额	贷方余额
4	1001	库存现金	借	35,000.00	35,000.00	0.00
5	6001	主营业务收入	贷	0.00	0.00	0.00
6	6401	主营业务成本	贷	0.00	0.00	0.00
7	1411	周转材料	借	58,590.00	58,590.00	0.00
8	5101	制造费用	贷	0.00	0.00	0.00
9	2501	长期借款	贷	-500,000.00	0.00	500,000.00
10	1403	原材料	借	352,410.00	352,410.00	0.00
11	2203	预收账款	贷	-230,000.00	0.00	230,000.00
12	1123	预付账款	借	253,210.00	253,210.00	0.00
13	4101	盈余公积	贷	-860,000.00	0.00	860,000.00
14	1122	应收账款	借	652,000.00	652,000.00	0.00
15	2221	应交税费	贷	-113,560.00	0.00	113,560.00
16	2211	应付职工薪酬	贷	-121,000.00	0.00	121,000.00
17	2202	应付账款	贷	-510,000.00	0.00	510,000.00
18	2231	应付利息	贷	-20,000.00	0.00	20,000.00
19	1002	银行存款	借	3,447,225.00	3,447,225.00	0.00
20	4001	实收资本	贷	-3,500,000.00	0.00	3,500,000.00
21	5001	生产成本	借	263,500.00	263,500.00	0.00
22	2241	其他应付款	贷	-21,625.00	0.00	21,625.00
23	4104	利润分配	贷	-439,271.00	0.00	439,271.00
24	1602	累计折旧	贷	-324,000.00	0.00	324,000.00
25	1405	库存商品	借	489,521.00	489,521.00	0.00
26	1231	坏账准备	借	-12,000.00	-12,000.00	0.00
27	6602	管理费用	贷	0.00	0.00	0.00
28	1601	固定资产	借	1,600,000.00	1,600,000.00	0.00
29	2001	短期借款	借	-500,000.00	-500,000.00	0.00
30		合计		0.00	7,129,831.00	7,129,831.00
31	期初余额试算结果	平衡				

微课视频
期初试算平衡表的编制

图 1-14　计算结果

知识窗口

IF 函数为条件函数（见图 1-15），其语法：IF (logical_test,value_if_true,value_if_false)。其中，参数 logical_test 为条件判断，参数 value_if_true 是条件满足时的返回值，参数 value_if_false 是条件不满足时的假返回值。

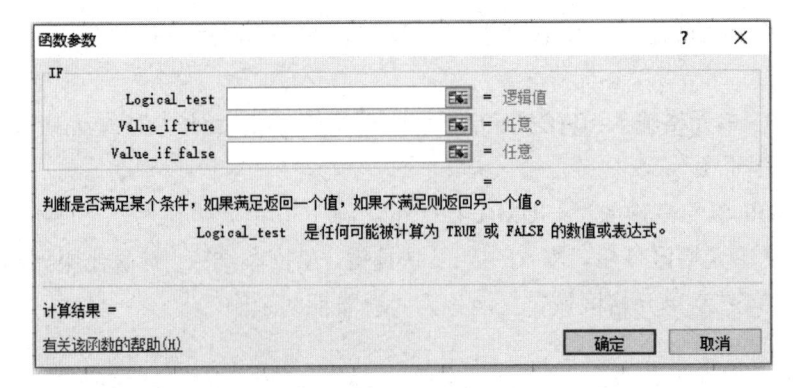

图 1-15　IF 函数

任务二 会计凭证表的编制

任务目标

1. 知识目标

（1）掌握会计凭证表的构成。
（2）掌握 LEN、LEFT、SUM 函数的功能和参数构成。

2. 能力目标

（1）能在表格里登记经济业务。
（2）能编制会计凭证表。

3. 素养目标

（1）培养学生自主学习会计信息化新知识、新技能的能力。
（2）培养学生的沟通协调能力和动手能力。
（3）培养学生的社会责任感、团队精神和协作精神。
（4）培养学生的爱国主义情感、职业道德和敬业精神。

任务导入

利达公司 2024 年 1 月发生的经济业务如下，请为会计李林设计会计凭证表，完成对会计凭证的审核、记账。

1. 2024 年 1 月 4 日，收回湖南绿色食品有限公司前欠货款 200,000 元。
2. 2024 年 1 月 5 日，缴纳住房公积金 21,625 元和社会保险费 21,625 元。
3. 2024 年 1 月 5 日，张星预借差旅费 3,000 元，用库存现金支付。
4. 2024 年 1 月 6 日，购入五谷核桃汁 148 件，单价 41.89 元/件。花生牛奶 69 件，单价 35.65 元/件，价款分别是 6,200 元和 2,460 元，增值税 1,385.6 元。
5. 2024 年 1 月 13 日，车间生产五谷核桃汁领用核桃仁 439 千克，单价 34.97 元/千克，总共 15,350 元，生产花生牛奶领用花生仁 1,665 千克，单价 8.5 元/千克，总共 14,150 元。
6. 2024 年 1 月 16 日，销售给湖南天美食品有限公司五谷核桃汁 4,726 件，单价 42 元/件，总共 198,500 元；花生牛奶 2,815 件，单价 36 元/件，总共 101,323.01 元，增值税 38,976.99，货款尚未收到。
7. 2024 年 1 月 17 日，偿还前欠湖南红星糖酒副食品公司货款 50,000 元。
8. 2024 年 1 月 18 日，支付水费 2,200 元，其中车间 1,500 元，管理部门 400 元，销售部门 100 元，增值税 200 元。

9. 2024 年 1 月 20 日，分配工资 56,031 元，其中生产五谷核桃汁的工人工资 9,348 元，生产花生牛奶的工人工资 10,830 元，车间管理人员工资 7,296 元，管理部门人员工资 16,872 元，销售部门人员工资 11,685 元。

10. 2024 年 1 月 23 日，计提折旧费，其中车间折旧费 5,800 元，管理部门折旧费 5,460 元，销售部门折旧费 3,420 元。

11. 2024 年 1 月 25 日，分配制造费用 14,596 元，其中五谷核桃汁 6,745 元，花生牛奶 7,851 元。

12. 2024 年 1 月 26 日，产成品入库，生产五谷核桃汁耗用原材料 18,210 元、直接人工 10,450 元、制造费用 2,783 元，生产花生牛奶耗用原材料 18,945 元、直接人工 11,021 元、制造费用 2,865 元。

13. 2024 年 1 月 27 日，结转销售成本，其中五谷核桃汁 70,000 元，花生牛奶 40,000 元。

14. 2024 年 1 月 27 日，支付产品展览费 5,000 元。

15. 2024 年 1 月 30 日，提取 1,000 元现金备用。

16. 2024 年 1 月 30 日，张星出差归来，冲销借支差旅费。

17. 2024 年 1 月 30 日，支付产品广告费 600 元。

18. 2024 年 1 月 30 日，管理部门购买办公用品 600 元，增值税 96 元。

19. 2024 年 1 月 30 日，预付湖南食美佳有限公司 10,000 元。

20. 2024 年 1 月 31 日，费用类的期间损益结转。

21. 2024 年 1 月 31 日，收入类的期间损益结转。

任务实施

（1）打开"利达公司 2024 年 1 月业务.xlsx"的工作簿，新增工作表，将其重命名为"会计凭证表"，表头设置如图 1-16 所示。

	A	B	C	D	E	F	G	H	I	J	K
1					达利公司1月份会计凭证表						
2	日期	凭证号	科目编码	摘要	总账科目	二明细科目	三明细科目	方向	借方金额	贷方金额	备注
3											
4											
5											
6											

图 1-16 会计凭证表表头

（2）将 A3 单元格日期格式设置成如图 1-17 所示格式。

（3）在 B3 单元格输入数字"1"，在 B4 单元格输入"=IF(K3="*",B3+1,B3)"，拖拽鼠标填充下面的单元格。

（4）在 E3 单元格输入"=VLOOKUP(--LEFT(C3,4),会计科目表,2,0)"，敲回车确定，双击鼠标填充下面的单元格，结果如图 1-18 所示。注意，要在 LEFT 前加两个负号，目的是将文本转为数值，因为会计科目表中的科目编码是数值，只有数据类型相同才能查找到结果。

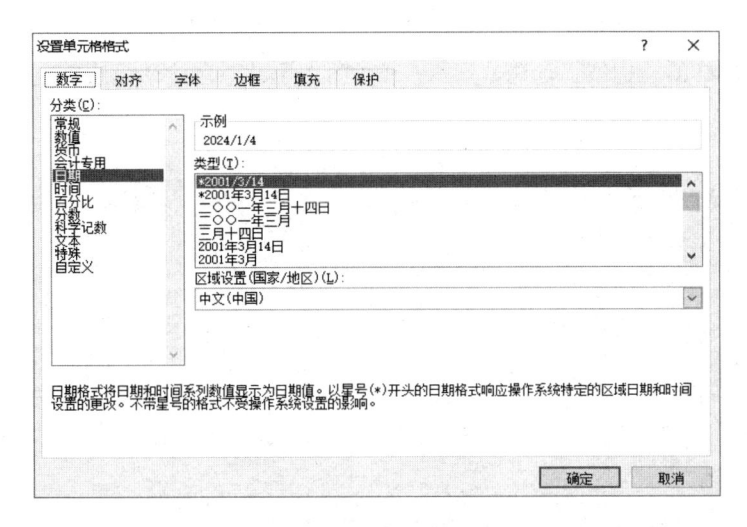

图1-17 设置单元格格式

图1-18 设置输入公式

（5）在F3单元格输入"=IF(LEN(C3)>4,VLOOKUP(--LEFT(C3,6),会计科目表,2,0)," ")"，敲回车确定，双击鼠标填充下面的单元格。

（6）在 G3 单元格输入"=IF(LEN(C3)>6,VLOOKUP(--LEFT(C3,8),会计科目表,2,0)," ")"，敲回车确定，双击鼠标填充下面的单元格。

（7）在一笔经济业务的凭证输入完成后，在"备注"列输入"*"号进行标记。

（8）设置表格的边框线、行高、列宽、颜色等。至此，会计凭证表编制完成，如图1-19 所示。

	A	B	C	D	E	F	G	H	I	J	K
1					利达公司1月份会计凭证表						
2	日期	凭证号	科目编码	摘要	总账科目	二明细科目	三明细科目	方向	借方金额	贷方金额	备注
3	2024/1/4	1	1002	收回欠款	银行存款			借	200,000.00		
4	2024/1/4	1	112201	收回欠款_湖南绿色	应收账款	湖南绿色食品有限公司		贷		200,000.00	*
5	2024/1/5	2	221102	缴纳住房公积金	应付职工薪酬	社会保险费		借	21,625.00		
6	2024/1/5	2	224101	缴纳住房公积金	其他应付款	住房公积金		借	21,625.00		
7	2024/1/5	2	1002	缴纳住房公积金	银行存款			贷		43,250.00	*
8	2024/1/5	3	122101	借支差旅费	其他应收款	张星		借	3,000.00		
9	2024/1/6	3	1001	借支差旅费	库存现金			贷		3,000.00	*
10	2024/1/6	4	140501	采购	库存商品	五谷核桃汁		借	6,200.00		
11	2024/1/12	4	140502	采购	库存商品	花生牛奶		借	2,460.00		
12	2024/1/12	4	22210101	采购	应交增值税	进项税额		借	1,385.60		
13	2024/1/13	4	1002	采购	银行存款			贷		10,045.60	*
14	2024/1/13	5	660201	领用打印纸	管理费用	办公费		借	6,500.00		
15	2024/1/13	5	500101	领用材料	生产成本	五谷核桃汁		借	15,350.00		
16	2024/1/14	5	500102	领用材料	生产成本	花生牛奶		借	14,150.00		
17	2024/1/14	5	140301	领用材料	原材料	核桃仁		贷		17,550.00	
18	2024/1/14	5	140302	领用材料	原材料	花生仁		贷		18,450.00	*
19	2024/1/16	6	112202	销售_湖南天美	应收账款	湖南天美食品有限公司		借	338,800.00		
20	2024/1/16	6	600101	销售	主营业务收入	五谷核桃汁		贷		198,500.00	
21	2024/1/16	6	600102	销售	主营业务收入	花生牛奶		贷		101,323.01	
22	2024/1/17	6	22210102	销售	应交增值税	销项税额		贷		38,976.99	*
23	2024/1/17	7	220202	还款_湖南红星	应付账款	湖南红星糖酒副食品公司		借	50,000.00		
24	2024/1/17	7	1002	还款	银行存款			贷		50,000.00	*
25	2024/1/18	8	510101	支付水费	制造费用	水费		借	1,500.00		
26	2024/1/18	8	660204	支付水费	管理费用	水费		借	400.00		
27	2024/1/18	8	660102	支付水费	销售费用	水费		借	100.00		
28	2024/1/19	8	22210101	支付水费	应交增值税	进项税额		借	200.00		
29	2024/1/19	8	1002	支付水费	银行存款			贷		2,200.00	*
30	2024/1/20	9	50010102	分配工资	生产成本	五谷核桃汁	直接人工	借	9,348.00		
31	2024/1/21	9	50010202	分配工资	生产成本	花生牛奶	直接人工	借	10,830.00		
32	2024/1/21	9	510102	分配工资	制造费用	工资		借	7,296.00		
33	2024/1/22	9	660206	分配工资	管理费用	工资		借	16,872.00		
34	2024/1/22	9	660103	分配工资	销售费用	工资		借	11,685.00		
35	2024/1/23	9	2211	分配工资	应付职工薪酬	工资		贷		56,031.00	*
36	2024/1/23	10	510103	折旧	制造费用	折旧		借	5,800.00		
37	2024/1/24	10	660207	折旧	管理费用	折旧		借	5,460.00		
38	2024/1/24	10	660104	折旧	销售费用	折旧		借	3,420.00		
39	2024/1/24	10	1602	累计折旧				贷		14,680.00	*
40	2024/1/25	11	50010103	分配制造费用	生产成本	五谷核桃汁	制造费用	借	6,745.00		
41	2024/1/25	11	50010203	分配制造费用	生产成本	花生牛奶	制造费用	借	7,851.00		
42	2024/1/25	11	5101	分配制造费用	制造费用			贷		14,596.00	
43	2024/1/25	11	5101	分配制造费用	制造费用			贷		14,596.00	*
44	2024/1/26	12	140501	产品入库	库存商品	五谷核桃汁		借	31,443.00		
45	2024/1/26	12	140502	产品入库	库存商品	花生牛奶		借	32,831.00		
46	2024/1/26	12	50010101	产品入库	生产成本	五谷核桃汁	直接材料	贷		18,210.00	
47	2024/1/26	12	50010102	产品入库	生产成本	五谷核桃汁	直接人工	贷		10,450.00	
48	2024/1/26	12	50010103	产品入库	生产成本	五谷核桃汁	制造费用	贷		2,783.00	
49	2024/1/26	12	50010201	产品入库	生产成本	花生牛奶	直接人工	贷		18,945.00	
50	2024/1/26	12	50010202	产品入库	生产成本	花生牛奶	直接人工	贷		11,021.00	
51	2024/1/26	12	50010203	产品入库	生产成本	花生牛奶	制造费用	贷		2,865.00	*
52	2024/1/27	13	640101	结转已售成本	主营业务成本	五谷核桃汁		借	70,000.00		
53	2024/1/27	13	640102	结转已售成本	主营业务成本	花生牛奶		借	40,000.00		
54	2024/1/27	13	140501	结转已售成本	库存商品	五谷核桃汁		贷		70,000.00	
55	2024/1/27	13	140502	结转已售成本	库存商品	花生牛奶		贷		40,000.00	*
56	2024/1/27	14	660101	产品展览费	销售费用	广告费		借	5,000.00		
57	2024/1/27	14	1002	产品展览费	银行存款			贷		5,000.00	*
58	2024/1/30	15	1001	提现	库存现金			借	1,000.00		
59	2024/1/30	15	1002	提现	银行存款			贷		1,000.00	*
60	2024/1/30	16	122101	冲销借支差旅费3号凭证	其他应收款	张星		借	3,000.00		
61	2024/1/30	16	1001	冲销借支差旅费3号凭证	库存现金			贷		3,000.00	*
62	2024/1/30	17	660101	产品广告费	销售费用	广告费		借	600.00		
63	2024/1/30	17	1002	产品广告费	银行存款			贷		600.00	*
64	2024/1/30	18	660201	购买办公用品	管理费用	办公费		借	600.00		
65	2024/1/30	18	22210101	购买办公用品	应交增值税	进项税额		借	96.00		
66	2024/1/30	18	1002	购买办公用品	银行存款			贷		696.00	*
67	2024/1/31	19	112301	预付货款_湖南食美	预付账款	湖南食美住有限公司		借	10,000.00		
68	2024/1/31	19	1002	预付货款_湖南食美	银行存款			贷		10,000.00	*
69	2024/1/31	20	4103	期间损益结转	本年利润			借	160,637.00		
70	2024/1/31	20	660201	期间损益结转	管理费用	办公费		贷		7,100.00	
71	2024/1/31	20	660206	期间损益结转	管理费用	工资		贷		16,872.00	
72	2024/1/31	20	660204	期间损益结转	管理费用	水费		贷		400.00	
73	2024/1/31	20	660207	期间损益结转	管理费用	折旧		贷		5,460.00	
74	2024/1/31	20	660103	期间损益结转	销售费用	工资		贷		11,685.00	
75	2024/1/31	20	660101	期间损益结转	销售费用	广告费		贷		5,600.00	
76	2024/1/31	20	660102	期间损益结转	销售费用	水费		贷		100.00	
77	2024/1/31	20	660104	期间损益结转	销售费用	折旧		贷		3,420.00	
78	2024/1/31	20	640102	期间损益结转	主营业务成本	花生牛奶		贷		40,000.00	
79	2024/1/31	20	640101	期间损益结转	主营业务成本	五谷核桃汁		贷		70,000.00	*
80	2024/1/31	21	600101	期间损益结转	主营业务收入	五谷核桃汁		借	198,500.00		
81	2024/1/31	21	600102	期间损益结转	主营业务收入	花生牛奶		借	101,323.01		
82	2024/1/31	21	4103	期间损益结转	本年利润			贷		299,823.01	*

图1-19 会计凭证表

🌐 **知识窗口**

（1）LEN 函数可用于获取字符串的长度（见图 1-20），其语法：LEN(string)。其中参数 string 为待确定长度的字符串。该函数接收一个 string 类型的变量作为参数，并返回一个 long 类型的值，表示字符串的长度。

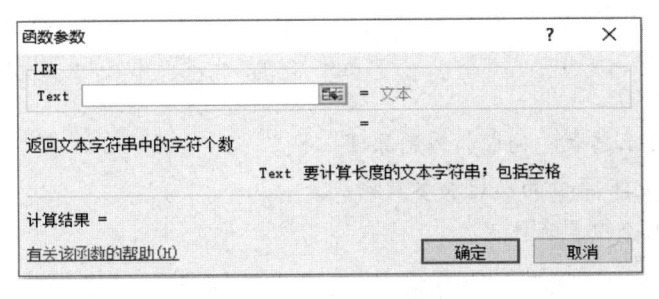

图 1-20　LEN 函数

（2）LEFT 函数用于对单元格内容进行截取（见图 1-21），它从左边第一个字符开始截取，截取指定的长度。如果在这个函数前面加两个负号，能够将单元格内容由字符串转成数值，其语法：LEFT (text, num_chars)。其中，参数 text 代表用来截取的单元格内容；参数 num_chars 代表从左开始截取的字符数。

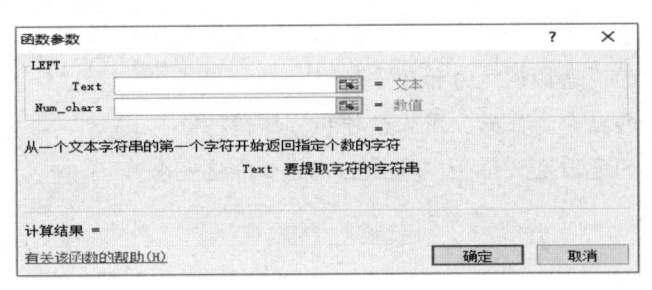

图 1-21　LEFT 函数

（3）SUM 函数是求和函数，如果参数中有错误值或为不能转换成数字的文本，将会导致错误。除了函数，也可以通过 Alt+"="快捷键来实现快速求和，还可以通过"开始"选项卡里的"自动求和"按钮来实现，如图 1-22 所示。

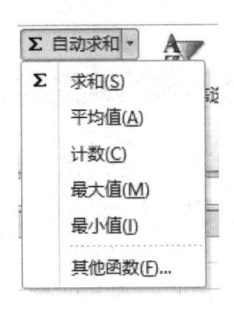

图 1-22　自动求和

任务三 科目汇总表的编制

任务目标

1. 知识目标
（1）掌握科目汇总表的构成和编制原理。
（2）掌握 SUMIF 函数的功能和参数构成。
（3）掌握数据透视表的作用。

2. 能力目标
（1）能设置科目汇总表格式。
（2）能运用 SUMIF 函数编制科目汇总表。
（3）能运用数据透视表编制科目汇总表。

3. 素养目标
（1）培养学生自主学习会计信息化新知识、新技能的能力。
（2）培养学生的沟通协调能力和动手能力。
（3）培养学生的社会责任感、团队精神和协作精神。
（4）培养学生的爱国主义情感、社会主义核心价值观念。

任务导入

李林需要为公司编制 2024 年 1 月份的科目汇总表，以便检查记账凭证的准确性和完整性，为登记总分类账提供准备数据，为财务报表的编制和审计做数据核对，请你运用 Excel 的相关操作教他快速、准确地编制科目汇总表。

任务实施

子任务 1.3.1 采用 SUMIF 函数编制科目汇总表

（1）打开"利达公司 2024 年 1 月业务.xlsx"的工作簿，新增工作表，将其重命名为"科目汇总表"，格式设置如下图 1-23 所示。

	A	B	C	D
1	利达公司1月份科目汇总表			
2	科目编码	总账科目	借方金额	贷方金额
3				
4				
5				
6				

图 1-23　科目汇总表

（2）打开利达公司 1 月份的"会计凭证表"工作表，将鼠标指针移动至 E3 单元格，按住 Shift 键，同时单击 E81 单元格，以此选中 E3:E81 单元格区域。接着，右键单击，复制所选区域并将其选择性粘贴为值到"科目汇总表"工作表的 A3 单元格，然后单击"数据"选项卡的"删除重复项"，如图 1-24 所示。此时，剩下所有没有重复项的总账科目名称，如图 1-25 所示。

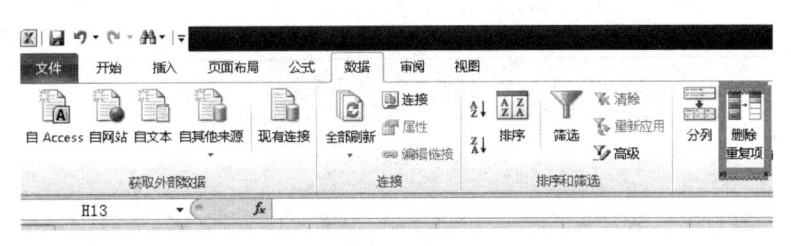

图 1-24　删除重复项

	A	B	C	D
1	利达公司1月份科目汇总表			
2	科目编码	总账科目	借方金额	贷方金额
3		本年利润		
4		管理费用		
5		库存商品		
6		库存现金		
7		累计折旧		
8		其他应付款		
9		其他应收款		
10		生产成本		
11		销售费用		
12		银行存款		
13		应付账款		
14		应付职工薪酬		
15		应交税费		
16		应收账款		
17		预付账款		
18		原材料		
19		制造费用		
20		主营业务成本		
21		主营业务收入		

微课视频
采用 SUMIF 函数
编制科目汇总表

图 1-25　删除重复项结果

（3）打开"会计科目表"工作表，将 A 列复制粘贴到 C 列，再选中 B2:C120 单元格区域，进行单元格区域的名称定义，将其定义名称为"会计科目表2"，如图 1-26 所示。

（4）打开"会计凭证表"工作表，选中 E3:E81 单元格区域，右键单击，选择"定义名称"，将该区间定义名称为"总账科目"；以同样的方式，将 I31:I81 单元格区域定义名称为"借方金额"、J31:J81 单元格区域定义名称为"贷方金额"。

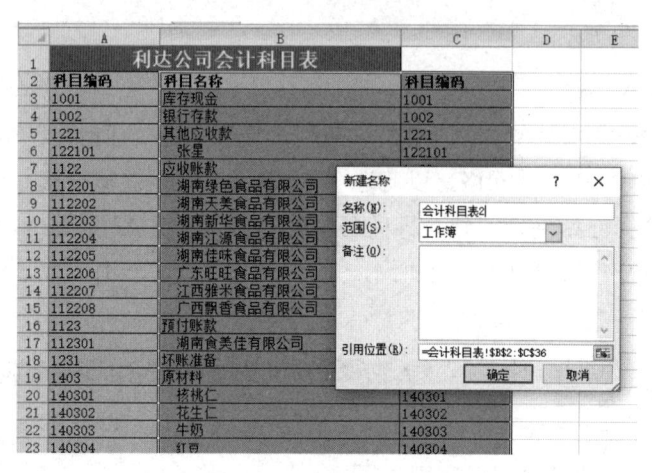

图 1-26　会计科目表 2

（5）回到"科目汇总表"工作表，在 A3 单元格输入"=VLOOKUP(B3,会计科目表 2,2,0)"获取科目编码，如图 1-27 所示。

图 1-27　获取科目编码

（6）在 C3 单元格输入“=SUMIF(总账科目,B3,借方金额)”，敲回车确定，获取对应科目借方金额，然后双击鼠标填充下面的单元格，如图 1-28 所示。

C3 =SUMIF(总账科目,B3,借方金额)

	A	B	C	D
1	利达公司1月份科目汇总表			
2	科目编码	总账科目	借方金额	贷方金额
3	4103	本年利润	160,637.00	299,823.01
4	6602	管理费用	29,832.00	29,832.00
5	1405	库存商品	72,934.00	110,000.00
6	1001	库存现金	1,000.00	6,000.00
7	1602	累计折旧	0.00	14,680.00

图 1-28　获取借方金额

（7）在 D3 单元格输入“=SUMIF(总账科目,B3,贷方金额)”，敲回车确定，获取对应科目贷方金额，然后双击鼠标填充下面的单元格。在表格的最后一行输入“合计”，对借方金额、贷方金额进行求和。根据借贷记账方法的记账规则，所有账户借方发生额合计数要等于所有账户贷方发生额合计数，如图 1-29 所示。

D3 =SUMIF(总账科目,B3,贷方金额)

	A	B	C	D
1	利达公司1月份科目汇总表			
2	科目编码	总账科目	借方金额	贷方金额
3	4103	本年利润	160,637.00	299,823.01
4	6602	管理费用	29,832.00	29,832.00
5	1405	库存商品	72,934.00	110,000.00
6	1001	库存现金	1,000.00	6,000.00
7	1602	累计折旧	0.00	14,680.00
8	2241	其他应付款	21,625.00	0.00
9	1221	其他应收款	6,000.00	0.00
10	5001	生产成本	64,274.00	64,274.00
11	6601	销售费用	20,805.00	20,805.00
12	1002	银行存款	200,000.00	122,791.60
13	2202	应付账款	50,000.00	0.00
14	2211	应付职工薪酬	21,625.00	56,031.00
15	2221	应交税费	1,681.60	38,976.99
16	1122	应收账款	338,800.00	200,000.00
17	1123	预付账款	10,000.00	0.00
18	1403	原材料	0.00	36,000.00
19	5101	制造费用	14,596.00	14,596.00
20	6401	主营业务成本	110,000.00	110,000.00
21	6001	主营业务收入	299,823.01	299,823.01
22		合计	1,423,632.61	1,423,632.61

图 1-29　借贷金额合计数

> **知识窗口**

SUMIF 函数是根据指定条件对若干单元格、区域或引用求和（见图 1-30），该条件可以是数值、文本或表达式，其语法：SUMIF(range,criteria,sum_range)。其中：参数 range 表示条件区域，即用于确定哪些单元格或区域符合求和条件的范围；参数 criteria 是求和条件，可以是具体的数值、特定的文本内容或者一个表达式，用于筛选出需要进行求和的单元格；参数 sum_range 为实际求和区域，即满足条件的单元格所对应的实际进行求和计算的区域。

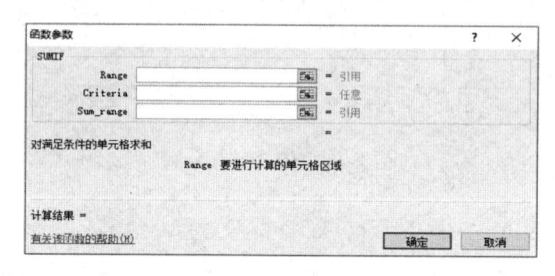

图 1-30　SUMIF 函数

子任务 1.3.2　采用数据透视表编制科目汇总表

（1）打开"会计凭证表"工作表，单击"插入"选项卡中的"数据透视表"，在弹出的对话框中，"表/区域"选择 A2:K81 单元格区域，如图 1-31 所示。对于放置数据透视表的位置，可以选择新工作表，也可以选择现有工作表。若选择现有工作表，须用鼠标选中一个放置的单元格，然后敲回车确定。

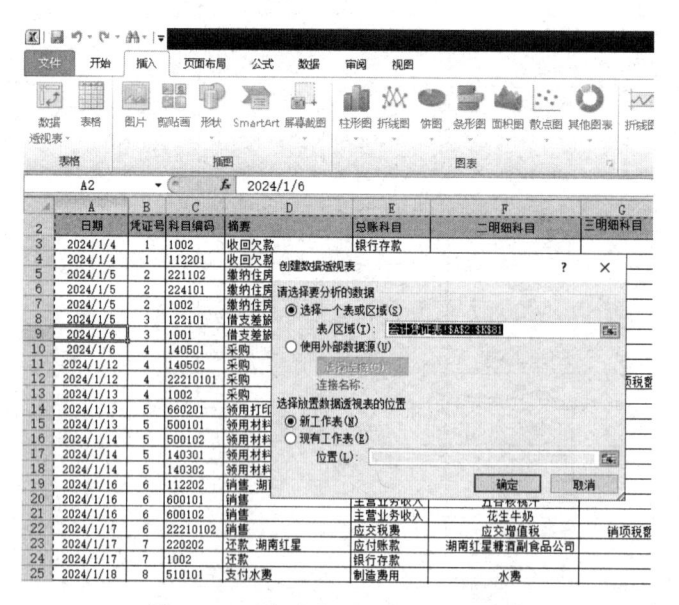

图 1-31　"创建数据透视表"对话框

微课视频
采用数据透视编制
科目汇总表

（2）敲回车确定后，新增数据透视表，如图 1-32 所示。

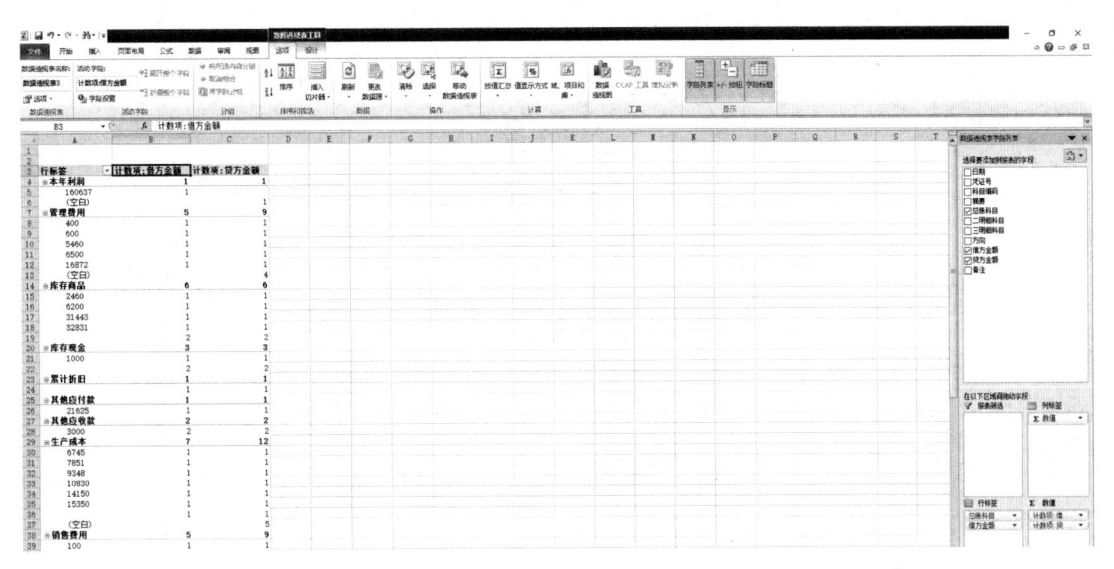

图 1-32　新增数据透视表

（3）双击数据透视表的"计数项:借方金额"单元格，弹出"值字段设置"对话框，如图 1-33 所示。在该对话框中单击"求和"，接着单击"数字格式"，弹出"设置单元格格式"对话框，再单击"数值"，并勾选"使用千位分隔符"，小数位设置为 2 位，然后连续敲击回车键两次后，单元格的数据就呈现出使用千位分隔符并保留了 2 位小数的形式。以同样的方式，再次双击"计数项:贷方金额"单元格，重复上述操作步骤，结果如图 1-34 所示。

行标签	求和项:借方金额	求和项:贷方金额
本年利润	160,637.00	299,823.01
管理费用	29,832.00	29,832.00
库存商品	72,934.00	110,000.00
库存现金	1,000.00	6,000.00
累计折旧	0.00	14,680.00
其他应付款	21,625.00	0.00
其他应收款	6,000.00	0.00
生产成本	64,274.00	64,274.00
销售费用	20,805.00	20,805.00
银行存款	200,000.00	122,791.60
应付账款	50,000.00	0.00
应付职工薪酬	21,625.00	56,031.00
应交税费	1,681.60	38,976.99
应收账款	338,800.00	200,000.00
预付账款	10,000.00	0.00
原材料	0.00	36,000.00
制造费用	14,596.00	14,596.00
主营业务成本	110,000.00	110,000.00
主营业务收入	299,823.01	299,823.01
总计	1,423,632.61	1,423,632.61

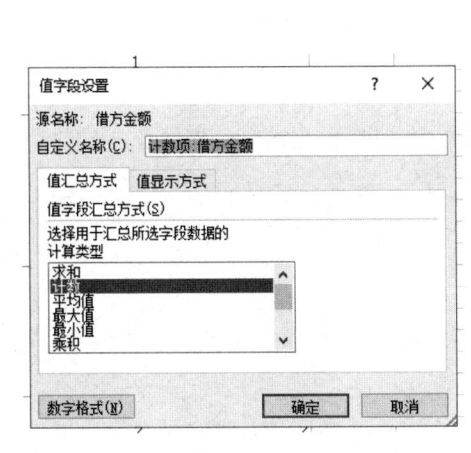

图 1-33　"值字段设置"对话框　　图 1-34　透视字段标签的数值格式设置

以上就是通过数据透视表展示出来的科目汇总情况。同学们可以根据前面所学操作，对表格进行调整，如加上科目编码等，进一步熟悉操作流程。

任务四 试算平衡表的编制

任务目标

1. 知识目标

（1）掌握试算平衡表的构成。
（2）掌握ISERROR函数的功能和参数构成。
（3）掌握筛选的应用。

2. 能力目标

（1）能编制试算平衡表。
（2）能利用VLOOKUP函数、IF函数、ISERROR函数完成试算平衡表的取数。
（3）能运用筛选功能完成试算平衡表中账户余额的计算。

3. 素养目标

（1）培养学生自主学习会计信息化新知识、新技能的能力。
（2）培养学生的沟通协调能力和动手能力。
（3）培养学生的社会责任感、团队精神和协作精神。
（4）培养学生的细致、耐心和严谨的工作作风。

任务导入

1月关账后，李林要编制试算平衡表，为编制财务报表做前期数据准备，请你帮他在Excel中快速准确地编制试算平衡表。

任务实施

（1）打开"利达公司2024年1月业务.xlsx"的工作簿，新增工作表，将其重命名为"试算平衡表"，格式设置如图1-35所示。

（2）打开"总账期初余额"工作表，复制B4:B29单元格区域，将其粘贴到"试算平衡表"工作表的B4单元格的位置。

（3）接着打开"会计凭证表"工作表，复制E3:E81单元格区域，将其粘贴到"试算平衡表"工作表的B4单元格下面的空白单元格处，再选中B4:B98单元格区域，单击"数据"选项卡中的"删除重复项"，弹出"删除重复项警告"对话框，选择"以当前选定区域排序",如图 1-36 所示。

图 1-35　试算平衡表格式

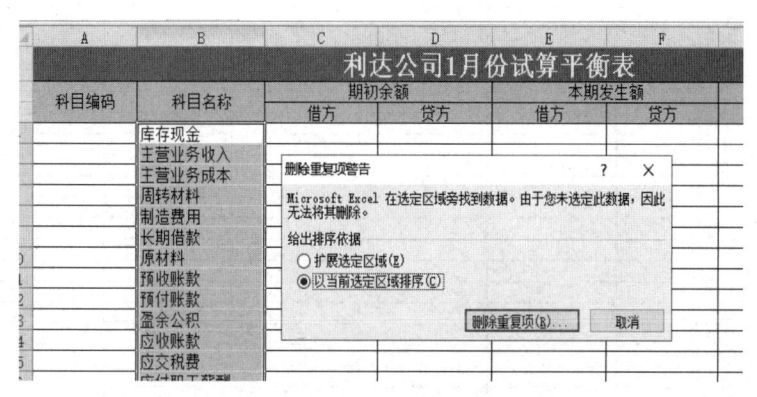

图 1-36　"删除重复项警告"对话框

（4）单击"删除重复项",弹出"删除重复项"对话框,单击"确定"后弹出信息提示框,如图 1-37 所示。敲回车确定,结果如图 1-38 所示。

图 1-37　删除重复项信息提示

科目编码	科目名称	期初余额		本期发生额		期末余额	
		借方	贷方	借方	贷方	借方	贷方
	库存现金						
	银行存款						
	应收账款						
	预付账款						
	其他应收款						
	坏账准备						
	原材料						
	库存商品						
	周转材料						
	固定资产						
	累计折旧						
	短期借款						
	应付账款						
	预收账款						
	应付职工薪酬						
	应交税费						
	应付利息						
	其他应付款						
	长期借款						
	实收资本						
	盈余公积						
	本年利润						
	利润分配						
	生产成本						
	制造费用						
	主营业务收入						
	主营业务成本						
	管理费用						
	销售费用						

图 1-38　删除重复项结果

（5）在 A4 单元格输入"=VLOOKUP(B4,会计科目表 2,2,0)"，敲回车确定，双击鼠标填充下面的单元格，获取科目名称对应的科目编码。

（6）在 C4 单元格输入"=IF(ISERROR(VLOOKUP(B4,期初余额表,6,0)),0,VLOOKUP(B4,期初余额表,6,0))"，敲回车确定，双击鼠标填充下面的单元格，获取期初借方余额，结果如图 1-39 所示。

科目编码	科目名称	期初余额		本期发生额		期末余额	
		借方	贷方	借方	贷方	借方	贷方
1001	库存现金	35,000.00	0.00	1,000.00	6,000.00	30,000.00	
1002	银行存款	3,447,225.00	0.00	200,000.00	122,791.60	3,524,433.40	
1122	应收账款	652,000.00	0.00	338,800.00	200,000.00	790,800.00	
1123	预付账款	253,210.00	0.00	10,000.00	0.00	263,210.00	
1221	其他应收款	0.00	0.00	6,000.00	0.00	6,000.00	
1231	坏账准备	0.00	12,000.00	0.00	0.00		12,000.00
1403	原材料	352,410.00	0.00	0.00	36,000.00	316,410.00	
1405	库存商品	489,521.00	0.00	72,934.00	110,000.00	452,455.00	
1411	周转材料	58,590.00	0.00	0.00	0.00	58,590.00	
1601	固定资产	1,600,000.00	0.00	0.00	0.00	1,600,000.00	

图 1-39　获取期初借方余额

（6）在 D4 单元格输入"=IF(ISERROR(VLOOKUP(B4,期初余额表,7,0)),0,VLOOKUP(B4,期初余额表,7,0))"，敲回车确定，双击鼠标填充下面的单元格，获取期初贷方余额，结果如图 1-40 所示。

	A	B	C	D	E	F	G	H
	D4		fx	=IF(ISERROR(VLOOKUP(B4,期初余额表,7,0)),0,VLOOKUP(B4,期初余额表,7,0))				
1	利达公司1月份科目试算平衡表							
2	科目编码	科目名称	期初余额		本期发生额		期末余额	
3			借方	贷方	借方	贷方	借方	贷方
4	1001	库存现金	35,000.00	0.00	1,000.00	6,000.00	30,000.00	
5	1002	银行存款	3,447,225.00	0.00	200,000.00	122,791.60	3,524,433.40	
6	1122	应收账款	652,000.00	0.00	338,800.00	200,000.00	790,800.00	
7	1123	预付账款	253,210.00	0.00	10,000.00	0.00	263,210.00	
8	1221	其他应收款	0.00	0.00	6,000.00	0.00	6,000.00	
9	1231	坏账准备	0.00	12,000.00	0.00	0.00		12,000.00

图 1-40 获取期初贷方余额

（7）在 E4 单元格输入"=SUMIF(总账科目,B4,借方金额)"，敲回车确定，双击鼠标填充下面的单元格，获取各科目本期借方发生额。

（8）在 F4 单元格输入"=SUMIF(总账科目,B4,贷方金额)"，敲回车确定，双击鼠标填充下面的单元格，获取各科目本期贷方发生额合计数。试算平衡表结果如图 1-41 所示。

	A	B	C	D	E	F	G	H
1	利达公司1月份科目试算平衡表							
2	科目编码	科目名称	期初余额		本期发生额		期末余额	
3			借方	贷方	借方	贷方	借方	贷方
4	1001	库存现金	35,000.00	0.00	1,000.00	6,000.00	30,000.00	
5	1002	银行存款	3,447,225.00	0.00	200,000.00	122,791.60	3,524,433.40	
6	1122	应收账款	652,000.00	0.00	338,800.00	200,000.00	790,800.00	
7	1123	预付账款	253,210.00	0.00	10,000.00	0.00	263,210.00	
8	1221	其他应收款	0.00	0.00	6,000.00	0.00	6,000.00	
9	1231	坏账准备	0.00	12,000.00	0.00	0.00		12,000.00
10	1403	原材料	352,410.00	0.00	0.00	36,000.00	316,410.00	
11	1405	库存商品	489,521.00	0.00	72,934.00	110,000.00	452,455.00	
12	1411	周转材料	58,590.00	0.00	0.00	0.00	58,590.00	
13	1601	固定资产	1,600,000.00	0.00	0.00	0.00	1,600,000.00	
14	1602	累计折旧	0.00	324,000.00	0.00	14,680.00		338,680.00
15	2001	短期借款	0.00	500,000.00	0.00	0.00		500,000.00
16	2202	应付账款	0.00	510,000.00	50,000.00	0.00		460,000.00
17	2203	预收账款	0.00	230,000.00	0.00	0.00		230,000.00
18	2211	应付职工薪酬	0.00	121,000.00	21,625.00	56,031.00		155,406.00
19	2221	应交税费	0.00	113,560.00	1,681.60	38,976.99		150,855.39
20	2231	应付利息	0.00	20,000.00	0.00	0.00		20,000.00
21	2241	其他应付款	0.00	21,625.00	21,625.00	0.00		
22	2501	长期借款	0.00	500,000.00	0.00	0.00		500,000.00
23	4001	实收资本	0.00	3,500,000.00	0.00	0.00		3,500,000.00
24	4101	盈余公积	0.00	860,000.00	0.00	0.00		860,000.00
25	4103	本年利润	0.00	0.00	160,637.00	299,823.01		139,186.01
26	4104	利润分配	0.00	439,271.00	0.00	0.00		439,271.00
27	5001	生产成本	263,500.00	0.00	64,274.00	64,274.00	263,500.00	
28	5101	制造费用	0.00	0.00	14,596.00	14,596.00	0.00	
29	6001	主营业务收入	0.00	0.00	299,823.01	299,823.01	0.00	
30	6401	主营业务成本	0.00	0.00	110,000.00	110,000.00	0.00	
31	6602	管理费用	0.00	0.00	29,832.00	29,832.00	0.00	
32	6601	销售费用	0.00	0.00	20,805.00	20,805.00	0.00	
33	合计		7,151,456.00	7,151,456.00	1,423,632.61	1,423,632.61	7,305,398.40	7,305,398.40

图 1-41 试算平衡表

知识窗口

（1）科目期末借方余额计算。对于以"1"和"5"开头的科目编码，这类科目通常属于资产类和成本类会计科目，期末余额一般在借方。计算此类科目期末余额时，可先依据科目编码进行筛选，精准获取资产类和成本类会计科目。以在 Excel 中操作为例，在相关工作表中，选中用于计算期末余额的起始单元格，如在本任务中，在 G4 单元格输入计算公式"=C4+E4-F4"。需要特别注意的是，像坏账准备、累计折旧这类备抵科目，其余额方向为贷方，若涉及这些科目，需手动对公式进行调整以确保计算准确。完成起始单元格公式输入后，通过鼠标拖拽该单元格右下角的填充柄，即可将公式自动填充至下方相关单元格，快速完成同类科目的期末余额计算。

（2）科目期末贷方余额计算。当科目编码以"2"和"4"开头时，期末余额一般在贷方。对此类科目筛选后，可在对应工作表的合适单元格进行计算。如在本任务中，在 H15 单元中输入计算公式 "=D15+F15-E15"。同样，利用鼠标拖拽单元格填充柄的方式，将该公式向下填充至其他需计算的单元格，从而完成此类科目期末余额的计算。

（3）损益类科目余额情况。以"6"开头的科目编码代表损益类科目。在会计核算中，损益类科目期末需将余额结转至本年利润等科目，所以期末无余额。

（4）ISERROR 函数被用来确定一个数字或表达式是否错误（见图 1-42），其语法：ISERROR (expression)。其中，参数 expression 可以是任何有效表达式，如果参数 expression 表示一个错误，那么 ISERROR 函数将返回 true；如果参数 expression 不表示错误，则返回 false。

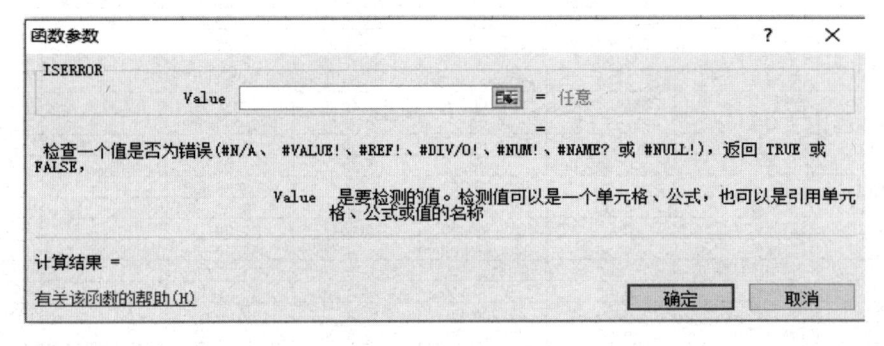

图 1-42　ISERROR 函数

任务五　记账凭证的编制

任务目标

1. 知识目标

（1）掌握记账凭证的构成。

（2）掌握 TODAY 函数的功能和参数构成。

（3）掌握宏的概念和功能。

2. 能力目标

（1）能在 Excel 中编制记账凭证。

（2）能使用宏编制记账凭证。

3. 素养目标

（1）培养学生自主学习会计信息化新知识、新技能的能力。

（2）培养学生的沟通协调能力和动手能力。

（3）培养学生的社会责任感和团队协作精神。

（4）培养学生的细致、耐心的职业品质。

任务导入

每笔业务发生后，需要填制记账凭证，李林想编制记账凭证，请你运用 Excel 帮他编制记账凭证。

任务实施

子任务 1.5.1　手动编制记账凭证

（1）打开"利达公司 2024 年 1 月业务.xlsx"的工作簿，新增工作表，将其重命名为"记账凭证"，设置记账凭证格式如图 1-43 所示。

图 1-43　记账凭证格式

（2）将 I 列到 AD 列的列宽设置成 1.5，然后将记账凭证的底色填充为白色。在日期单元格输入"= TODAY()"。这样每次打开文件时，日期单元格中显示的都是当天的日期。

（3）选中 C4:H15 单元格区域，设置单元格边框格式，如图 1-44 所示。

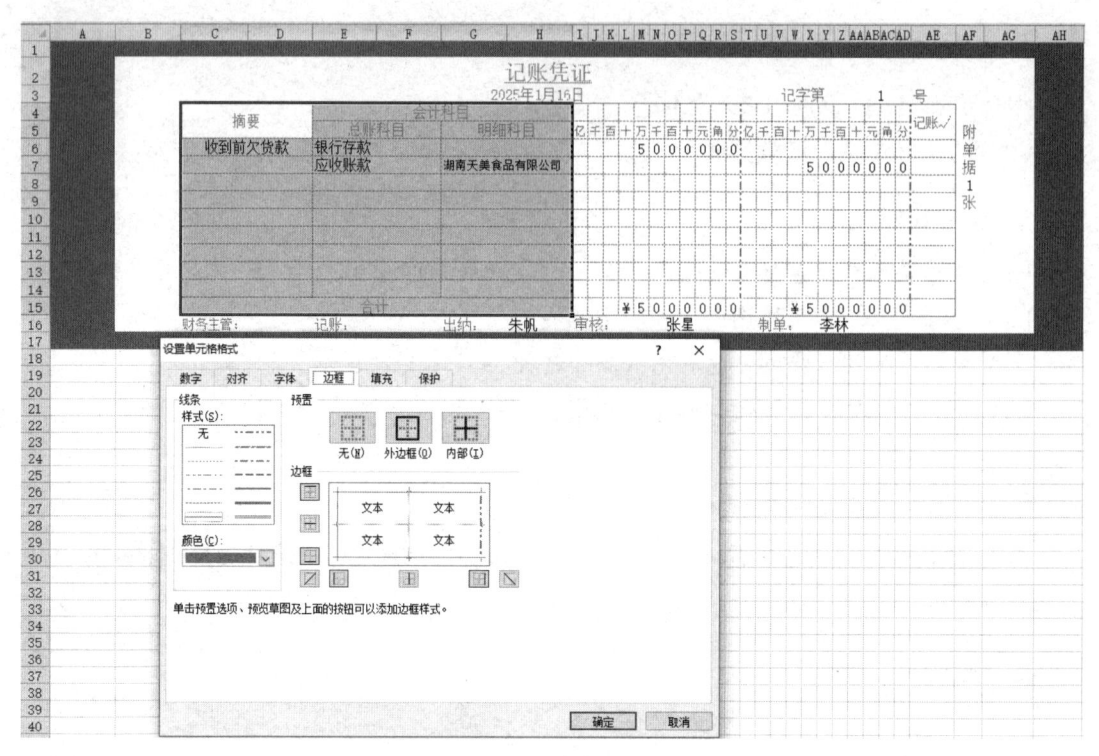

图 1-44 设置边框格式

（4）设置好边框后，将摘要、总账科目、明细科目及金额内容填写到相应单元格。

（5）对 AF4:AF15 单元格区域进行合并单元格操作，合并后设置单元格对齐格式，注意字体方向要设为纵向，如图 1-45 所示。

图 1-45 设置单元格对齐格式

子任务 1.5.2　采用宏录制编制记账凭证

每发生一笔经济业务就要编制一张记账凭证，工作量比较大，可以采用宏录制的方法快速完成同类记账凭证的编制。

（1）新建一个工作表，在 Excel 中单击"文件"选项卡的"选项"，接着单击"自定义功能区"，在主选项卡中勾选"开发工具"，如图 1-46 所示。

图 1-46　设置"开发工具"选项卡

（2）单击"开发工具"选项卡的"录制宏"，此时会弹出"录制新宏"对话框，将宏名修改为"记账凭证"，如图 1-47 所示。

（3）单击"开发工具"选项卡的"使用相对引用"，设置相对引用，如图 1-48 所示。设置相对引用是为了让宏在不同位置执行时能根据相对位置自动调整操作对象。

（4）根据实际需要设计记账凭证格式，具体编制操作同子任务 1.5.1，不再赘述。操作完成后，单击"停止录制"，如图 1-49 所示。此时，刚才进行的会计凭证编制操作已被录制为宏。后续通过快捷键 F5 或在"宏"选项卡中选择运行该宏，就能重复执行刚才的凭证录入操作步骤。

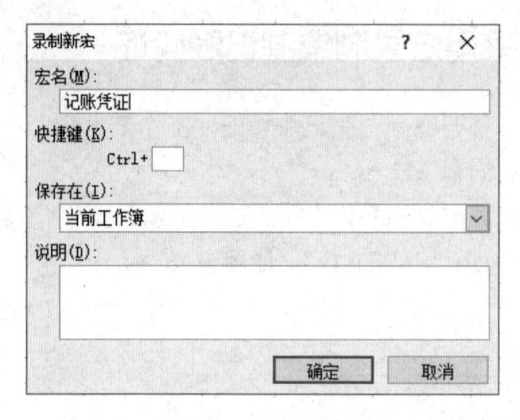

图 1-47　设置宏名称

图 1-48　设置相对引用

图 1-49　停止录制

知识窗口

（1）TODAY 函数是一个日期函数，它的作用是返回当前系统日期，如图 1-50 所示。当在单元格中输入"=TODAY()"并回车后，该单元格就会显示当天的日期，而且，每次打开该 Excel 文件，单元格中的日期都会自动更新为打开文件当天的实际日期，无需手动修改，这在需要动态显示当前日期的场景，如财务报表记录每日数据时非常实用。

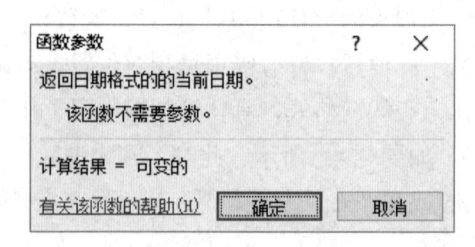

图 1-50　TODAY 函数

（2）宏在 Excel 中是一系列命令和动作的集合，可将重复性任务自动化。简单来说，宏就像是一个"脚本"，能录制用户在 Excel 中的操作步骤，然后通过一次点击或一个快捷键，就能重复执行这些操作。

任务六　财务报表的编制

任务目标

1. 知识目标

（1）掌握利润表的主要项目构成及填列。
（2）掌握资产负债表的主要项目构成及填列。
（3）掌握表间取数和 VLOOKUP 函数取数的区别。

2. 能力目标

（1）能编制利润表。
（2）能编制资产负债表。
（3）能运用 VLOOKUP 函数和表间取数的方式填列财务报表各项目的值。

3. 素养目标

（1）培养学生自主学习会计信息化新知识、新技能的能力。
（2）培养学生的沟通协调能力和动手能力。
（3）培养学生的社会责任感和团队协作精神。
（4）培养学生的爱国主义情感、诚信意识。

任务导入

李林为进行财务成果和财务状况分析，须为公司编制 1 月的利润表和资产负债表，请你教他使用 Excel 快速获取数据并编制财务报表。

任务实施

子任务 1.6.1　编制利润表

（1）打开"利达公司 2024 年 1 月业务.xlsx"的工作簿，新增工作表，将其重命名为"利润表"。

微课视频
编制利润表

(2) 根据所学知识对利润表进行格式的设置，结果如图 1-51 所示。

B	C	D	E
利润表			
			会企01表
编制单位：湖南达利饮品有限公司	2024年度		单位：元
项目	行次	本期金额	上期金额（略）
一、营业收入	1		
减：营业成本	2		
税金及附加	3		
销售费用	4		
管理费用	5		
研发费用	6		
财务费用	7		
其中：利息费用	8		
利息收入	9		
资产减值损失	10		
信用减值损失	11		
加：其他收益	12		
投资收益（损失以"-"号填列）	13		
其中：对联营企业和合营企业的投资收益	14		
净敞口套期收益（损失以"-"号填列）	15		
公允价值变动收益（损失以"-"号填列）	16		
资产处置收益（损失以"-"号填列）	17		
二、营业利润（亏损以"-"号填列）	18		
加：营业外收入	19		
减：营业外支出	20		
三、利润总额（亏损总额以"-"号填列）	21		
减：所得税费用	22		
四、净利润（净亏损以"-"号填列）	23		
（一）持续经营净利润（净亏损以"-"号填列）	24		
（二）终止经营净利润（净亏损以"-"号填列）	25		
五、其他综合收益的税后净额	26		
（一）不能重分类进损益的其他综合收益	27		
1．重新计量设定受益计划变动额	28		
2．权益法下不能转损益的其他综合收益	29		
3．其他权益工具投资公允价值变动	30		
4．企业自身信用风险公允价值变动	31		
……	32		
（二）将重分类进损益的其他综合收益	33		
1．权益法下可转损益的其他综合收益	34		
2．其他债权投资公允价值变动	35		
3．金融资产重分类计入其他综合收益的金额	36		
4．其他债权投资信用减值准备	37		
5．现金流量套期储备	38		
6．外币财务报表折算差额	39		
……	40		
六、综合收益总额	41		
七、每股收益：	42		
（一）基本每股收益	43		
（二）稀释每股收益	44		
单位负责人：	主管会计工作负责人：		会计机构负责人：

图 1-51 利润表

(3) 获取利润表各项目的数据。可以利用 VLOOKUP 函数，也可以利用表间取数操作来获取利润表数据，下面分别介绍两种不同的操作方法。

①利用表间取数：如果当期涉及到的损益类科目比较少，可以在 D5 单元格直接输入"="，再用鼠标单击"试算平衡表"中主营业务收入的金额栏，即显示"=试算平衡表!E29"，敲回车确定，即得到营业收入数值。依此类推获取其他无需计算项目的数值。

②利用 VLOOKUP 函数取数：在 D5 单元格输入"=VLOOKUP("主营业务收入",试算平衡表,5,0)"，敲回车确定，采取同样的操作，依次获取相关数据。

（3）在 D20 单元格输入"=D5-D6-D8-D9"，计算出营业利润。

（4）在 D22 单元格输入"=D22"，计算利润总额。

（6）在 D25 单元格输入"=D25-D26"，计算净利润。

生成的利润表如图 1-52 所示。

	A	B	C	D	E
1		利润表			
2					会企01表
3		编制单位：湖南达利饮品有限公司	2024年度		单位：元
4		项目	行次	本期金额	上期金额（略）
5		一、营业收入	1	299,823.01	
6		减：营业成本	2	110,000.00	
7		税金及附加	3		
8		销售费用	4	20,805.00	
9		管理费用	5	29,832.00	
10		研发费用	6		
11		财务费用	7		
12		其中：利息费用	8		
13		利息收入	9		
14		资产减值损失	10		
15		信用减值损失	11		
16		加：其他收益	12		
17		投资收益（损失以"-"号填列）	13		
18		其中：对联营企业和合营企业的投资收益	14		
19		净敞口套期收益（损失以"-"号填列）	15		
20		公允价值变动收益（损失以"-"号填列）	16		
21		资产处置收益（损失以"-"号填列）	17		
22		二、营业利润（亏损以"-"号填列）	18	139,186.01	
23		加：营业外收入	19		
24		减：营业外支出	20		
25		三、利润总额（亏损总额以"-"号填列）	21	139,186.01	
26		减：所得税费用	22		
27		四、净利润（净亏损以"-"号填列）	23	139,186.01	
28		（一）持续经营净利润（净亏损以"-"号填列）	24		
29		（二）终止经营净利润（净亏损以"-"号填列）	25		
30		五、其他综合收益的税后净额	26		
31		（一）不能重分类进损益的其他综合收益	27		
32		1．重新计量设定受益计划变动额	28		
33		2．权益法下不能转损益的其他综合收益	29		
34		3．其他权益工具投资公允价值变动	30		
35		4．企业自身信用风险公允价值变动	31		
36		……	32		
37		（二）将重分类进损益的其他综合收益	33		
38		1．权益法下可转损益的其他综合收益	34		
39		2．其他债权投资公允价值变动	35		
40		3．金融资产重分类计入其他综合收益的金额	36		
41		4．其他债权投资信用减值准备	37		
42		5．现金流量套期储备	38		
43		6．外币财务报表折算差额	39		
44		……	40		
45		六、综合收益总额	41		
46		七、每股收益：	42		
47		（一）基本每股收益	43		
48		（二）稀释每股收益	44		
49		单位负责人：		主管会计工作负责人：	会计机构负责人：

图 1-52 利润表

> **知识窗口**

（1）利润表主要项目构成。

- 营业收入：涵盖主营业务收入与其他业务收入。若企业业务复杂，可在该项目下进一步细分业务板块进行列示。
- 营业成本：对应主营业务成本与其他业务成本，同样可按业务板块细分。
- 税金及附加：记录企业经营活动应负担的相关税费。
- 销售费用：核算企业在销售商品和材料、提供劳务的过程中发生的各种费用。
- 管理费用：包含企业为组织和管理生产经营活动而发生的各项费用。
- 财务费用：反映企业为筹集生产经营所需资金等而发生的筹资费用。
- 公允价值变动收益（损失以"-"号填列）：核算企业交易性金融资产、交易性金融负债，以及采用公允价值模式计量的投资性房地产等公允价值变动形成的应计入当期损益的利得或损失。
- 资产减值损失：体现企业计提各项资产减值准备所形成的损失。
- 信用减值损失：用来记录企业因应收账款的账面价值高于其可收回金额而造成的损失。
- 营业利润（亏损以"-"号填列）：通过公式计算得出，一般为营业收入减去营业成本、税金及附加、销售费用、管理费用、财务费用、资产减值损失，加上公允价值变动收益、投资收益。
- 营业外收入：核算企业发生的与其日常活动无直接关系的各项利得。
- 营业外支出：反映企业发生的与其日常活动无直接关系的各项损失。
- 利润总额（亏损总额以"-"号填列）：由营业利润加上营业外收入，减去营业外支出得到。
- 所得税费用：核算企业确认的应从当期利润总额中扣除的所得税费用。
- 净利润（净亏损以"-"号填列）：通过利润总额减去所得税费用计算得出。

（2）表间取数与 VLOOKUP 函数取数的区别。表间取数和 VLOOKUP 函数取数在操作方式、适用场景与灵活性上有明显区别。表间取数是用户手动在特定单元格输入已知数值，简单直接，无需复杂函数知识，适用于数据量小、无关联查询需求的场景，但灵活性差，数据变化时需手动逐个修改。而 VLOOKUP 函数取数借助函数语法获取数据，虽需理解函数参数，但在处理大量存在关联关系的数据时优势显著，且灵活性极高，数据源结构不变时，数据位置、顺序改变或更新，都能准确取数，更换数据源表格也只需调整查找区域参数。

子任务 1.6.2　编制资产负债表

（1）打开"利达公司 2024 年 1 月业务.xlsx"工作簿，新增工作

微课视频
编制资产负债表

表，将其重命名为"资产负债表"。

（2）根据所学知识对资产负债表进行格式的设置，设置结果图 1-53 所示。

资产负债表

编制单位：湖南利达饮品有限公司　　2024年1月31日　　会企01表　单位：元

资产	行次	期末余额	期初余额（略）	负债和所有者权益（或股东权益）	行次	期末余额	期初余额（略）
流动资产：	1			流动负债：	37		
货币资金	2			短期借款	38		
交易性金融资产	3			交易性金融负债	39		
衍生金融资产	4			衍生金融负债	40		
应收票据	5			应付票据	41		
应收账款	6			应付账款	42		
应收款项融资	7			预收款项	43		
预付账款	8			合同负债	44		
其他应收款	9			应付职工薪酬	45		
存货	10			应交税费	46		
合同资产	11			其他应付款	47		
持有待售资产	12			持有待售负债	48		
一年内到期的非流动资产	13			一年内到期的非流动负债	49		
其他流动资产	14			其他流动负债	50		
流动资产合计	15			流动负债合计	51		
非流动资产：	16			非流动负债：	52		
债权投资	17			长期借款	53		
其他债权投资	18			应付债券	54		
长期应收款	19			其中：优先股	55		
长期股权投资	20			永续债	56		
其他权益工具投资	21			租赁负债	57		
其他非流动金融资产	22			长期应付款	58		
投资性房地产	23			预计负债	59		
固定资产	24			递延收益	60		
在建工程	25			递延所得税负债	61		
生产性生物资产	26			其他非流动负债	62		
油气资产	27			非流动负债合计	63		
使用权资产	28			负债合计	64		
无形资产	29			所有者权益（或股东权益）：	65		
开发支出	30			实收资本（或股本）	66		
商誉	31			其他权益工具	67		
长期待摊费用	32			其中：优先股	68		
递延所得税资产	33			永续债	69		
其他非流动资产	34			资本公积	70		
非流动资产合计	35			减：库存股	71		
				其他综合收益	72		
				专项储备	73		
				盈余公积	74		
				未分配利润	75		
				所有者权益（或股东权益）合计	76		
资产总计	36			负债和所有者权益（或股东权益）总计	77		

单位负责人：　　主管会计工作负责人：　　会计机构负责人：

图 1-53　资产负债表

（3）在 C6 单元格输入"=VLOOKUP("库存现金",试算平衡表,6,0)+VLOOKUP("银行存款",试算平衡表,6,0)"，获取货币资金期末余额，因为本期没有其他货币资金，所以货币资金只包括库存现金和银行存款。

（4）在 C10 单元格输入"=账户期初余额!F6-账户期初余额!F7+会计凭证表!I19-试算平衡表!H9"，获取应收账款期末余额。

（5）在 C12 单元格输入"=试算平衡表!G7"，获取预付款账款期末余额，因为预付账款明细账户的期末余额均在借方。

（6）在 C13 单元格输入"=试算平衡表!G8"，获取其他应收款期末余额。

（7）在 C14 单元输入 "=试算平衡表!G10+试算平衡表!G11+试算平衡表!G12+试算平衡表!G27"，获取存货期末余额。

（8）在 C19 单元格输入 "=SUM(C6:C16)"，计算流动资产合计期末余额。

（9）采用同样操作步骤，根据所学的会计知识，使用 VLOOKUP 函数或者表间取数的方法，依次完成资产负债表其他项目期末余额的填列。

生成的资产负债表如图 1-54 所示。

资产负债表

编制单位：湖南利达饮品有限公司　　　　2024年1月31日　　　　会企01表
单位：元

资产	行次	期末余额	期初余额（略）	负债和所有者权益（或股东权益）	行次	期末余额	期初余额（略）
流动资产:	1			流动负债：	37		
货币资金	2	3,554,433.40		短期借款	38	500,000.00	
交易性金融资产	3			交易性金融负债	39		
衍生金融资产	4			衍生金融负债	40		
应收票据	5			应付票据	41		
应收账款	6	873,800.00		应付账款	42	460,000.00	
应收款项融资	7			预收款项	43	325,000.00	
预付账款	8	263,210.00		合同负债	44		
其他应收款	9	6,000.00		应付职工薪酬	45	155,406.00	
存货	10	1,090,955.00		应交税费	46	150,855.39	
合同资产	11			其他应付款	47	20,000.00	
持有待售资产	12			持有待售负债	48		
一年到期的非流动资产	13			一年内到期的非流动负债	49		
其他流动资产	14			其他流动负债	50		
流动资产合计	15	5,788,398.40		流动负债合计	51	1,611,261.39	
非流动资产：	16			非流动负债：	52		
债权投资	17			长期借款	53	500,000.00	
其他债权投资	18			应付债券	54		
长期应收款	19			其中：优先股	55		
长期股权投资	20			永续债	56		
其他权益工具投资	21			租赁负债	57		
其他非流动金融资产	22			长期应付款	58		
投资性房地产	23			预计负债	59		
固定资产	24	1,261,320.00		递延收益	60		
在建工程	25			递延所得税负债	61		
生产性生物资产	26			其他非流动负债	62		
油气资产	27			非流动负债合计	63	500,000.00	
使用权资产	28			负债合计	64	2,111,261.39	
无形资产	29			所有者权益（或股东权益）：	65		
开发支出	30			实收资本（或股本）	66	3,500,000.00	
商誉	31			其他权益工具	67		
长期待摊费用	32			其中：优先股	68		
递延所得税资产	33			永续债	69		
其他非流动资产	34			资本公积	70		
非流动资产合计	35	1,261,320.00		减：库存股	71		
				其他综合收益	72		
				专项储备	73		
				盈余公积	74	860,000.00	
				未分配利润	75	578,457.01	
				所有者权益（或股东权益）合计	76	4,938,457.01	
资产总计	36	7,049,718.40		负债和所有者权益（或股东权益）	77	7,049,718.40	

单位负责人：　　　　主管会计工作负责人：　　　　会计机构负责人：

图 1-54　资产负债表

知识窗口

资产负债表项目主要包括三类：资产类项目、负债类项目和所有者权益类项目。

(1) 资产类项目。

① 货币资金:"库存现金""银行存款""其他货币资金"科目期末余额的合计数填列。

② 交易性金融资产:根据"交易性金融资产"科目的期末余额填列。

③ 应收账款:"应收账款"科目所属各明细科目的期末借方余额合计数,减去"坏账准备"科目中有关应收账款计提的坏账准备期末余额后的金额填列。

④ 预付款项:"预付账款"科目所属各明细科目的期末借方余额合计数,减去"坏账准备"科目中有关预付款项计提的坏账准备期末余额后的金额填列。如"应付账款"科目所属明细科目有借方余额的,也应包括在本项目内。

⑤ 存货:"材料采购""原材料""低值易耗品""库存商品""周转材料""委托加工物资""委托代销商品""生产成本"等科目的期末余额合计,减去"受托代销商品款""存货跌价准备"科目期末余额后的净额填列。材料采用计划成本核算,以及库存商品采用计划成本核算或售价核算的企业,还应按加或减材料成本差异、商品进销差价后的金额填列。

⑥ 长期股权投资:根据"长期股权投资"科目的期末余额,减去"长期股权投资减值准备"科目的期末余额后的金额填列。

⑦ 固定资产:"固定资产"科目期末余额,减去"累计折旧"和"固定资产减值准备"科目期末余额后的金额填列。

⑧ 在建工程:"在建工程"科目的期末余额,减去"在建工程减值准备"科目期末余额后的金额填列。

⑨ 无形资产:"无形资产"科目的期末余额,减去"累计摊销"和"无形资产减值准备"科目期末余额后的金额填列。

(2) 负债类项目。

① 短期借款:根据"短期借款"科目的期末余额填列。

② 应付账款:"应付账款"科目所属各明细科目的期末贷方余额合计数填列。如"预付账款"科目所属明细科目有贷方余额的,也应包括在本项目内。

③ 预收款项:"预收账款"科目所属各明细科目的期末贷方余额合计数填列。如"应收账款"科目所属明细科目有贷方余额的,也应包括在本项目内。

④ 应付职工薪酬:根据"应付职工薪酬"科目期末贷方余额填列。如"应付职工薪酬"科目期末为借方余额,以"-"号填列。

⑤ 应交税费:根据"应交税费"科目的期末贷方余额填列。如"应交税费"科目期末为借方余额,以"-"号填列。

⑥ 长期借款:根据"长期借款"科目的期末余额,扣除将于一年内(含一年)到期的长期借款后的金额填列。将于一年内(含一年)到期的长期借款,记入"一年内到期的非流动负债"项目。

⑦ 应付债券:根据"应付债券"科目的期末余额填列。

(3) 所有者权益类项目。

- 实收资本（或股本）：根据"实收资本（或股本）"科目的期末余额填列。
- 资本公积：根据"资本公积"科目的期末余额填列。
- 盈余公积：根据"盈余公积"科目的期末余额填列。
- 未分配利润：根据"本年利润"科目和"利润分配"科目余额计算填列。未弥补的亏损在本项目内以"-"号填列。

任务七　财务分析

任务目标

1. 知识目标

（1）掌握结构分析的原理。

（2）掌握进行财务比率分析的计算公式。

（3）掌握杜邦分析的原理。

2. 能力目标

（1）能编制财务报表的结构分析表。

（2）能建立财务比率分析表。

（3）能编制杜邦分析表。

3. 素养目标

（1）培养学生自主学习会计信息化新知识、新技能的能力。

（2）培养学生的语言表达能力和协调能力。

（3）培养学生的社会责任感、团队精神和协作精神。

（4）培养学生细致严谨的工作作风。

【资料准备】

（1）利达公司近5年的营业利润（2020年—2024年）。

（2）利达公司2024年12月31日资产负债表。

（3）利达公司2024年度的利润表。

任务导入

为了预测企业未来的发展趋势，公司财务主管张星指示总账会计李林对2024年及之前

微课视频
财务分析

年度的财务数据进行分析。通过揭示企业的资产结构、负债水平、盈利能力、营运能力和偿债能力等方面的问题，预测企业未来的发展动向、生产经营前景和偿债能力等，从而为企业领导层、投资者和债权人提供重要的决策依据，帮助企业发现改进经营管理和提高经济效益的途径。

任务实施

子任务1.7.1　进行结构分析

（1）在电脑桌面新建名为"利达公司财务分析.xlsx"的工作簿，将"Sheet1"重命名为"营业利润"，将"Sheet2"重命名为"资产负债表"；将"Sheet3"重命名为"利润表"，分别编制营业利润表、资产负债表和利润表，如图1-55～图1-57所示。

	A	B	C	D	E	F
1	湖南利达饮品有限公司2020年至2024年营业利润					
2						
3	年度	2020年	2021年	2022年	2023年	2024年
4	营业利润	1,123,554	806,556	854,356	1,143,439	1,222,400

图1-55　营业利润表

	A	B	C	D	E	F	G	H
1	资产负债表							
2	编制单位：湖南利达饮品有限公司				2024年12月31日			单位：元
3	资产	行次	期末余额	期初余额	负债和所有者权益（或股东权益）	行次	期末余额	期初余额
4	流动资产：	1			流动负债：	37		
5	货币资金	2	3,804,100.00	3,205,760.18	短期借款	38	400,000.00	100,000.00
6	交易性金融资产	3	153,000.00	167,805.00	交易性金融负债	39		
7	衍生金融资产	4			衍生金融负债	40		
8	应收票据	5	40,000.00	38,000.00	应付票据	41	180,000.00	152,396.57
9	应收账款	6	871,990.00	678,521.25	应付账款	42	641,500.00	478,500.00
10	应收账款融资	7	211,000.00	158,730.00	预收款项	43	150,507.00	32,580.00
11	预付账款	8			合同负债	44		
12	其他应收款	9	20,000.00	15,600.00	应付职工薪酬	45	87,000.00	67,500.00
13	存货	10	369,500.00	298,750.00	应交税费	46	6,000.00	5,200.00
14	合同资产	11			其他应付款	47	64,000.00	36,600.00
15	持有待售资产	12			持有待售负债	48		
16	一年内到期的非流动资产	13			一年内到期的非流动负债	49	25,000.00	0.00
17	其他流动资产	14			其他流动负债	50		
18	流动资产合计	15	5,469,590.00	4,563,166.43	流动负债合计	51	1,554,007.00	872,776.57
19	非流动资产：	16			非流动负债：	52		
20	债权投资	17	100,000.00	100,000.00	长期借款	53	220,000.00	100,000.00
21	其他债权投资	18			应付债券	54	27,808.67	37,500.00
22	长期应收款	19			其中：优先股	55		
23	长期股权投资	20			永续债	56		
24	其他权益工具投资	21			租赁负债	57		
25	其他非流动金融资产	22			长期应付款	58	27,295.00	12,000.00
26	投资性房地产	23			预计负债	59		
27	固定资产	24	705,000.00	666,850.00	递延收益	60		
28	在建工程	25	55,000.00	42,800.00	递延所得税负债	61		
29	生产性生物资产	26			其他非流动负债	62	100,000.00	10,000.00
30	油气资产	27			非流动负债合计	63	375,103.67	159,500.00
31	使用权资产	28			负债合计	64	1,929,110.67	1,032,276.57
32	无形资产	29	80,000.00	80,000.00	所有者权益（或股东权益）：	65		
33	开发支出	30			实收资本（或股本）	66	3,500,000.00	3,500,000.00
34	商誉	31			其他权益工具	67		

图1-56　资产负债表

	A	B	C	D
35	长期待摊费用	32	25,000.00	35,610.00	其中:优先股	68		
36	递延所得税资产	33			永续债	69		
37	其他非流动资产	34	15,000.00	0.00	资本公积	70	29,500.00	25,800.00
38	非流动资产合计	35	980,000.00	925,260.00	减:库存股	71		
39					其他综合收益	72		
40					专项储备	73		
41					盈余公积	74	25,340.00	22,460.00
42					未分配利润	75	965,639.33	907,889.86
43					所有者权益(或股东权益)合计	76	4,520,479.33	4,456,149.86
44	资产总计	36	6,449,590.00	5,488,426.43	负债和所有者权益(或股东权益)总计	77	6,449,590.00	5,488,426.43
45	单位负责人:		主管会计工作负责人:				会计机构负责人:	

图 1-56 资产负债表(续)

	A	B	C	D
1	利 润 表			
2				会企 02表
3	编制单位:湖南利达饮品有限公司		2024年度	单位:元
4	项 目	行次	本期金额	上期金额
5	一、营业收入	1	2,780,000.00	2,400,000.00
6	减:营业成本	2	1,280,000.00	920,060.96
7	税金及附加	3	96,800.00	92,000.00
8	销售费用	4	13,200.00	12,000.00
9	管理费用	5	127,600.00	124,000.00
10	研发费用	6	112,000.00	98,000.00
11	财务费用	7	20,000.00	23,000.00
12	其中:利息费用	8	20,500.00	21,980.00
13	利息收入	9	1,850.00	1,960.00
14	资产减值损失	10	0.00	
15	信用减值损失	11		
16	加:其他收益	12		
17	投资收益(损失以"-"号填列)	13	10,000.00	9,500.00
18	其中:对联营企业和合营企业的投资收益	14		6,500.00
19	净敞口套期收益(损失以"-"号填列)	15		
20	公允价值变动收益(损失以"-"号填列)	16	50,000.00	
21	资产处置收益(损失以"-"号填列)	17	32,000.00	3,000.00
22	二、营业利润(亏损以"-"号填列)	18	1,222,400.00	1,143,439.04
23	加:营业外收入	19	0	0
24	减:营业外支出	20	0.00	0.00
25	三、利润总额(亏损总额以"-"号填列)	21	1,222,400.00	1,143,439.04
26	减:所得税费用	22	256,760.67	237,509.18
27	四、净利润(净亏损以"-"号填列)	23	965,639.33	905,929.86
28	(一)持续经营净利润(净亏损以"-"号填列)	24		
29	(二)终止经营净利润(净亏损以"-"号填列)	25		
30	五、其他综合收益的税后净额	26		
31	(一)不能重分类进损益的其他综合收益	27		
32	1.重新计量设定受益计划变动额	28		
33	2.权益法下不能转损益的其他综合收益	29		
34	3.其他权益工具投资公允价值变动	30		
35	4.企业自身信用风险公允价值变动	31		
36	……	32		
37	(二)将重分类进损益的其他综合收益	33		
38	1.权益法下可转损益的其他综合收益	34		
39	2.其他债权投资公允价值变动	35		
40	3.金融资产重分类计入其他综合收益的金额	36		

图 1-57 利润表

41	4．其他债权投资信用减值准备	37	
42	5．现金流量套期储备	38	
43	6．外币财务报表折算差额	39	
44	……	40	
45	六、综合收益总额	41	
46	七、每股收益	42	
47	（一）基本每股收益	43	
48	（二）稀释每股收益	44	
49	单位负责人：	主管会计工作负责人：	会计机构负责人：

图 1-57　利润表（续）

（2）增加 3 个工作表，分别将其重命名为"趋势分析表""资产结构分析表""结构变化分析表"。将营业利润数据复制值到"趋势分析表"工作表中，然后选择 B3:F4 单元格区域。单击"插入"选项卡中的"图表"，再单击"折线图"，如图 1-58 所示。

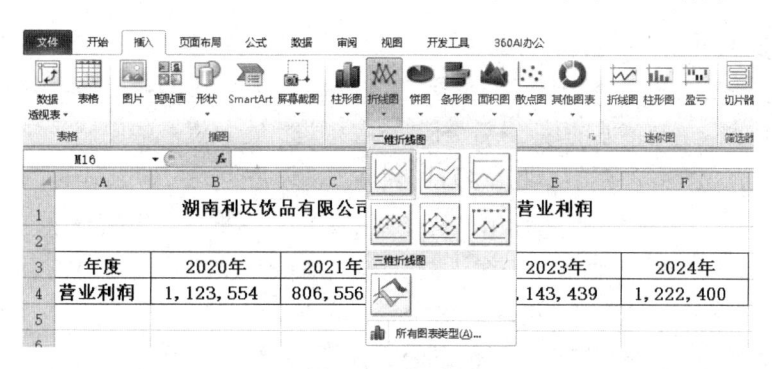

图 1-58　折线图

（3）选择"带数字标记的堆积折线图"，显示效果如图 1-59 所示。单击图表区，右键单击，将图表区颜色设置为绿色，然后单击绘图区并右键单击，将绘图区颜色设置为橙色。

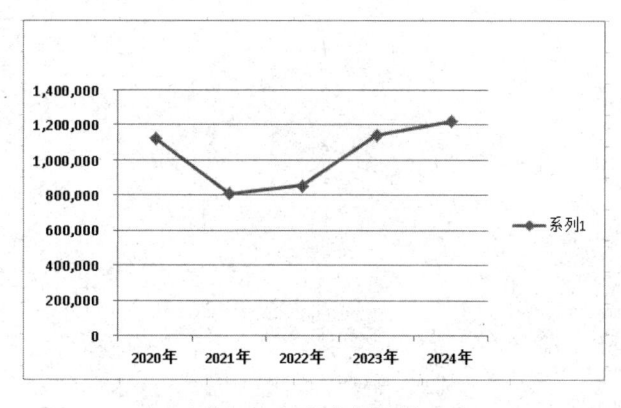

图 1-59　折线图结果

（4）单击"系列 1"，再单击选项卡"设计"中的"选择数据"，单击图列项里的"编辑"，将系列名称改为"营业利润"，敲回车确定。最后将图表的主题名称改为"营业利润趋势图",如图 1-60 所示。

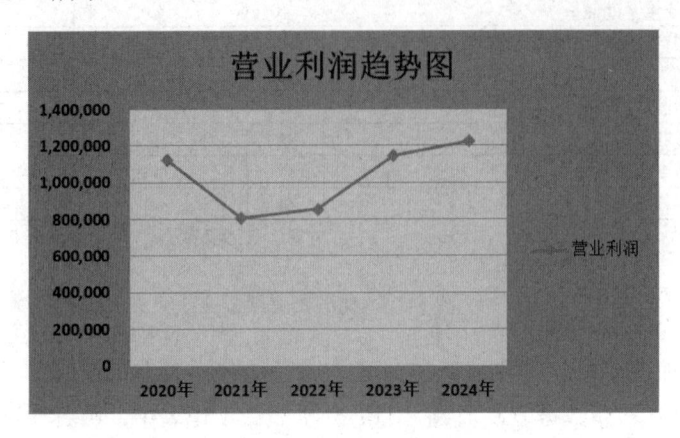

图 1-60　营业利润趋势图

（5）将资产负债表数据复制值到"资产结构分析表"工作表中，选中 E 列，右键单击，向左侧插入一整列，在 E5 单元格输入"=D5/$D$44"，其中对 D44 进行了绝对引用，敲回车确定，双击鼠标填充下面的单元格，计算出每项资产占总资产的比例。

（6）选中 D5:D13 单元格区域，进行图表分析，单击"插入"选项卡的"图表"，再单击"饼形"，单击"选择数据"，弹出"选择数据源"对话框，在编辑水平（分类）轴标签下，单击"编辑"，弹出"轴标签"对话框，在"轴标签区域"文本框中输入"=(资产结构分析表!$B$5:$B$16,资产结构分析表!$B$21:$B$36)"。

（7）单击"布局"，设置图表标题为"总资产结构图"。

（8）将图表区设置成橙色，如图 1-61 所示。

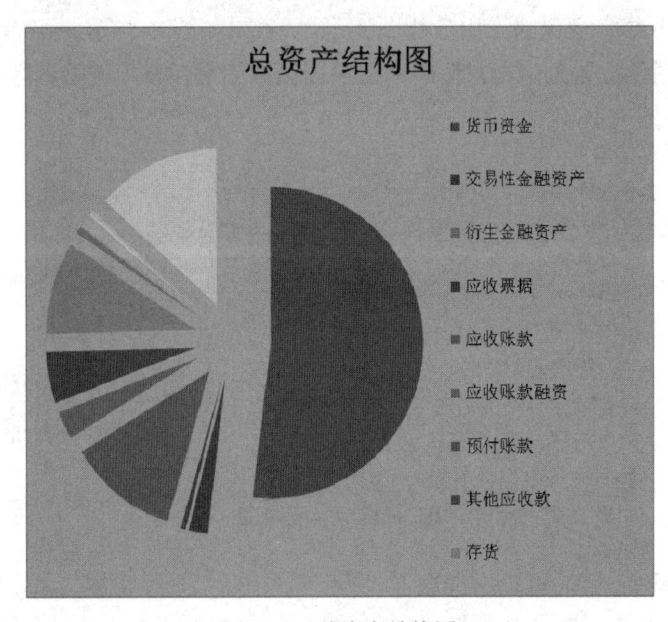

图 1-61　总资产结构图

（9）在 I5 单元格输入"=H5/$H$44"，注意对 H44 单元格要进行绝对引用，敲回车确定，双击鼠标填充下面的单元格，结果如图 1-62 所示。

资产负债表结构分析

编制单位：湖南利达饮品有限公司　　　2024年12月31日　　　单位：元

资产	行次	期末余额	结构	负债和所有者权益（或股东权益）	行次	期末余额	结构
流动资产：	1			流动负债：	37		
货币资金	2	3,804,100.00	58.98%	短期借款	38	400,000.00	6.20%
交易性金融资产	3	153,000.00	2.37%	交易性金融负债	39		0.00%
衍生金融资产	4		0.00%	衍生金融负债	40		0.00%
应收票据	5	40,000.00	0.62%	应付票据	41	180,000.00	2.79%
应收账款	6	871,990.00	13.52%	应付账款	42	641,500.00	9.95%
应收款项融资	7	211,000.00	3.27%	预收款项	43	150,507.00	2.33%
预付账款	8		0.00%	合同负债	44		0.00%
其他应收款	9	389,500.00	6.04%	应付职工薪酬	45	87,000.00	1.35%
存货	10		0.00%	应交税费	46	6,000.00	0.09%
合同资产	11		0.00%	其他应付款	47	64,000.00	0.99%
持有待售资产	12		0.00%	持有待售负债	48		0.00%
一年内到期的非流动资产	13		0.00%	一年内到期的非流动负债	49	25,000.00	0.39%
其他流动资产	14		0.00%	其他流动负债	50		0.00%
流动资产合计	15	5,469,590.00	84.81%	流动负债合计	51	1,554,007.00	24.09%
非流动资产：	16			非流动负债：	52		
债权投资	17	100,000.00	1.55%	长期借款	53	220,000.00	3.41%
其他债权投资	18		0.00%	应付债券	54	27,808.67	0.43%
长期应收款	19		0.00%	其中：优先股	55		0.00%
长期股权投资	20		0.00%	永续债	56		0.00%
其他权益工具投资	21		0.00%	租赁负债	57		0.00%
其他非流动金融资产	22		0.00%	长期应付款	58	27,295.00	0.42%
投资性房地产	23		0.00%	预计负债	59		0.00%
固定资产	24	705,000.00	10.93%	递延收益	60		0.00%
在建工程	25	55,000.00	0.85%	递延所得税负债	61		0.00%
生产性生物资产	26		0.00%	其他非流动负债	62	100,000.00	1.55%
油气资产	27		0.00%	非流动负债合计	63	375,103.67	5.82%
使用权资产	28		0.00%	负债合计	64	1,929,110.67	29.91%
无形资产	29	80,000.00	1.24%	所有者权益（或股东权益）：	65		0.00%
开发支出	30		0.00%	实收资本（或股本）	66	3,500,000.00	54.27%
商誉	31		0.00%	其他权益工具	67		0.00%
长期待摊费用	32	25,000.00	0.39%	其中：优先股	68		0.00%
递延所得税资产	33		0.00%	永续债	69		0.00%
其他非流动资产	34	15,000.00	0.23%	资本公积	70	29,500.00	0.46%
非流动资产合计	35	980,000.00	15.19%	减：库存股	71		0.00%
				其他综合收益	72		0.00%
				专项储备	73		0.00%
				盈余公积	74	25,340.00	0.39%
				未分配利润	75	965,639.33	14.97%
				所有者权益（或股东权益）合计	76	4,520,479.33	70.09%
资产总计	36	6,449,590.00	100.00%	负债和所有者权益（或股东权益）总计	77	6,449,590.00	100.00%

图 1-62　资产结构分析结果

（10）从图 1-62 可以看出，公司资产结构以流动资产为主，流动性较好，但负债结构中流动负债占比较高，短期偿债压力需关注。所有者权益中实收资本和留存收益都有一定规模，为公司发展提供了一定的资金基础。公司应合理规划资金，优化资产负债结构，在保持资产流动性的同时，降低短期偿债风险，充分利用所有者权益资金，促进公司持续稳定发展。

（11）将利润表数据复制值到"结构变化分析表"工作表中，计算利润表各项目占营业收入的比例。

（12）在 D5 单元格输入"=C5/$C$5"，敲回车确定，双击鼠标填充下面的单元格，注意对 C5 单元格要进行绝对引用。以同样的方式，计算出各项目占营业收入的比例，结果如图 1-63 所示。

利　润　表

会企 02表

编制单位：湖南利达饮品有限公司　　　　　　　　　　　　　　　　　单位：元

项目	行次	本期金额	结构	上期金额	结构
一、营业收入	1	2,780,000.00	100.00%	2,400,000.00	100.00%
减：营业成本	2	1,280,000.00	46.04%	920,060.96	38.34%
税金及附加	3	96,800.00	3.48%	92,000.00	3.83%
销售费用	4	13,200.00	0.47%	12,000.00	0.50%
管理费用	5	127,600.00	4.59%	124,000.00	5.17%
研发费用	6	112,000.00	4.03%	98,000.00	4.08%
财务费用	7	20,000.00	0.72%	23,000.00	0.96%
其中：利息费用	8		0.00%		0.00%
利息收入	9	1,850.00	0.07%	1,960.00	0.08%
资产减值损失	10	0.00	0.00%		0.00%
信用减值损失	11		0.00%		0.00%
加：其他收益	12		0.00%		0.00%
投资收益（损失以"-"号填列）	13	10,000.00	0.36%	9,500.00	0.40%
其中：对联营企业和合营企业的投资收益	14		0.00%	6,500.00	0.27%
净敞口套期收益（损失以"-"号填列）	15		0.00%		0.00%
公允价值变动收益（损失以"-"号填列）	16	50,000	1.80%		0.00%
资产处置收益（损失以"-"号填列）	17	32,000.00	1.15%	3,000.00	0.13%
二、营业利润（亏损以"-"号填列）	18	1,222,400.00	43.97%	1,143,439.04	47.64%
加：营业外收入	19	0.00	0.00%	0.00	0.00%
减：营业外支出	20	0.00	0.00%	0.00	0.00%
三、利润总额（亏损总额以"-"号填列）	21	1,222,400.00	43.97%	1,143,439.04	47.64%
减：所得税费用	22	256,760.67	9.24%	237,509.18	9.90%
四、净利润（净亏损以"-"号填列）	23	965,639.33	34.74%	905,929.86	37.75%
（一）持续经营净利润（净亏损以"-"号填列）	24				
（二）终止经营净利润（净亏损以"-"号填列）	25				
五、其他综合收益的税后净额	26				
（一）不能重分类进损益的其他综合收益	27				
1. 重新计量设定受益计划变动额	28				
2. 权益法下不能转损益的其他综合收益	29				
3. 其他权益工具投资公允价值变动	30				
4. 企业自身信用风险公允价值变动	31				
……	32				
（二）将重分类进损益的其他综合收益	33				
1. 权益法下可转损益的其他综合收益	34				
2. 其他债权投资公允价值变动	35				
3. 金融资产重分类计入其他综合收益的金额	36				
4. 其他债权投资信用减值准备	37				
5. 现金流量套期储备	38				
6. 外币财务报表折算差额	39				
……	40				
六、综合收益总额	41				
七、每股收益：	42				
（一）基本每股收益	43				
（二）稀释每股收益	44				
单位负责人：　　　　　主管会计工作负责人：　　　　　会计机构负责人：					

图 1-63　利润表结构变化分析表

（13）通过图 1-63 可知，公司在成本控制方面有一定成果，期间费用下降，但营业成本大幅上升抵消了费用管控带来的利好，导致盈利能力下降。公司应聚焦营业成本上升问题，优化生产流程、采购策略等来降低成本；同时，持续优化投资与资产配置，保持其他收益的增长态势，以提升整体盈利水平。

> **知识窗口**
>
> 结构分析是从整体层面出发，对企业资产、负债和所有者权益的构成进行分析。通过了解各类资产、负债和所有者权益项目在总体中的占比，把握企业财务的基本架构和资源配置情况，为后续分析提供基础框架。例如，资产结构能反映企业资产的分布状态，是侧重于流动资产的配置以保持流动性，还是侧重于非流动资产的投资以谋求长期发展；负债结构可以显示企业债务的期限分布和来源构成，有助于判断偿债压力的大小和稳定性；所有者权益结构则能体现企业的资本形成和利润积累模式。

子任务 1.7.2　进行财务比率分析

（1）新增工作表，将其重命名为"财务比率分析表"，具体格式如图 1-64 所示。

（2）在 C4 单元格输入"=资产负债表!D18/资产负债表!H18"，计算 2023 年流动比率。

（3）在 C5 单元格输入"=(资产负债表!D18-资产负债表!D13)/资产负债表!H18"，计算 2023 年速动比率。

（4）在 C8 单元格输入"=资产负债表!H31/资产负债表!D44"，计算 2023 年资产负债率。

（5）在 C9 单元格输入"=资产负债表!H31/资产负债表!H43"，计算 2023 年产权比率。

（6）在 C10 单元格输入"=资产负债表!H31/(资产负债表!H43-资产负债表!D32)"，计算 2023 年有形资产债务率。

（7）在 C11 单元格输入"=(利润表!D25+利润表!D12)/利润表!D12"，计算 2023 年已获利息倍数。

（8）在 C14 单元格输入"=利润表!D6/资产负债表!D13"，计算 2023 年存货周转率。

（9）在 C15 单元格输入"=利润表!D5/资产负债表!D9"，计算 2023 年应收账款周转率。

（10）在 C16 单元格输入"=利润表!D5/资产负债表!D18"，计算 2023 年流动资产周转率。

（11）在 C17 单元格输入"=利润表!D5/资产负债表!D44"，计算 2023 年总资产周转率。

（12）在 C20 单元格输入"=利润表!D27/利润表!D5"，计算 2023 年销售净利率。

（13）在 C21 单元格输入"=(利润表!D5-利润表!D6)/利润表!D5"，计算 2023 年销售毛利率。

（14）在 C22 单元格输入"=利润表!D27/资产负债表!D44"，计算 2023 年资产净利率。

（15）在 C23 单元格输入"=利润表!D27/资产负债表!H43"，计算 2023 年净资产收益率。

(16) 以同样方式计算 2024 年的各项财务指标,需要注意的是,在计算 2024 年营运能力指标和盈利能力指标中的资产净利润及资产收益率时,分母应为本年金额与上年金额和的平均值,因为利润表中没有 2023 年的上年金额,为方便计算,本处直接取数。最后结果如图 1-64 所示。

	A	B	C	D
1	财务指标		2023年	2024年
2	一、偿债能力指标			
3	(一)短期偿债能力指标			
4	流动比率	流动资产/流动负债	5.23	3.52
5	速动比率	(流动资产-存货)/流动负债	4.89	3.28
6				
7	(二)长期负债指标			
8	资产负债率:	负债总额/资产总额	0.19	0.30
9	产权比率:	负债总额/股东权益	0.23	0.43
10	有形资产债务率:	负债总额/(股东权益-无形资产净值)	0.24	0.43
11	已获利息倍数:	息税前利润/利息费用	53.02	60.63
12				
13	二、运营能力指标			
14	存货周转率	营业成本/平均存货	3.08	3.83
15	应收账款周转率	营业收入/平均应收账款	3.54	3.59
16	流动资产周转率	营业收入/平均流动资产	0.53	0.55
17	总资产周转率	营业收入/平均资产总额	0.44	0.47
18				
19	三、盈利能力指标			
20	营业净利率	净利润/营业收入	0.38	0.35
21	营业毛利率	(营业收入-营业成本)/营业收入	0.62	0.54
22	资产净利率	净利润/平均资产总额	0.17	0.16
23	净资产收益率	净利润/平均净资产	0.20	0.22

图 1-64 财务比率分析表

(17) 从图 1-64 可以得出如下结论。

从短期偿债能力来看,公司流动比率从 5.23 降至 3.52,速动比率从 4.89 降至 3.28,表明短期偿债能力有所下降,但两年的流动比率和速动比率数值均较高,整体短期偿债能力仍较强。

从长期偿债能力来看,资产负债率从 0.19 上升到 0.30,产权比率从 0.23 上升到 0.43,有形资产负债率从 0.24 上升到 0.43,这三个指标上升意味着长期偿债风险有所增加,但资产负债率仍处于较低水平,长期偿债能力尚可。

从营运能力来看,存货周转率从 3.08 上升到的 3.83,说明存货周转速度加快,存货管理效率提高;应收账款周转率从 3.54 上升到 3.59,变化幅度较小,但也呈上升趋势,回收账款效率略有提升。流动资产周转率从 0.53 上升到 0.55,总资产周转率从 0.44 上升到 0.47,表明公司资产运营效率逐步提升,资产利用效果变好。

从盈利能力来看,营业净利润从 0.38 下降到 0.35,营业毛利率从 0.62 下降到 0.54,反映产品盈利能力有所减弱,可能受成本上升或产品售价下降影响;资产净利润从 0.17 下降到 0.16,净资产收益率从 0.20 上升到 0.22,说明公司利用自有资本获取收益的能力增强,但资产整体获利能力稍有下滑。

总的来说，公司整体财务状况较为稳健，偿债能力较强，营运能力逐步提升。然而，盈利能力呈现出一定的矛盾性，部分指标下降暗示公司需关注成本控制和产品定价策略，以提升盈利水平。后续应持续关注偿债能力指标的变化，优化资本结构；巩固和加强营运能力提升成果；重点分析盈利能力变化原因，采取针对性措施改善盈利状况。

知识窗口

1. **财务比率分析概念**

财务比率分析是在结构分析的基础上，针对企业的偿债能力、营运能力和盈利能力等方面，通过具体的财务比率进行量化分析。这些比率能够更直观地反映企业在各个方面的表现和存在的问题。比如，偿债能力营业可以帮助判断企业能否按时偿还债务，营运能力营业能揭示企业资产的运营效率，盈利能力营业则直接体现企业的盈利水平。通过财务比例分析，可以深入了解企业各方面的财务能力，发现具体的优势和劣势环节。

2. **财务指标及公式**

（1）偿债能力指标：

资产负债率=负债总额/资产总额

产权比率=负债总额/所有者权益总额

流动比率=流动资产/流动负债

速动比率=（流动资产－存货）/流动负债

现金比率=（货币资金+短期投资+应收票据）/流动负债

利息保障倍数=（利息总额+利润总额）/利息费用

现金净流量与到期债务比=经营现金净流量/本期到期的债务

现金净流量与流动负债比=经营现金净流量/流动负债

现金净流量与债务总额比=经营现金净流量/债务总额

（2）营运能力指标：

存货周转率=营业成本/平均存货

平均存货=（期初存货余额+期末存货余额）/2

存货周转天数=360/存货周转率

流动资产周转率=营业收入/平均流动资产

总资产周转率=营业收入/平均资产总额

（3）盈利能力指标：

营业净利率=净利润/营业收入

营业毛利率=（营业收入－营业成本）/营业收入

净资产收益率=净利润/平均净资产

其中，平均净资产=（所有者权益年初数+所有者权益年末数）/2

资本收益率=净利润/平均资本

其中，平均资本=［（实收资本年初数+资本公积年初数）+（实收资本年末数+资本公积年末数）］/2

基本每股收益=归属于普通股东的当期净利润/当期发行在外普通股的加权平均数

每股股利=普通股现金股利总额/年末普通股总数

市盈率=普通股每股市价/普通股每股收益

每股净资产=年末股东权益/年末普通股总数

子任务 1.7.3　进行杜邦分析

（1）新增工作表，将其重命名为"杜邦分析表"，在工作表中设置杜邦分析图，如图 1-65 所示。

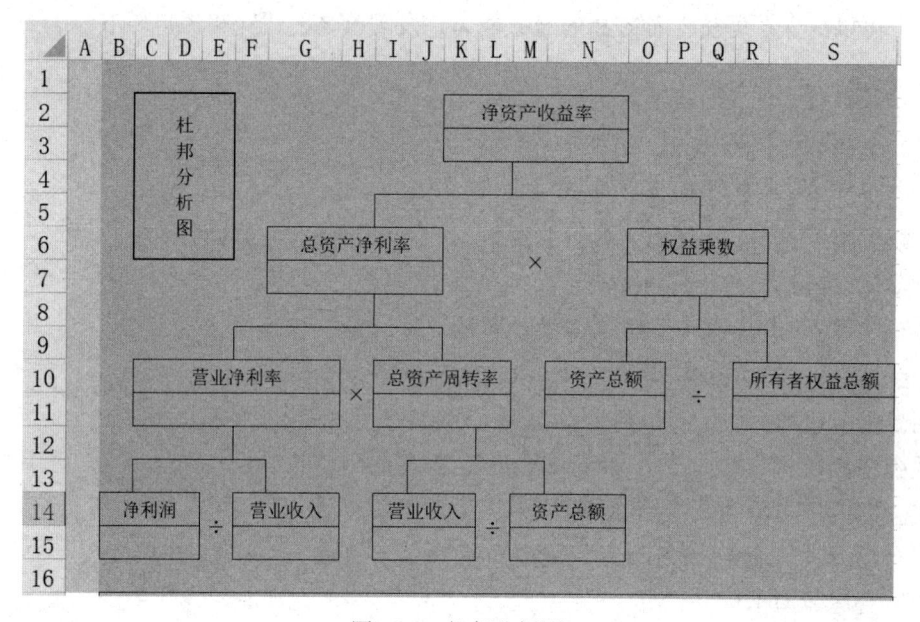

图 1-65　杜邦分析图

（2）通过表间取数方法，依次从利润表和资产负债表获取净利润、营业收入、资产总额、所有者权益总额数据，敲回车确定。

（3）在净资产收益率下方单元格输入"=G7*O7"。

（4）在总资产净利率下方单元格输入"=C11*I11"。

（5）在权益乘数下方单元格输入"=N11/R11"。

（6）在营业净利率下方单元格输入"=B15/F15"。

（7）在总资产周转率下方单元格输入"=I15/M15"。

（8）结果如图 1-66 所示。通过计算结果可知：净资产收益率为 21.36%，表明企业自有资本获取净收益的能力较强，整体盈利能力较好；总资产净利率 14.97%，显示企业运用全部资产获取利润的能力也不错；权益乘数 1.427，说明企业的负债程度相对适中，财务杠杆利用较为合理，既通过负债获得一定的杠杆收益，又没有过度负债带来过高财务风险；营业净利率 34.74%，意味着每元营业收入能带来较高比例的净利润，企业产品或服务的盈利空间较大；总资产周转率 0.43，表明企业资产运营效率较低，资产利用不够充分，可能存在存货积压、应收账款回收慢等影响资产周转的问题，后续可重点关注并优化资产运营管理，以进一步提升整体盈利能力。

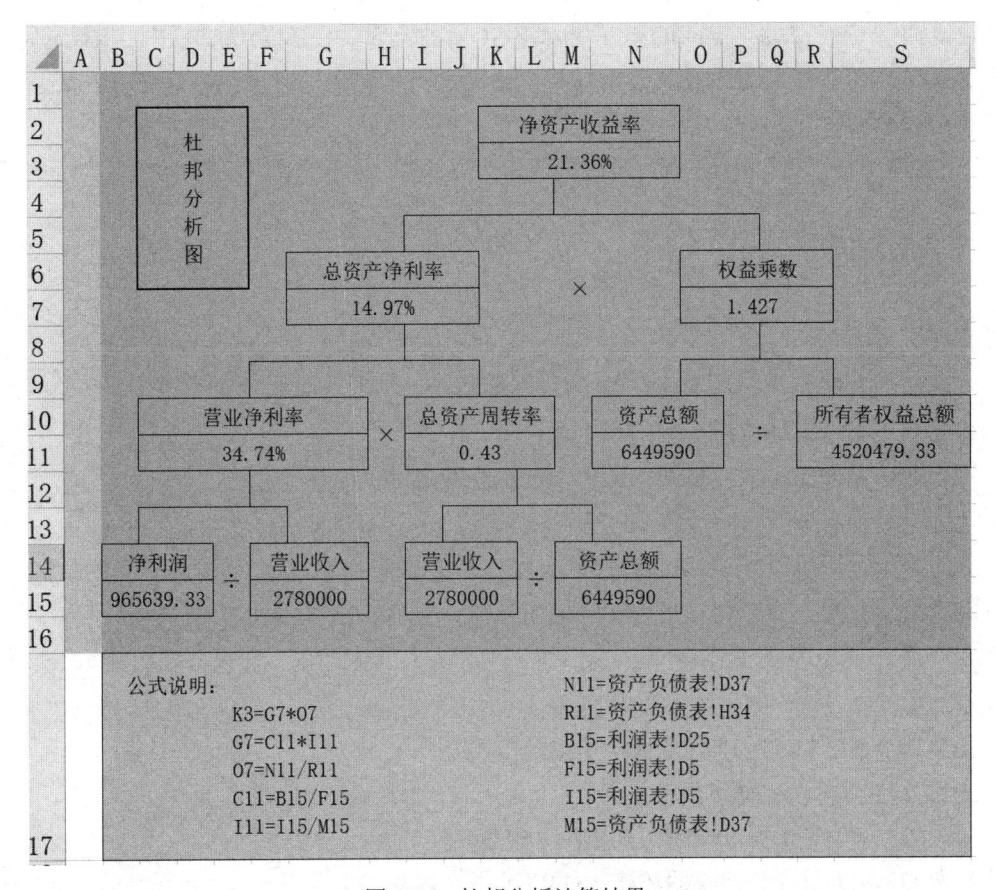

图 1-66　杜邦分析计算结果

知识窗口

杜邦分析法是一种通过各主要财务比率指标间的内在联系，对企业财务状况及经济效益进行综合系统分析评价的方法。该体系以净资产收益率为起点，以总资产净利率和权益乘数为核心，重点揭示企业获利能力及权益乘数对净资产收益率的影响，以及各相关指标间相互影响的作用关系。因其最初由美国杜邦公司成功应用，故得名。

杜邦分析法将净资产收益率（权益净利率）分解。其分析关系式为：

净资产收益率=总资产净利率×权益乘数=营业净利率×资产周转率×权益乘数

营业净利率=净利润÷营业收入

总资产周转率=营业收入÷平均资产总额

权益乘数=资产总额÷所有者权益总额=1÷（1-资产负债率）

项目小结

本项目主要介绍了总账会计岗位的主要工作内容，建账，编制会计凭证、科目汇总表、试算平衡表，并采用不同方法编制记账凭证，最后编制财务报表，并进行财务分析。本项目还重点介绍了IF函数、VLOOKUP函数、SUMIF函数、LEN函数、LEFT函数的应用，区间名称定义的意义及表间取数的操作等。函数运用较复杂，同学们要勤练习，才能熟悉操作步骤和流程。

课后拓展

练习一

湖南南通有限公司的基本情况如下。

税务登记类型：增值税一般纳税企业；

主要业务和产品类型：生产、销售305真空泵和307真空泵；

地址：湖南省湘潭县解放路125号；

适应税率：增值税率13%，城建税率7%，教育费附加率3%，地方教育费附加率2%；

存货核算方法：库存存货采用实际成本计价，发出存货采用先进先出法计价；

主要会计岗位及人员：制单员（赵文），审核人（王平），出纳员（周万），会计主管（赵思）；

2024年12月31日的期末余额资料如图1所示。

2025年1月份发生如下经济业务：

1. 2025年1月1日，取得短期借款450,000元。

2. 2025年1月3日，收回坏账15,000元。

3. 2025年1月6日，购买的铸铁验收入库，总计700,000元。

4. 2025年1月8日，提取现金66,900元，准备发放工资。

5. 2025年1月8日，发放工资66,900元。

6. 2025年1月9日，王东报销差旅费520元，前借500元，库存现金支付。

7. 2025年1月10日，生产305真空泵和307真空泵共领用铸铁276,000元，铝合金120,000元。

8. 2025年1月14日，销售产品共计800,000元，增值税128,000元，用银行存款支付。

9. 2024年1月31日，计提短期借款利息15,000元。

科目编码	总账科目	明细科目	计量单位	数量	单价	借方余额	贷方金额
	库存现金					2500	
	银行存款					4507870	
	应收票据					22910	
	应收账款					34446	
		完美汽车修理厂				446	
		中南汽车销售公司				34000	
	坏账准备						100
	其他应收款					5800	
	在途物资					830300	
	原材料					673272	
	生产成本					20000	
		305真空泵				20000	
		直接材料				10000	
		直接人工				6000	
		制造费用				4000	
	库存商品					747180	
		305真空泵	台	300	2200	660000	
		307真空泵	台	50	1743.6	87180	
	固定资产					4210000	
	累计折旧						120000
	固定资产减值准备						4000
	无形资产					166900	
	累计摊销						10000
	应付账款						3600
	应付票据						11700
	预收账款						2000
	应付职工薪酬						82900
	其他应付款						11072
	应付利息						15065
	长期借款						1700000
	长期应付款						90000
	实收资本						4000000
	资本公积						1184815
	盈余公积						160000
	利润分配	未分配利润					3825926
	合计					11221178	11221178

图1 账户期末余额

10．2024 年 1 月 31 日，分配工资 88,806 元，其中生产 305 真空泵的工人工资 42,864 元，生产 307 真空泵的工人工资 25,080 元，车间管理人员工资 4,674 元，管理部门人员工资 9,120 元，销售部门人员工资 7,068 元。

11．2025 年 1 月 31 日，计提折旧 21,050 元，其中生产设备折旧 10,000 元，管理部门折旧 7,950 元，销售部门折旧 3,100 元。

12．2025 年 1 月 31 日，结转制造费用 14,674 元。

13．2025 年 1 月 31 日，结转销售成本，数量 200 台，单位成本 2,200 元。

14．2025 年 1 月 31 日，计算应交城建税、教育费附加、地方教育费附加。

15．2025 年 1 月 31 日，结转收入类账户。

16．2025 年 1 月 31 日，结转成本费用类账户。

要求：

（1）请运用已学知识获取会计科目编码。

（2）请编制期初、期末金额的试算平衡表

（3）请编制 1 月 31 日的资产负债表。

（4）请编制 1 月份利润表。

（5）请进行资产负债表、利润表的财务比率分析和杜邦分析。

练习二

利用 VLOOKUP 函数、LEFT 函数、LEN 函数查找会计科目编码所对应的总账科目名称，相关资料见图 2～图 3。

科目编码	科目名称
1001	库存现金
1403	原材料
140301	橡木纹台面
140302	白桦纹台面
140303	浅灰色台面
1602	累计折旧
2221	应交税费
222101	应交增值税
22210101	进项税额
6602	管理费用
660201	办公费
660202	差旅费

图 2　科目编码及名称

2024年12月会计凭证表

凭证编号	日期	摘要	会计科目代码	总账科目名称	二级科目名称	三级科目名称	借方金额	贷方金额
1	2024-12-1	提现	1001				100,000.00	
1	2024-12-1	提现	100201					100,000.00
2	2024-12-10	采购材料	140301				20,232.50	
2	2024-12-10	采购材料	140302				47,358.00	
2	2024-12-10	采购材料	140303				26,925.00	
2	2024-12-10	采购材料	22210101				15,962.00	
2	2024-12-10	采购材料	100202					110,478.00
3	2024-12-20	报销差旅费	660201				2,204.58	
3	2024-12-20	报销差旅费	1001					2,204.58
4	2024-12-31	计提折旧	660202				1,800.00	
4	2024-12-31	计提折旧	1602					1,800.00

图 3　会计凭证表

项目二

出纳岗位

任务一　未达账项的查找

🏆 任务目标

1. 知识目标

（1）掌握未达账项核对表的结构。
（2）掌握 COUNT 函数的功能和参数构成。

2. 能力目标

（1）能编制未达账项核对表。
（2）能利用 COUNT 函数来查找未到账项。

3. 素养目标

（1）培养学生自主学习会计信息化的新知识、新技能的能力。
（2）培养学生的团队协助、团队互助等意识。
（3）培养学生的社会责任感、团队精神和协作精神。
（4）培养学生的爱国主义情感、沟通能力和协调能力。

📋 任务导入

利达公司银行出纳朱帆每月月初要与银行核对上个月的经济业务，由于经济业务多，数据量庞大，核对的工作十分繁重，经常要加班到深夜，工作效率十分低，请你运用 Excel 帮朱帆核对利达公司 3 月银行存款日记账与对账单的记录是否相符。

任务实施

（1）新建名为"利达公司银行存款核对表.xlsx"的工作簿。

（2）打开利达公司3月的会计凭证表，筛选出银行存款日记账的交易记录，复制银行存款日记账数据到"利达公司银行存款核对表.xlsx"工作簿的"Sheet1"工作表，将其重命名为"日记账"，如图2-1所示。

	A	B	C	D	E	F	G	H
1								
2			记账凭证					
3	2024年		类号别	摘要	对应科目	借方	贷方	余额
4	月	日						
5	3	1		期初余额				3,524,433.40
6	3	2	1	销售五谷核桃仁，收到货款	主营业务收入	50,000.00		3,574,433.40
7	3	2	5	支付广告费	销售费用		4,000.00	3,570,433.40
8	3	3	7	机器损坏，购入不需安装的新设备	固定资产		200,000.00	3,370,433.40
9	3	3	9	销售花生牛奶	主营业务收入	4,000.00		3,374,433.40
10	3	4	10	预收湖南森鲜食品有限公司购买花生牛奶的货款	预收账款	12,200.00		3,386,633.40
11	3	6	12	销售五谷核桃仁	主营业务收入	46,200.00		3,432,833.40
12	3	6	15	收到货款	主营业务收入	5,000.00		3,437,833.40
13	3	7	16	存现	库存现金	100,000.00		3,537,833.40
14	3	8	18	收到国家拨入资金	实收资本	40,000.00		3,577,833.40
15	3	8	19	购买办公用品	管理费用		200,000.00	3,377,833.40
16	3	9	24	报销差旅费	管理费用		81,900.00	3,295,933.40
17	3	10	26	借入短期款项	短期借款	23,580.00		3,319,513.40
18	3	12	13	支付利息	财务费用		46,200.00	3,273,313.40
19	3	12	14	收回差旅费	管理费用	5,000.00		3,278,313.40
20	3	14	15	预收货款	预收账款	100,000.00		3,378,313.40
21	3	15	16	预收货款	预收账款	100,000.00		3,478,313.40
22	3	15	17	购买材料	原材料		125,000.00	3,353,313.40
23	3	18	19	支付上月欠款	应付账款		46,800.00	3,306,513.40
24	3	20	20	收到货款	应收账款	50,000.00		3,356,513.40
25	3	20	21	支付上月货款	应付账款		40,000.00	3,316,513.40
26	3	22	22	收到预收款	预收账款	215,000.00		3,531,513.40
27	3	23	23	支付员工社会保险费	应付职工薪酬		81,900.00	3,449,613.40
28	3	26	25	预收材料款	预收账款	46,200.00		3,495,813.40
29	3	26	26	销售货款	主营业务收入	5,000.00		3,500,813.40
30	3	27	27	销售产品	主营业务收入	21,500.00		3,522,313.40
31	3	28	28	支付车间水电费	制造费用		100,000.00	3,422,313.40
32	3	29	29	收到货款	主营业务收入	600,000.00		4,022,313.40
33	3	29	30	收回押金	其他应收款	23,000.00		4,045,313.40
34	3	30	31	缴纳税费	应交税费		235,800.00	3,809,513.40
35	3	31	32	支付电费	管理费用		7,800.00	3,801,713.40
36	3	31	33	购买电脑	固定资产		200,000.00	3,601,713.40
37	3	31	34	购买花生仁	原材料	1,250.00		3,602,963.40
38				本月累计		1,447,930.00	1,369,400.00	
39								

图2-1 日记账

微课视频
未达账项的查找

（3）从利达公司的网上银行获取银行对账单的电子表格，将银行对账单数据复制到"Sheet2"工作表，将其重命名为"对账单"，如图2-2所示。

湖南利达饮品有限公司			开户行　中国银行南华路支行	起始日期 20240301　截止日期 20240331		
币种　人民币（CNY）			账户类型　单位人民币活期基本账户存	上期余额　3524433.4		
序号	记账日	凭证	凭证号码/业务编码/用途/摘要	借方发生额	贷方发生额	余额
NO.	BK D.	Vou.	Vou No./Trans.No/Details	Debit Amount	Credit Amount	Balance
1	20240304	3001	销售五谷核桃仁，收到货款			3,524,433.40
2	20240305	3002	支付广告费	4,000.00		3,520,433.40
3	20240307	3003	机器损坏，购入不需安装的新设备	200,000.00		3,320,433.40
4	20240309	3004	销售花生牛奶		4,000.00	3,324,433.40
5	20240310	3032	支付电话费	2,300.00		3,322,133.40
6	20240311	3005	预收湖南森鲜食品有限公司购买花生牛奶的货款		12,200.00	3,334,333.40
7	20240312	3006	销售五谷核桃仁		46,200.00	3,380,533.40
8	20240313	3007	收到货款		5,000.00	3,385,533.40
9	20240316	3008	存现		100,000.00	3,485,533.40
10	20240318	3009	收到国家拨入资金		40,000.00	3,525,533.40
11	20240320	3010	报销差旅费	81,900.00		3,443,633.40
12	20240321	3011	借入短期款项		23,580.00	3,467,213.40
13	20240323	3012	支付利息	46,200.00		3,421,013.40
14	20240324	3013	收回差旅费		5,000.00	3,426,013.40
15	20240325	3014	预收货款		100,000.00	3,526,013.40
16	20240326	3015	预收货款		100,000.00	3,626,013.40
17	20240327	3016	购买材料	125,000.00		3,501,013.40
18	20240328	3017	支付上月欠款	46,800.00		3,454,213.40
19	20240328	3018	收到货款		50,000.00	3,504,213.40
20	20240328	3019	支付上月货款	40,000.00		3,464,213.40
21	20240328	3020	收到预收款		215,000.00	3,679,213.40
22	20240329	3021	支付员工社会保险费	81,900.00		3,597,313.40
23	20240329	3022	报销餐费	200.00		3,597,113.40
24	20240329	3023	预收材料款		46,200.00	3,643,313.40
25	20240329	3024	销售货款		5,000.00	3,648,313.40
26	20240330	3025	销售产品		21,500.00	3,669,813.40
27	20240330	3026	支付车间水电费	100,000.00		3,569,813.40
28	20240330	3027	收到货款		600,000.00	4,169,813.40
29	20240330	3028	收回借支		15,200.00	4,185,013.40
30	20240331	3029	缴纳税费	235,800.00		3,949,213.40
31	20240331	3030	购买电脑	200,000.00		3,749,213.40
32	20240331	3031	购买花生仁		1,250.00	3,750,463.40

图 2-2　对账单

（4）将“Sheet3”重命名为“核对表”，设置格式如图 2-3 所示。

	A	B	C	D	E	F	G	H	I
1	核对表								
2									单位：元
3	序号	企业日记账				银行对账单			
4		借方	核对	贷方	核对	借方（支出）	核对	贷方（收入）	核对
5									
6									
7									
8									
9									

图 2-3　核对表

（5）打开“日记账”工作表，选中第 5 行，进行筛选，单击 F5 单元格的筛选箭头，如图 2-4 所示。取消（空白）选项前的“√”，敲回车，结果如图 2-5 所示。

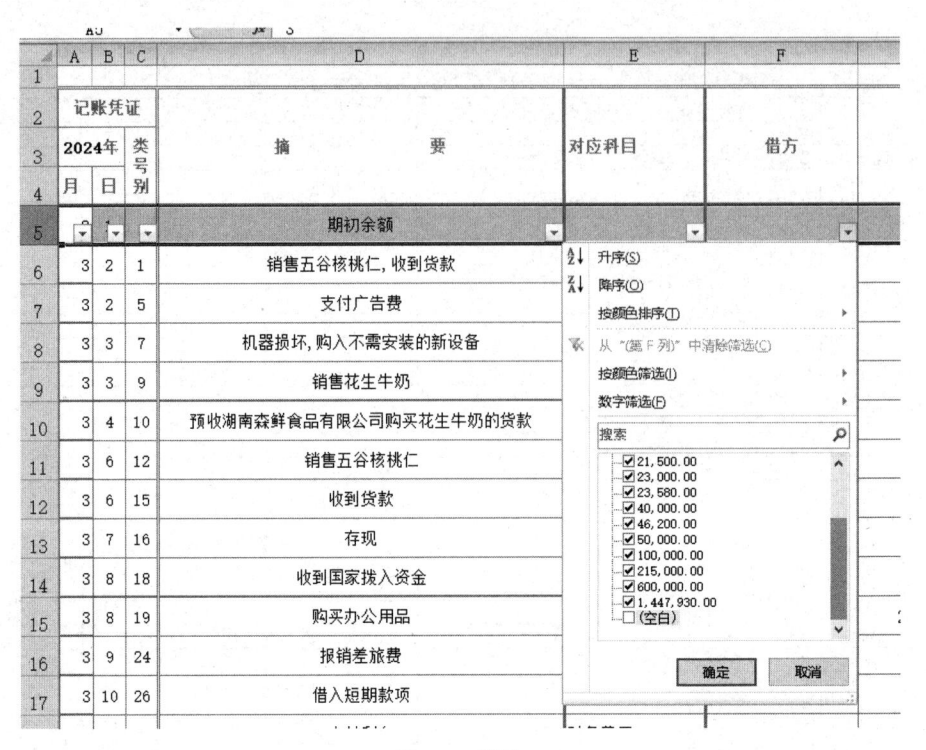

图 2-4　筛选

图 2-5　筛选结果

（6）复制借方金额数据到"核对表"工作表的相应位置。以同样方式，对日记账的贷方金额数据进行筛选，将其复制到"核对表"工作表中；之后打开"对账单"工作表，按照上述方法，将对账单的借方金额和贷方金额数据复制到"核对表"工作表。这样操作后，核对表中就包含了企业日记账和银行对账单的全部交易金额数据。

（7）对日记账的借方金额和银行对账单的贷方金额进行核对，对日记账的贷方金额和银行对账单的借方金额进行核对。因为银行对账单的借方记录的是企业付款记录，贷方记录的是企业的收款记录。在 C5 单元格输入公式：

"=IF(COUNTIF($H$5:$H$23,B5)<COUNTIF(B5:$B$23,B5),"未达","")"，公式输入完成后敲回车确定，再双击鼠标自动填充下面的单元格。

在 E5 单元格输入公式：

"=IF(COUNTIF($F$5:$F$23,D5)<COUNTIF(D5:$D$23,D5),"未达","")"，公式输入完成后敲回车确定，再双击鼠标自动填充下面的单元格。

在 G5 单元格输入公式：

"=IF(COUNTIF($D$5:$D$23,F5)<COUNTIF(F5:$F$23,F5),"未达","")"，公式输入完成后敲回车确定，再双击鼠标自动填充下面的单元格。

在 I5 单元格输入公式：

"=IF(COUNTIF($B$5:$B$23,H5)<COUNTIF(H5:$H$23,H5),"未达","")"，公式输入完成后敲回车确定，再双击鼠标自动填充下面的单元格。至此找出所有未达账项，如图 2-6 所示。

	A	B	C	D	E	F	G	H	I
1				核对表					
2								单位：元	
3	序号	企业日记账				银行对账单			
4		借方	核对	贷方	核对	借方（支出）	核对	贷方（收入）	核对
5	1	50,000.00		4,000.00		4,000.00		50,000.00	
6	2	4,000.00		200,000.00	未达	200,000.00		4,000.00	
7	3	12,200.00		200,000.00		2,300.00	未达	12,200.00	
8	4	46,200.00		81,900.00		81,900.00		46,200.00	
9	5	5,000.00		46,200.00		46,200.00		5,000.00	
10	6	100,000.00		125,000.00		125,000.00		100,000.00	
11	7	40,000.00		46,800.00		46,800.00		40,000.00	
12	8	23,580.00		40,000.00		40,000.00		23,580.00	
13	9	5,000.00		81,900.00		81,900.00		5,000.00	
14	10	100,000.00		100,000.00		200.00	未达	100,000.00	
15	11	100,000.00		235,800.00		100,000.00		100,000.00	
16	12	50,000.00		7,800.00	未达	235,800.00		50,000.00	
17	13	215,000.00		200,000.00		200,000.00		215,000.00	
18	14	46,200.00						46,200.00	
19	15	5,000.00						5,000.00	
20	16	21,500.00						21,500.00	
21	17	600,000.00						600,000.00	
22	18	23,000.00	未达					15,200.00	未达
23	19	1,250.00						1,250.00	

图 2-6　未达账项

知识窗口

（1）COUNT 函数是计数函数，用来统计数字项的个数，如图 2-7 所示。其语法：

COUNT(value1,value2, ...)。其中，参数 value1, value2,…是包含或引用各种类型数据的参数（1~30 个），但只有数字类型的数据才被计数。选中表格区间后，在表格的下方也可以出现计数、求和等结果。

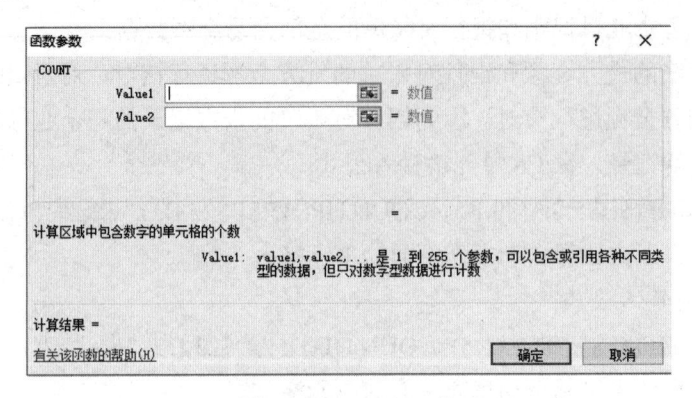

图 2-7　COUNT 函数

（2）COUNTIF 函数是用于指定条件的单元格计数函数，如图 2-8 所示。其语法：COUNTIF (range,criteria)。其中，参数 range 是要进行计数的单元格范围；参数 criteria 是指定的条件，可以是数字、表达式、单元格引用或文本。

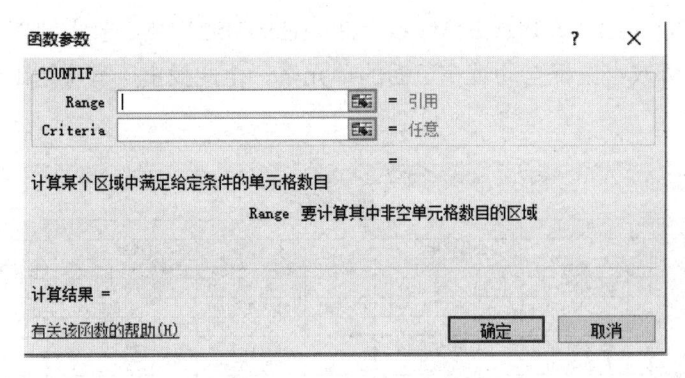

图 2-8　COUNTIF 函数

任务二　银行存款余额调节表的编制

任务目标

1. 知识目标

（1）掌握银行存款余额调节表的结构。
（2）掌握未达账项产生的原因。

2. 能力目标

（1）能编制银行存款余额调节表。

（2）能运用筛选功能来获取银行存款余额调节表数据。

3. 素养目标

（1）培养学生自主学习会计信息化新知识、新技能的能力。

（2）培养学生踏实肯干的工作作风和主动、热情、耐心的服务意识。

（3）培养学生良好的心理素质、诚信品格和社会责任感。

微课视频
银行存款
余额调节表的编制

📋 任务导入

利达公司出纳朱帆已经查出了公司 2 月的银行存款未到账项，请你根据该项目任务一中核对的结果使用 Excel 帮她编制银行存款余额调节表。

👆 任务实施

（1）打开"利达公司银行存款核对表.xlsx"的工作簿，新增工作表，将其重命名为"银行存款余额调节表"，具体格式如图 2-9 所示。

	A	B	C	D	E
1	银行存款余额调节表				
2		2024年3月31日		单位：元	
3	企业银行存款日记账余额		银行对账单存款余额		
4	加：银行已收，企业未收		加：企业已收，银行未收		
5					
6					
7	减：银行已付，企业未付		减：企业已付，银行未付		
8					
9					
10					
11	调节后余额		调节后余额		
12					
13					

图 2-9 银行存款余额调节表

（2）将银行日记账余额和银行对账单余额以值的格式分别复制粘贴到 B3、D3 单元格。通过核对表可知，15,200 元为"银行已收，企业未收"；23,000 元为"企业已收，银行未收"；2,300 元、200 元为"银行已付，企业未付"；200,000 元、7,800 元为"企业已付，银行未付"，将这些值分别复制到银行存款余额调节表中。

（3）在 B11 单元格输入"=B3+B4-B7-B8"，在 D11 单元格输入"=D3+D4-D7-D8"，计算出调节后余额。银行存款余额调节表结果如图 2-10 所示。

	A	B	C	D
1	银行存款余额调节表			
2		2024年3月31日		单位：元
3	企业银行存款日记账余额	3,602,963.40	银行对账单存款余额	3,800,463.40
4	加：银行已收，企业未收	15,200.00	加：企业已收，银行未收	23,000.00
5				
6				
7	减：银行已付，企业未付	2,300.00	减：企业已付，银行未付	200,000.00
8		200.00		7,800.00
9				
10				
11	调节后余额	3,615,663.40	调节后余额	3,615,663.40

图 2-10　银行存款余额调节表结果

知识窗口

（1）运用 Excel 进行未到账项的查找，可以提高未达账项查找效率和准确性，为编制银行存款余额调节表作准备。但是，银行存款余额调节表并不能作为原始凭证来填写记账凭证，而是要以银行确认的回执等相关原始凭证为依据，才能进行经济业务的处理。

（2）未达账项产生的原因是企业和银行之间由于记账时间不一致，而导致一方已经入账，另一方尚未入账的款项。具体来说，主要有以下四种情况。

①企业已收款入账，银行尚未收款入账：企业收到款项后，立即登记银行存款增加，但银行由于尚未完成相关的结算手续，未将该笔款项记入企业账户。

②企业已付款入账，银行尚未付款入账：企业开出付款票据后，马上记录银行存款减少，但银行在未实际支付款项前，不会对企业账户进行扣款操作。

③银行已收款入账，企业尚未收款入账：银行收到款项后，会及时为企业入账，但企业可能因未收到银行的收款通知而未进行账务处理。

④银行已付款入账，企业尚未付款入账：银行在扣除相关费用或支付款项后，会及时记录企业账户的减少，但企业因未收到银行的付款通知而未入账。

项目小结

本项目主要介绍了采用函数查找未达账项，根据未达账项产生的原因编制银行存款余额调节表。出纳应及时获取原始凭证，待取得原始凭证之后再进行账务处理。

课后拓展

请根据湖南红星有限责任公司 2024 年 1 月的银行存款日记账（见图 1）和银行对账单（见图 2），进行未达账项查找，并编制银行存款余额调节表。

	A	B	C	D	E	F	G	H	I
1	银 行 存 款 日 记 账								
2	2024		凭证编号	结算方式	票据号码	摘 要	借方	贷方	余额
3	月	日							
4	1	3				上年结转			168,900.00
5	1	3	记2	现支	9558#	提现		50,000.00	118,900.00
6	1	3	记3	现缴		存款	40,000.00		158,900.00
7	1	5	记5	电汇		购货款		81,900.00	77,000.00
8	1	7	记7	转支	6370#	购货款		46,200.00	30,800.00
9	1	8	记8	现支	9559#	提现		5,000.00	25,800.00
10	1	11	记10	转账		贷款	40,000.00		65,800.00
11	1	12	记11	特委	7543#	电话费	200,000.00		265,800.00
12	1	13	记12	转支	9824#	销货款	81,900.00		347,700.00
13	1	15	记14	汇入		销货款	46,200.00		393,900.00
14	1	17	记16	转支		提现		100,000.00	293,900.00
15	1	19	记18	银汇		收款	825,000.00		1,118,900.00
16	1	20	记19	银汇		存款	15,200.00		1,134,100.00
17	1	21	记20	转账		销货款	46,800.00		1,180,900.00
18	1	22	记21	特委		购货款		50,000.00	1,130,900.00
19	1	24	记23	转支		电话费		200,000.00	930,900.00
20	1	26	记25	转支		销货款	200.00		931,100.00
21	1	27	记26	现支		购货款		46,200.00	884,900.00
22	1	27	记28	银汇		存出保证金		21,500.00	863,400.00
23	1	27	记29	转账		存款	100,000.00		963,400.00
24	1	27	记31	转支		提现		15,200.00	948,200.00
25	1	27	记32	转支		贷款	500,000.00		1,448,200.00
26	1	27	记33	现缴		收货款	7,800.00		1,456,000.00
27	1	27	记35	现支		电话费		1,560.00	1,454,440.00
28	1	27	记36	银汇		购买办公用品	2,580.00		1,457,020.00
29	1	27	记38	转账		购货款		521,000.00	936,020.00
30	1	27	记39	特委		提现		3,152.00	932,868.00
31	1	29	记41	转支		存出保证金		15,200.00	917,668.00
32	1	30	记43	现支		销货款	15,800.00		933,468.00
33	1	31	记45	银汇		存款	1,800,000.00		2,733,468.00
34	1	31	记49	银汇		存款		52,100.00	2,681,368.00

图 1　银行存款日记账

	A	B	C	D	E	F
1	银行对账单					
2	客户名称：湖南红星有限责任公司					2024年1月
3	2024年					
4	月	日	摘要	收入	支出	余额
5	1	3	上月结存			168,900
6	1	4	现支9558#	46,800.00		215,700
7	1	6	现缴		3,152.00	212,548
8	1	7	汇划	81,900.00		294,448
9	1	9	电汇	500,000.00		794,448
10	1	10	结算凭证	7,800.00		802,248
11	1	12	转支63		1,560.00	800,688
12	1	13	现支95		50,000.00	750,688
13	1	15	银收	200,000.00		950,688
14	1	16	贷款		46,200.00	904,488
15	1	18	特委	100,000.00		1,004,488
16	1	19	汇划进帐	825,000.00		1,829,488
17	1	21	特委8742#		15,200.00	1,814,288
18	1	22	结算凭证		81,900.00	1,732,388
19	1	23	结算凭证	40,000.00		1,772,388
20	1	24	转支		46,200.00	1,726,188
21	1	25	现收9559#	2,580.00		1,728,768
22	1	26	银汇6743#		50,000.00	1,678,768
23	1	26	贷款	46,200.00		1,724,968
24	1	26	特委7543#	200,000.00		1,924,968
25	1	26	汇划进帐		5,100.00	1,919,868
26	1	26	结算凭证	15,200.00		1,935,068
27	1	27	转支		21,500.00	1,913,568
28	1	27	现支		200,000.00	1,713,568
29	1	27	银汇		521,000.00	1,192,568
30	1	27	贷款		100,000.00	1,092,568
31	1	28	特委7543#	40,000.00		1,132,568
32	1	29	汇划进帐	1,800,000.00		2,932,568
33	1	29	结算凭证		50,000.00	2,882,568
34	1	30	进账6370#	125,000.00		3,007,568
35	1	31	现支9559#		52,100.00	2,955,468

图 2　银行对账单

项目三

薪资管理岗位

任务一　工资及职工信息相关表格的编制

任务目标

1. 知识目标

（1）掌握工资基本信息表的构成。
（2）掌握职工基本情况表的构成。
（3）掌握数据有效性的功能。

2. 能力目标

（1）能编制工资基本信息表。
（2）能运用数据有效性进行单元格输入内容的限定。
（3）能运用 VLOOKUP、MOD、MID、TEXT、YEAR、TODAY 等函数完成职工基本情况表的编制。

3. 素养目标

（1）培养学生自主学习会计信息化新知识、新技能的能力。
（2）培养学生的沟通协调能力和动手能力。
（3）培养学生的社会责任感、团队精神和协作精神。
（4）培养学生的爱国主义情感、社会主义核心价值观念。

微课视频
基础表格的建立

项目三 薪资管理岗位

任务导入

利达公司一共设有 6 个部门，分别为办公室、采购部、技术部、生产部、销售部、财务部；职工技术职称设有高级工程师(高工)、工程师、助理工程师(助工)、技术员、会计师、助会 6 个等级；公司设有总经理、主任、职员 3 种职务。每个员工的工资项目由基本工资、岗位工资、津贴、计件工资、考勤扣款、养老保险、医疗保险、失业保险、专项附加扣除、个人所得税、应发工资、实发工资等项目组成。全公司共有员工 20 名，职工工资由固定工资和浮动工资构成。请根据公司的实际情况，将具体数据资料输入到 Excel，为公司职工薪酬的核算做基础准备工作。

任务实施

（1）在电脑桌面新建名为"利达公司 2024 年 1 月薪酬管理岗位.xlsx"的工作簿。

（2）将"Sheet1"重命名为"工资基本信息表"，并按图 3-1~图 3-10 的格式及内容编制工资基本信息表的相关表格。

职务岗位工资津贴标准表		
职务	岗位工资/元	津贴/元
总经理	8,500	2,000
主任	7,500	1,000
职员	4,500	500

图 3-1　职务岗位工资津贴标准表

职称基本工资标准表	
职称	基本工资/元
高工	5,000
工程师	2,500
助工	800
技术员	500
会计师	3,000
助会	800

图 3-2　职称基本工资标准表

事假、病假、旷工扣款标准表	
扣款项目	扣款金额/(天/元)
病假	50
事假	100
旷工	300

图 3-3　事假、病假、旷工扣款标准表

计件工资标准表		
人员类别	满勤奖/元	产销量/(元/件)
管理人员	1,000	0
财务人员	500	0
采购人员	500	0
技术人员	600	0
生产人员	800	10
销售人员	800	5

图 3-4　计件工资标准表

职工身份信息		
姓名	身份证号	联系电话
吴国勇	432181198010117822	15200396572
周典	432124198504034053	15200365366
李文玲	432202198706090027	15197153170
王灿	432202198710263019	15200396895
屈浩	432281198203095731	15200328524
严艳	432304198805174782	15197299817
杨小静	432304198206154280	15211197529
王少波	432302198909043076	15197229901
赵婷婷	432302198308160791	15200361762
张栋	432321198412059051	15200395596
朱晴	432321199711130086	15200396617
冯志辉	432381199410251012	18707323192
王辉	432304199208072537	15200396191
谢伟	43232119860829227X	15898561676
王莉芳	43252319910716235X	15080778729
黄雅静	43252120000827732X	15200396290
张星	433525199111270171	15200362391
朱帆	433624199004164841	18707329522
李林	433721199603240039	15200396212
王丽	433722199907250023	15200397069

图 3-5　职工身份信息

社会保险扣缴比例表			
项目	养老保险	医疗保险	失业保险
单位	20%	8%	2%
个人	8%	2%	1%

图 3-6　社会保险扣缴比例表

部门编码与部门名称对照表	
部门编码	部门名称
1	办公室
2	采购部
3	技术部
4	生产部
5	销售部
6	财务部

图 3-7 部门编码与部门名称对照表

职称编码与职称名称对照表	
职称编码	职称名称
1	高工
2	工程师
3	助工
4	技术员
5	会计师
6	助会

图 3-8 职称编码与职称名称对照表

职务编码与职务名称对照表	
职务编码	职务名称
1	总经理
2	主任
3	职员

图 3-9 职务编码与职务名称对照表

	G	H	I	J
11	个人所得税税率表			
12	免征额	60000		
13	级数	年工资所得	税率	扣除数
14	1	0	0%	0
15	2	≦36000	3%	0
16	3	≦144000	10%	2520
17	4	≦300000	20%	16920
18	5	≦420000	25%	31920
19	6	≦660000	30%	52920
20	7	≦960000	35%	85920
21	8	>960000	45%	181920

图 3-10 个人所得税税率表

（3）对图 3-1 至图 3-6 的表格内容进行区间名称定义，依次定义区间名称为"职务岗位工资津贴标准区""职称基本工资标准区""事假病假旷工扣款标准区""计件工资标准区""职工身份信息区""社会保险扣缴比例区"。对图 3-10 的表格内容进行区间名称定义时要注意，要避免将文字选择在定义的区间内，否则计算不出结果。具体操作如下：将 I14:I21 单元格区域定义名称为"税率"，将 J14:J21 单元格区域定义名称为"扣除数"。因为有的职工是不需要缴纳个人所得税的，所以要增加 0%档的个人所得税税率，为后续计算个人所得税作准备。

（4）将"Sheet2"重命名为"职工基本情况表"，格式设置如图 3-11 所示。

图 3-11　职工基本情况表

（5）根据工资基本信息表的内容来填写职工基本情况表。填写完成后，对单元格进行数据有效性设置。先设置"部门"，选取 C3:C22 单元格区域，单击"数据"选项卡中的"数据有效性"，弹出"数据有效性"对话框。有效性条件的"来源"可通过以下两种方式进行设置：一是使用鼠标选中"工资基本信息表"工作表中"部门编码与部门名称对照表"中的部门名称，如图 3-12 所示；二是手动输入部门名称，不过要注意部门与部门之间需用英文逗号隔开，如"办公室,采购部,技术部,生产部,销售部,财务部"。设置后结果如图 3-13 所示。

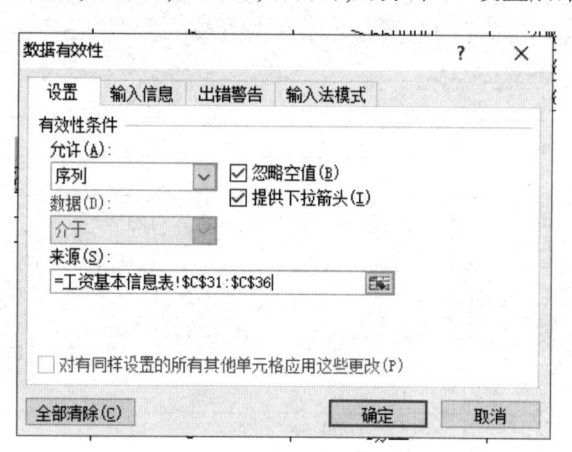

图 3-12　数据有效性操作

（6）以同样的方式，对"职务""职称""人员类别"分别进行数据有效性设置。对"职务"的有效性条件，设置"来源"为"高工、工程师、助工、技术员、会计师、助会"；对"职称"的有效性条件，设置"来源"为"高工、工程师、助工、技术员、会计师、助会"；对"人员类别"的有效性条件，设置"来源"为"管理人员、财务人员、采购人员、技术人员、生产人员、销售人员"。

（7）在 F3 单元格输入"=VLOOKUP(B3,职工身份信息区,2,0)"，获取职工身份证号码，如图 3-14 所示。

编号	姓名	部门	职务	职称	身份证号码	参加工作日期	性别	出生年月	年龄	银行账号	人员类别	联系电话
101	吴国勇	办公室										
102	周典	办公室										
103	李文玲											
201	王灿											
202	屈浩	采购部										
203	严艳	采购部										
301	杨小静	技术部										
302	王少波	技术部										
303	赵婷婷	技术部										
401	张栋	生产部										
402	朱晴	生产部										
403	冯志辉	生产部										
404	王辉	生产部										
501	谢伟	销售部										
502	王莉芳	销售部										
503	黄雅静	销售部										
601	张星	财务部										
602	朱帆	财务部										
603	李林	财务部										
604	王丽	财务部										

图 3-13 设置数据有效性

F3   =VLOOKUP(B3,职工身份信息区,2,0)

编号	姓名	部门	职务	职称	身份证号码	参加工作日期	性别	出生年月	年龄	银行账号	人员类别	联系电话
101	吴国勇	办公室	经理	高工	432181198010117822							
102	周典	办公室	主任	工程师	432124198504034053							
103	李文玲	办公室	职员	助工	432202198706090027							
201	王灿	采购部	主任	高工	432202198710263019							
202	屈浩	采购部	职员	助工	432281198203095731							
203	严艳	采购部	职员	助工	432304198805174782							
301	杨小静	技术部	主任	工程师	432304198206154280							
302	王少波	技术部	职员	助工	432302198909043076							
303	赵婷婷	技术部	职员	工程师	432302198308160791							
401	张栋	生产部	主任	工程师	432321198412059051							
402	朱晴	生产部	职员	工程师	432321199711130086							
403	冯志辉	生产部	职员	助工	432381199410251012							
404	王辉	生产部	职员	助工	432304199208072537							
501	谢伟	销售部	主任	高工	432321198608292271X							
502	王莉芳	销售部	职员	助工	432523199107162351X							
503	黄雅静	销售部	职员	助工	432521200008277321X							
601	张星	财务部	主任	高工	433525199111270171							
602	朱帆	财务部	职员	会计师	433624199004164841							
603	李林	财务部	职员	助会	433721199603240039							
604	王丽	财务部	职员	助会	433722199907250023							

图 3-14 获取职工身份证号码

（8）将 G3 单元格数字格式设置为日期格式，如图 3-15 所示，在该单元格输入"2007-7"，回车结束，再双击鼠标填充下面的单元格。

（9）通过职工身份证号码获取性别，第 17 位为双数为"男"，为单数为"女"，在 H3 单元格输入 "=IF(MOD(MID(F3,17,1),2),"男","女")"，敲回车确定，双击鼠标填充下面的单元格，结果如图 3-16 所示。

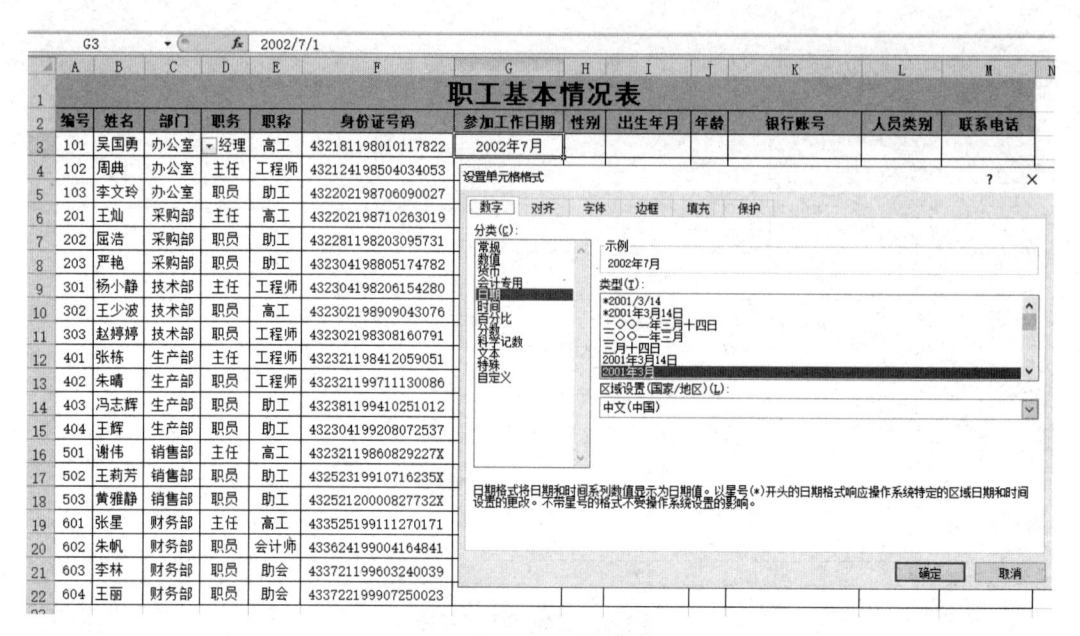

图 3-15 设置日期格式

图 3-16 获取性别

（10）通过职工身份证号码获取出生年月，在 I3 单元格输入

"=TEXT(MID(F3,7,6),"0000 年 00 月")"，敲回车确定，双击鼠标填充下面的单元格，结果如图 3-17 所示。

（11）通过职工身份证号码获取年龄，在 J3 单元格输入

"=YEAR(TODAY())-MID(F3,7,4)+1"，敲回车确定，双击鼠标填充下面的单元格，或者输入 "=YEAR(TODAY())-YEAR(I4)+1"，结果如图 3-18 所示。

I3 =TEXT(MID(F3,7,6),"0000年00月")

职工基本情况表

编号	姓名	部门	职务	职称	身份证号码	参加工作日期	性别	出生年月	年龄	银行账号	人员类别	联系电话
101	吴国勇	办公室	经理	高工	4321811980101117822	2002年7月	女	1980年10月				
102	周典	办公室	主任	工程师	4321241985040340053	2009年8月	男	1985年04月				
103	李文玲	办公室	职员	助工	4322021987060990027	2009年8月	女	1987年06月				
201	王灿	采购部	主任	高工	4322021987102263019	2009年8月	男	1987年10月				
202	屈浩	采购部	职员	助工	4322811982030995731	2005年8月	男	1982年03月				
203	严艳	采购部	职员	助工	4323041988051774782	2009年8月	女	1988年05月				
301	杨小静	技术部	主任	工程师	4323041982061554280	2005年8月	女	1982年06月				
302	王少波	技术部	职员	高工	4323021989090943076	2013年8月	男	1989年09月				
303	赵婷婷	技术部	职员	工程师	4323021983081660791	2005年8月	女	1983年08月				
401	张栋	生产部	主任	工程师	4323211984120059051	2007年8月	男	1984年12月				
402	朱晴	生产部	职员	工程师	4323211997111330086	2019年8月	女	1997年11月				
403	冯志辉	生产部	职员	助工	4323811994102251012	2015年8月	男	1994年10月				
404	王辉	生产部	职员		4323041992080772537	2015年8月	女	1992年08月				
501	谢伟	销售部	主任	高工	4323211986082992227X	2011年8月	男	1986年08月				
502	王莉芳	销售部	职员	助工	4325231991071616235X	2014年8月	女	1991年07月				
503	黄雅静	销售部	职员	助工	4325212000082777732X	2022年8月	女	2000年08月				
601	张星	财务部	主任	高工	4335251991112770171	2016年8月	男	1991年11月				
602	朱帆	财务部	职员	会计师	4336241990041664841	2012年8月	女	1990年04月				
603	李林	财务部	职员	助工	4337211996032440039	2019年8月	男	1996年03月				
604	王丽	财务部	职员	助会	4337221999072550023	2021年8月	女	1999年07月				

图 3-17 获取出生年月

J3 =YEAR(TODAY())-MID(F3,7,4)+1

职工基本情况表

编号	姓名	部门	职务	职称	身份证号码	参加工作日期	性别	出生年月	年龄	银行账号	人员类别	联系电话
101	吴国勇	办公室	经理	高工	4321811980101117822	2002年7月	女	1980年10月	46			
102	周典	办公室	主任	工程师	4321241985040340053	2009年8月	男	1985年04月	41			
103	李文玲	办公室	职员	助工	4322021987060990027	2009年8月	女	1987年06月	39			
201	王灿	采购部	主任	高工	4322021987102263019	2009年8月	男	1987年10月	39			
202	屈浩	采购部	职员	助工	4322811982030995731	2005年8月	男	1982年03月	44			
203	严艳	采购部	职员	助工	4323041988051774782	2009年8月	女	1988年05月	38			
301	杨小静	技术部	主任	工程师	4323041982061554280	2005年8月	女	1982年06月	44			
302	王少波	技术部	职员	高工	4323021989090943076	2013年8月	男	1989年09月	37			
303	赵婷婷	技术部	职员	工程师	4323021983081660791	2005年8月	女	1983年08月	43			
401	张栋	生产部	主任	工程师	4323211984120059051	2007年8月	男	1984年12月	42			
402	朱晴	生产部	职员	工程师	4323211997111330086	2019年8月	女	1997年11月	29			
403	冯志辉	生产部	职员	助工	4323811994102251012	2015年8月	男	1994年10月	32			
404	王辉	生产部	职员		4323041992080772537	2015年8月	女	1992年08月	34			
501	谢伟	销售部	主任	高工	4323211986082992227X	2011年8月	男	1986年08月	40			
502	王莉芳	销售部	职员	助工	4325231991071616235X	2014年8月	男	1991年07月	35			
503	黄雅静	销售部	职员	助工	4325212000082777732X	2022年8月	女	2000年08月	26			
601	张星	财务部	主任	高工	4335251991112770171	2016年8月	男	1991年11月	35			
602	朱帆	财务部	职员	会计师	4336241990041664841	2012年8月	女	1990年04月	36			
603	李林	财务部	职员	助会	4337211996032440039	2019年8月	男	1996年03月	30			
604	王丽	财务部	职员	助会	4337221999072550023	2021年8月	女	1999年07月	27			

图 3-18 获取年龄

（12）将 K3:K22 单元格区域设置成文本格式。可以看出账号存在一定的规律，可以先将账号的公共部分"4563230565891"输入到 O3 单元格，选中该单元格，将鼠标拖拽到第 22 行，然后在 P3 单元格输入"201"，再选中此单元格双击鼠标，在末尾单元格右侧会出现 图标，如图 3-19 所示，单击该图标，选择"填充序列"，操作结果如图 3-20 所示。接着进行单元格内容的合并，在 Q3 单元格输入"=O3&P3"，敲回车确定，如图 3-21 所示。最后将其粘贴成值到 K3 列，删除 O、P、Q 列数据，结果如图 3-22 所示。

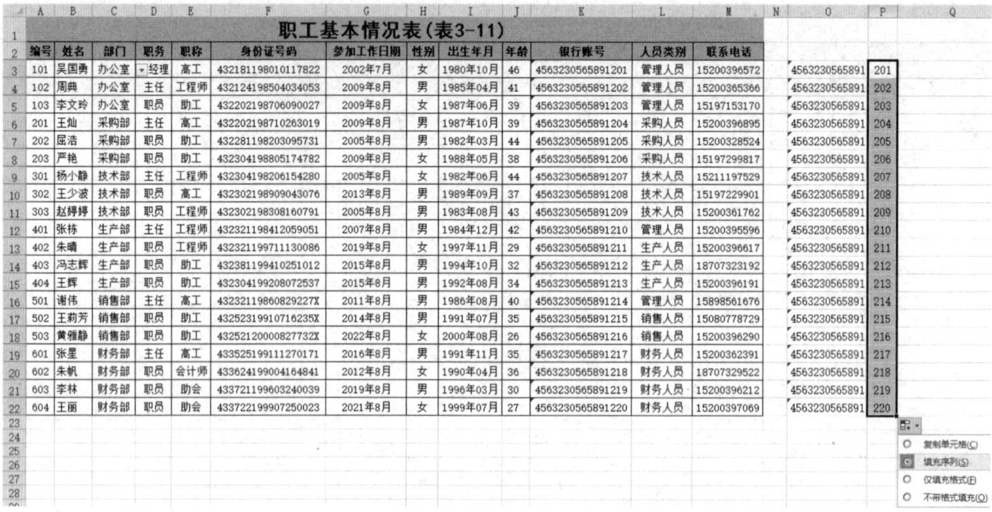

图 3-19　数据向下填充

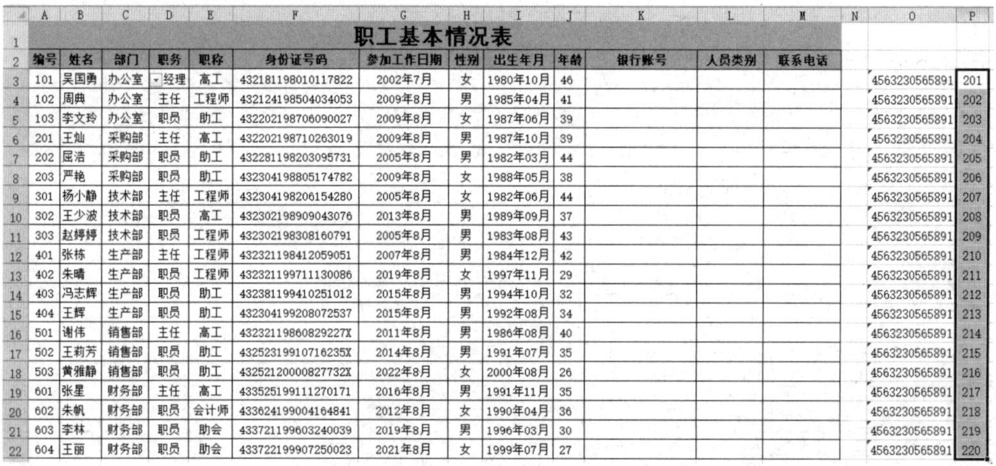

图 3-20　数据填充结果

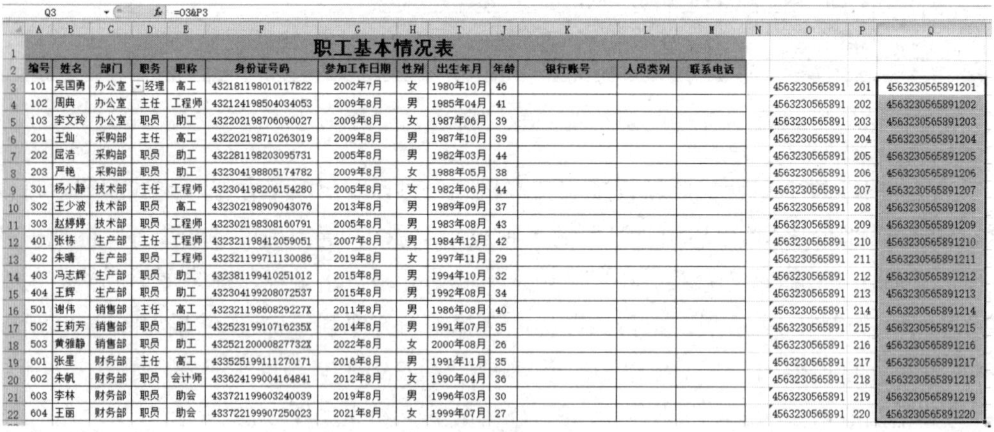

图 3-21　单元格内容合并

	A	B	C	D	E	F	G	H	I	J	K	L	M
1	职工基本情况表												
2	编号	姓名	部门	职务	职称	身份证号码	参加工作日期	性别	出生年月	年龄	银行账号	人员类别	联系电话
3	101	吴国勇	办公室	经理	高工	432181198010117822	2002年7月	女	1980年10月		4563230565891201		
4	102	周典	办公室	主任	工程师	432124198504034053	2009年8月	男	1985年04月	41	4563230565891202		
5	103	李文玲	办公室	职员	助工	432202198706090027	2009年8月	女	1987年06月	39	4563230565891203		
6	201	王灿	采购部	主任	高工	432202198710263019	2009年8月	男	1987年10月	39	4563230565891204		
7	202	屈浩	采购部	职员	助工	432281198203095731	2005年8月	男	1982年03月	44	4563230565891205		
8	203	严艳	采购部	职员	助工	432304198805174782	2009年8月	女	1988年05月	38	4563230565891206		
9	301	杨小静	技术部	主任	工程师	432304198206154280	2005年8月	女	1982年06月	44	4563230565891207		
10	302	王少波	技术部	职员	高工	432302198909043076	2013年8月	男	1989年09月	37	4563230565891208		
11	303	赵婷婷	技术部	职员	工程师	432302198308160791	2005年8月	男	1983年08月	43	4563230565891209		
12	401	张栋	生产部	主任	工程师	432321198412059051	2007年8月	男	1984年12月	42	4563230565891210		
13	402	朱晴	生产部	职员	工程师	432321199711130086	2019年8月	女	1997年11月	29	4563230565891211		
14	403	冯志辉	生产部	职员	助工	432381199410251012	2015年8月	男	1994年10月	32	4563230565891212		
15	404	王辉	生产部	职员	助工	432304199208072537	2015年8月	男	1992年08月	34	4563230565891213		
16	501	谢伟	销售部	主任	高工	432321198608292227X	2011年8月	男	1986年08月	40	4563230565891214		
17	502	王莉芳	销售部	职员	助工	432523199107162335X	2014年8月	女	1991年07月	35	4563230565891215		
18	503	黄雅静	销售部	职员	助工	432521200000827732X	2022年8月	女	2000年08月	26	4563230565891216		
19	601	张星	财务部	主任	高工	433525199111270171	2016年8月	男	1991年11月	35	4563230565891217		
20	602	朱帆	财务部	职员	会计师	433624199004164841	2012年8月	女	1990年04月	36	4563230565891218		
21	603	李林	财务部	职员	助会	433721199603240039	2019年8月	男	1996年03月	30	4563230565891219		
22	604	王丽	财务部	职员	助会	433722199907250023	2021年8月	女	1999年07月	27	4563230565891220		

图 3-22　粘贴成值

（13）根据职工情况选择对应的"人员类别"。在 M3 单元格输入"=VLOOKUP(B3,职工身份信息区,3,0)"，获取职工联系电话，如图 3-23 所示。最后将 A2:M22 单元格区域，定义名称为"职工基本情况区"。

	A	B	C	D	E	F	G	H	I	J	K	L	M
1	职工基本情况表												
2	编号	姓名	部门	职务	职称	身份证号码	参加工作日期	性别	出生年月	年龄	银行账号	人员类别	联系电话
3	101	吴国勇	办公室	经理	高工	432181198010117822	2002年7月	女	1980年10月	45	4563230565891201	管理人员	15200396572
4	102	周典	办公室	主任	工程师	432124198504034053	2009年8月	男	1985年04月	40	4563230565891202	管理人员	15200365906
5	103	李文玲	办公室	职员	助工	432202198706090027	2009年8月	女	1987年06月	38	4563230565891203	管理人员	15197153170
6	201	王灿	采购部	主任	高工	432202198710263019	2009年8月	男	1987年10月	38	4563230565891204	采购人员	15200396895
7	202	屈浩	采购部	职员	助工	432281198203095731	2005年8月	男	1982年03月	43	4563230565891205	采购人员	15200328524
8	203	严艳	采购部	职员	助工	432304198805174782	2009年8月	女	1988年05月	37	4563230565891206	采购人员	15197299817
9	301	杨小静	技术部	主任	工程师	432304198206154280	2005年8月	女	1982年06月	43	4563230565891207	技术人员	15211197529
10	302	王少波	技术部	职员	高工	432302198909043076	2013年8月	男	1989年09月	36	4563230565891208	技术人员	15197229901
11	303	赵婷婷	技术部	职员	工程师	432302198308160791	2005年8月	男	1983年08月	42	4563230565891209	技术人员	15200361762
12	401	张栋	生产部	主任	工程师	432321198412059051	2007年8月	男	1984年12月	41	4563230565891210	管理人员	15200395596
13	402	朱晴	生产部	职员	工程师	432321199711130086	2019年8月	女	1997年11月	28	4563230565891211	生产人员	15200396617
14	403	冯志辉	生产部	职员	助工	432381199410251012	2015年8月	男	1994年10月	31	4563230565891212	生产人员	18707323192
15	404	王辉	生产部	职员	助工	432304199208072537	2015年8月	男	1992年08月	33	4563230565891213	生产人员	15200396191
16	501	谢伟	销售部	主任	高工	432321198608292227X	2011年8月	男	1986年08月	39	4563230565891214	管理人员	15898561676
17	502	王莉芳	销售部	职员	助工	432523199107162335X	2014年8月	女	1991年07月	34	4563230565891215	销售人员	15080778729
18	503	黄雅静	销售部	职员	助工	432521200000827732X	2022年8月	女	2000年08月	25	4563230565891216	销售人员	15200396290
19	601	张星	财务部	主任	高工	433525199111270171	2016年8月	男	1991年11月	34	4563230565891217	财务人员	15200362391
20	602	朱帆	财务部	职员	会计师	433624199004164841	2012年8月	女	1990年04月	35	4563230565891218	财务人员	18707329522
21	603	李林	财务部	职员	助会	433721199603240039	2019年8月	男	1996年03月	29	4563230565891219	财务人员	15200396212
22	604	王丽	财务部	职员	助会	433722199907250023	2021年8月	女	1999年07月	26	4563230565891220	财务人员	15200397069

图 3-23　获取职工联系电话

知识窗口

（1）数据有效性的设置能够规范表格的内容，提高输入内容的准确性和规范性，从而提高了工作效率。

（2）键盘上的"&"符号和CONCATENATE函数均有连接功能，主要用于连接文本项。CONCATENATE函数，如图3-24所示，其语法：CONCATENATE(text1, [text2], ...)。其中，参数text1是必须连接的第一个文本项；参数text2等为可选的其他文本项，最多可达255项，并且各项之间必须用逗号隔开。

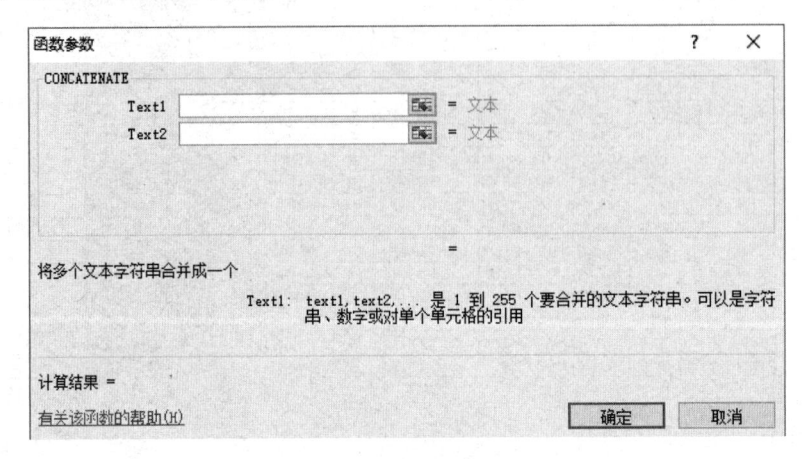

图3-24　CONCATENATE函数

（3）MOD函数是一个求余函数，如图3-25所示，其语法：MOD(number,divisor)。其中，参数number为被除数，参数divisor为除数。如果divisor为0，则函数直接返回number。身份证号码的第17位表示性别，单数是男，双数是女。特别注意：在Excel中，MOD函数用于返回两数相除的余数，返回结果的符号与除数（divisor）的符号相同。

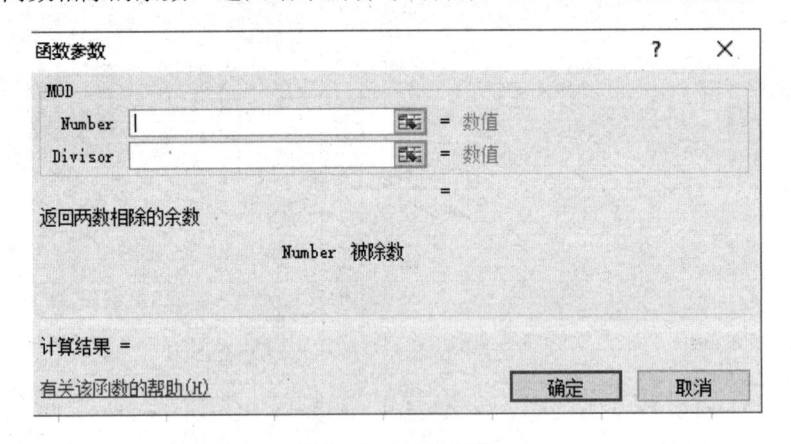

图3-25　MOD函数

（4）MID函数可以从一个字符串中提取出指定数量的字符，如图3-26所示，其语法：MID(text, start_num, num_chars)。其中，参数text为要被提取的字符串，参数start_num是数值表达式，表示从左起第几位开始提取，参数num_chars则是指从参数start指定的位置开始，向右提取的字符数量。如果需要提取从起始位置到末尾的所有字符，可以设置一个足够大的数字。

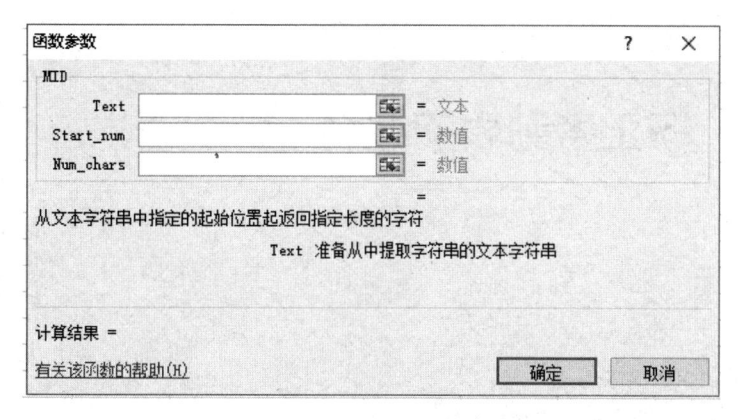

图 3-26 MID 函数

（5）TEXT 函数可将数值转换为按指定数字格式表示的文本，如图 3-27 所示，其语法：TEXT (value,format_text)。其中，参数 value 为数值或者计算结果为数值的公式，参数 format_text 用于设置参数 value 的格式。例如，若要将日期改成"XX 年 XX 月 XX 日"的格式，可以在输入 TEXT 函数时，将第 2 个参数写为"0000 年 00 月 00 日"，需注意标点需在英文状态下输入引号。

图 3-27 TEXT 函数

（6）YEAR 函数是用于提取一个日期年份的函数，如图 3-28 所示。

图 3-28 YEAR 函数

任务二　职工考勤表的编制

🏆 任务目标

1. 知识目标

（1）掌握职工考勤汇总表的构成。

（2）掌握职工考勤明细表的构成。

（3）掌握 VLOOKUP、COUNTIF 函数嵌套的方法。

2. 能力目标

（1）能编制职工考勤汇总表。

（2）能编制职工考勤明细表。

（3）能灵活运用 VLOOKUP、COUNTIF 函数进行考勤扣款的计算。

3. 素养目标

（1）培养学生自主学习会计信息化新知识、新技能的能力。

（2）培养学生的沟通协调能力和动手能力。

（3）培养学生的社会责任感和团队协作精神。

（4）培养学生的爱国主义情感、社会主义核心价值观念。

📋 任务导入

利达公司人事处的李梦将考勤记录表传递给薪酬岗位的会计王丽，以便她计算本月职工薪酬。请运用 Excel 为王丽设计职工考勤汇总表和职工考勤明细表，计算公司 1 月职工薪酬。

📝 任务实施

（1）打开"利达公司 2024 年 1 月薪酬管理岗位.xlsx"的工作簿，新增工作表，将其重命名为"职工考勤汇总表"，设置格式如图 3-30 所示。

（2）对 B11:B41 单元格区域进行格式设置，将"数字"格式下的"日期"设置成"星期"。

（3）在 B11 单元格输入"2024-1-1"，敲回车确定，双击鼠标填充下面的单元格，如图 3-30 所示。

（4）打开"职工基本情况表"工作表，复制 A3:B22 单元格区域，打开"职工考勤汇总表"工作表，选中 C2 单元格，右键单击，复制所选内容，并将复制的内容转置粘贴到"职工考勤汇总表"中的 C2:V3 单元格区域。以同样的方式，将复制的内容转置粘贴到 C9:V10 单元格区域。

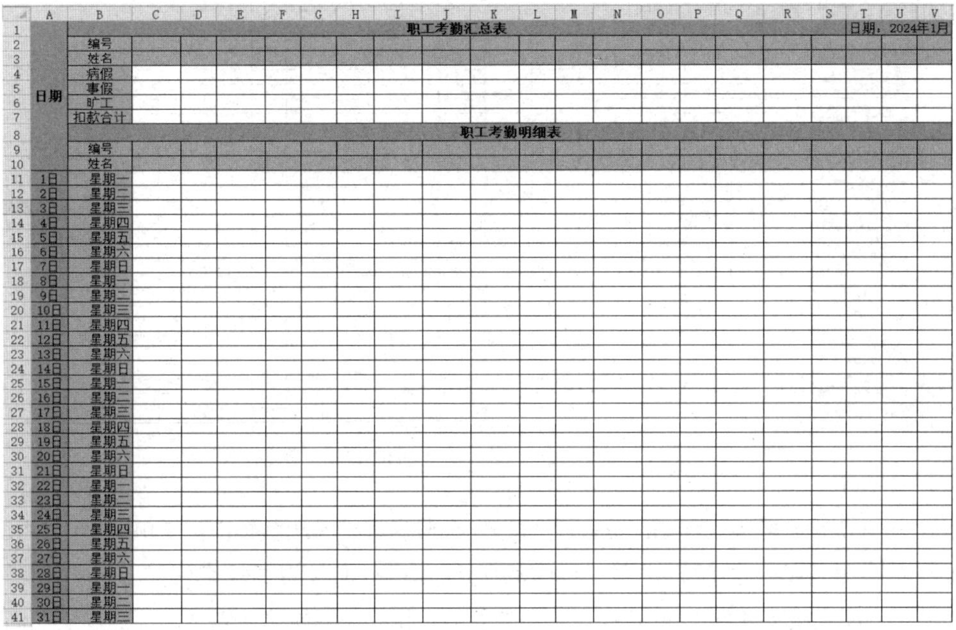

图 3-30　职工考勤汇总表

（5）对 C11:V41 单元格区域进行数据有效性设置，使其只能输入"事假""病假""旷工"这三种内容，结果如图 3-31 所示。

图 3-31　设置数据有效性

（6）根据人事部门提供的考勤情况，完成职工考勤明细表的填写，如图 3-32 所示。

（7）在 C4 单元格输入"=COUNTIF(C11:C41,"病假")"，然后将鼠标指针放置在 C4 单元格右下角，当指针变为黑色十字时，向右拖拽鼠标至 V4 单元格。

（8）在 C5 单元格输入"=COUNTIF(C11:C41,"事假")"，向右拖拽鼠标到 V5 单元格。

（9）在 C6 单元格输入"=COUNTIF(C11:C41,"旷工")"，向右拖拽鼠标到 V6 单元格，此时各职工本月产生的病假、事假、旷工的次数便得以统计完成。

	A	B	C	D	E	F	G	H	I	J	K	L	M	N	O	P	Q	R	S	T	U	V
1	日期	职工考勤汇总表																		日期：2024年1月		
2		编号	101	102	103	201	202	203	301	302	303	401	402	403	404	501	502	503	601	602	603	604
3		姓名	吴国勇	周典	李文玲	王灿	屈浩	严艳	杨小静	王少波	赵婷婷	张栋	朱晴	冯志辉	王辉	谢伟	王莉芳	黄雅静	张星	朱帆	李林	王丽
4		病假																				
5		事假																				
6		旷工																				
7		扣款合计																				
8		职工考勤明细表																				
9		编号	101	102	103	201	202	203	301	302	303	401	402	403	404	501	502	503	601	602	603	604
10		姓名	吴国勇	周典	李文玲	王灿	屈浩	严艳	杨小静	王少波	赵婷婷	张栋	朱晴	冯志辉	王辉	谢伟	王莉芳	黄雅静	张星	朱帆	李林	王丽
11	1日	星期一																				
12	2日	星期二																				
13	3日	星期三	事假										病假									
14	4日	星期四															病假					
15	5日	星期五	事假		病假								事假									
16	6日	星期六						病假									病假					
17	7日	星期日																				
18	8日	星期一																				
19	9日	星期二																				
20	10日	星期三	病假					事假														
21	11日	星期四	病假																			
22	12日	星期五																				旷工
23	13日	星期六																				
24	14日	星期日																				
25	15日	星期一																				
26	16日	星期二								事假												
27	17日	星期三																病假				
28	18日	星期四																				
29	19日	星期五																				
30	20日	星期六																				病假
31	21日	星期日												病假								
32	22日	星期一																				
33	23日	星期二																				
34	24日	星期三								事假												
35	25日	星期四																				
36	26日	星期五	旷工																			
37	27日	星期六																				
38	28日	星期日																				
39	29日	星期一																				
40	30日	星期二																				
41	31日	星期三																				

图 3-32　职工考勤明细表

（10）在 C7 单元格输入“=VLOOKUP("病假",事假病假旷工扣款标准区,2,0)*C4+ VLOOKUP("事假",事假病假旷工扣款标准区,2,0)*C5+VLOOKUP("旷工",事假病假旷工扣款标准区,2,0)*C6”，向右拖拽鼠标到 V7 单元格，各职工考勤扣款的金额就统计完了，计算结果如图 3-33 所示。最后将 C2:V7 单元格区域定义名称为“职工考勤汇总区”。

	A	B	C	D	E	F	G	H	I	J	K	L	M	N	O	P	Q	R	S	T	U	V
1	日期	职工考勤汇总表																		日期：2024年1月		
2		编号	101	102	103	201	202	203	301	302	303	401	402	403	404	501	502	503	601	602	603	604
3		姓名	吴国勇	周典	李文玲	王灿	屈浩	严艳	杨小静	王少波	赵婷婷	张栋	朱晴	冯志辉	王辉	谢伟	王莉芳	黄雅静	张星	朱帆	李林	王丽
4		病假	2	0	1	0	0	1	0	0	0	0	1	1	0	0	2	1	0	0	0	1
5		事假	2	0	0	0	0	1	0	2	0	0	1	0	0	0	0	0	0	0	0	0
6		旷工	1	0	0	0	0	0	0	0	0	0	0	0	0	0	0	0	0	0	0	1
7		扣款合计	600	0	50	0	0	150	0	200	0	0	150	50	0	0	100	50	0	0	0	350
8		职工考勤明细表																				
9		编号	101	102	103	201	202	203	301	302	303	401	402	403	404	501	502	503	601	602	603	604
10		姓名	吴国勇	周典	李文玲	王灿	屈浩	严艳	杨小静	王少波	赵婷婷	张栋	朱晴	冯志辉	王辉	谢伟	王莉芳	黄雅静	张星	朱帆	李林	王丽
11	1日	星期一																				
12	2日	星期二																				
13	3日	星期三	事假										病假									
14	4日	星期四															病假					
15	5日	星期五	事假		病假								事假									
16	6日	星期六						病假									病假					
17	7日	星期日																				
18	8日	星期一																				
19	9日	星期二																				
20	10日	星期三	病假					事假														
21	11日	星期四	病假																			
22	12日	星期五																				旷工
23	13日	星期六																				
24	14日	星期日																				
25	15日	星期一																				
26	16日	星期二								事假												
27	17日	星期三																病假				
28	18日	星期四																				
29	19日	星期五																				
30	20日	星期六																				病假
31	21日	星期日												病假								
32	22日	星期一																				
33	23日	星期二																				
34	24日	星期三								事假												
35	25日	星期四																				
36	26日	星期五	旷工																			
37	27日	星期六																				
38	28日	星期日																				
39	29日	星期一																				
40	30日	星期二																				
41	31日	星期三																				

图 3-33　计算结果

任务三　计件工资和满勤奖的计算

任务目标

1. 知识目标
（1）掌握产销量统计表的构成。
（2）掌握计件工资和满勤奖计算表的构成。
（3）掌握 IF、ISERROR、HLOOKUP 函数嵌套的方法。

微课视频
计件工资和满勤奖
计算表的编制

2. 能力目标
（1）能编制产销量统计表。
（2）能编制计件工资和满勤奖计算表。
（3）能灵活运用 IF、ISERROR、HLOOKUP 函数获取计件工资和满勤奖的相关数据。

3. 素养目标
（1）培养学生自主学习会计信息化的新知识、新技能的能力。
（2）培养学生的团队协助、团队互助等意识。
（3）培养学生的社会责任感、团队精神和协作精神。
（4）培养学生的爱国主义情感、沟通能力和协调能力。

任务导入

利达公司的薪酬构成包括计件工资和满勤奖励两个部分。销售部和生产部的秘书已经将职工的计件和提成数量传递给了会计王丽。请运用 Excel 帮助王丽编制计件工资和满勤奖计算表，为公司 1 月的工资发放作准备。

任务实施

（1）打开"利达公司 2024 年 1 月薪酬管理岗位.xlsx"的工作簿，新增工作表，将其重命名为"产销量统计表"，按图 3-34 格式编制产销量统计表，运用函数获取职工单件酬金，在 E3 单元格输入"=VLOOKUP(C3,计件工资标准区,3,0)"，敲回车确定，双击鼠标填充下面的单元格，结果如图 3-34 所示。同时将该工作表内容定义名称为"产销量统计"。

（2）新增工作表，将其重命名为"计件工资和满勤奖计算表"，格式设置如图 3-35 所示。

（3）从"职工基本情况表"工作表里复制本月需要发放工资的职工姓名和编号到"计件工资和满勤奖计算表"工作表。

	A	B	C	D	E
1	产销量统计表				
2	编号	姓名	人员类别	产销量/件	单件酬金/(元/件)
3	402	朱晴	生产人员	180	10
4	403	冯志辉	生产人员	230	10
5	404	王辉	生产人员	240	10
6	502	王莉芳	销售人员	340	5
7	503	黄雅静	销售人员	420	5

E3 =VLOOKUP(C3,计件工资标准区,3,0)

图 3-34　产销量统计表

	A	B	C	D	E	F	G	H	I
1	编号	姓名	人员类别	满勤否	满勤奖	产销量(实际完成工作量)	单件酬金	计件工资	小计
2									
3									
4									
5									
6									
7									

图 3-35　计件工资和满勤奖计算表

（4）在 C3 单元格输入"=VLOOKUP(A3,职工基本情况区,12,0)"，敲回车确定，双击鼠标填充下面的单元格，获取人员类别，如图 3-36 所示。

C3 =VLOOKUP(A3,职工基本情况区,12,0)

	A	B	C	D	E	F	G	H	I
1	计件工资和满勤奖计算表								
2	编号	姓名	人员类别	满勤否	满勤奖	产销量(实际完成工作量)	单件酬金	计件工资	小计
3	101	吴国勇	管理人员						
4	102	周典	管理人员						
5	103	李文玲	管理人员						
6	201	王灿	采购人员						
7	202	屈浩	采购人员						
8	203	严艳	采购人员						
9	301	杨小静	技术人员						
10	302	王少波	技术人员						
11	303	赵婷婷	技术人员						
12	401	张栋	管理人员						
13	402	朱晴	生产人员						
14	403	冯志辉	生产人员						
15	404	王辉	生产人员						
16	501	谢伟	管理人员						
17	502	王莉芳	销售人员						
18	503	黄雅静	销售人员						
19	601	张星	财务人员						
20	602	朱帆	财务人员						
21	603	李林	财务人员						
22	604	王丽	财务人员						

图 3-36　获取人员类别

（5）在 D3 单元格输入"=IF(HLOOKUP(A3,职工考勤汇总区,6,0)=0,"满勤","非满勤")"，敲回车确定，双击鼠标填充下面的单元格，获取是否满勤的结果，如图 3-37 所示。

	A	B	C	D	E	F	G	H	I
1	计件工资和满勤奖计算表								
2	编号	姓名	人员类别	满勤否	满勤奖	产销量(实际完成工作量)	单件酬金	计件工资	小计
3	101	吴国勇	管理人员	非满勤					
4	102	周典	管理人员	满勤					
5	103	李文玲	管理人员	非满勤					
6	201	王灿	采购人员	满勤					
7	202	屈浩	采购人员	满勤					
8	203	严艳	采购人员	非满勤					
9	301	杨小静	技术人员	满勤					
10	302	王少波	技术人员	非满勤					
11	303	赵婷婷	技术人员	满勤					
12	401	张栋	管理人员	满勤					
13	402	朱晴	生产人员	非满勤					
14	403	冯志辉	生产人员	非满勤					
15	404	王辉	生产人员	满勤					
16	501	谢伟	管理人员	满勤					
17	502	王莉芳	销售人员	非满勤					
18	503	黄雅静	销售人员	满勤					
19	601	张星	财务人员	满勤					
20	602	朱帆	财务人员	满勤					
21	603	李林	财务人员	满勤					
22	604	王丽	财务人员	非满勤					

图 3-37 获取是否满勤的结果

(6) 在 E3 单元格输入 "=IF(D3="满勤",VLOOKUP(C3,计件工资标准区,2,0),0)",敲回车确定,双击鼠标填充下面的单元格,获取职工满勤奖,如图 3-38 所示。

	A	B	C	D	E	F	G	H	I
1	计件工资和满勤奖计算表								
2	编号	姓名	人员类别	满勤否	满勤奖	产销量(实际完成工作量)	单件酬金	计件工资	小计
3	101	吴国勇	管理人员	非满勤	0				
4	102	周典	管理人员	满勤	1000				
5	103	李文玲	管理人员	非满勤	0				
6	201	王灿	采购人员	满勤	500				
7	202	屈浩	采购人员	满勤	500				
8	203	严艳	采购人员	非满勤	0				
9	301	杨小静	技术人员	满勤	600				
10	302	王少波	技术人员	非满勤	0				
11	303	赵婷婷	技术人员	满勤	600				
12	401	张栋	管理人员	满勤	1000				
13	402	朱晴	生产人员	非满勤	0				
14	403	冯志辉	生产人员	非满勤	0				
15	404	王辉	生产人员	满勤	800				
16	501	谢伟	管理人员	满勤	1000				
17	502	王莉芳	销售人员	非满勤	0				
18	503	黄雅静	销售人员	满勤	0				
19	601	张星	财务人员	满勤	500				
20	602	朱帆	财务人员	满勤	500				
21	603	李林	财务人员	满勤	500				
22	604	王丽	财务人员	非满勤	0				

图 3-38 获取满勤奖

(7) 在 F3 单元格输入 "=IF(ISERROR(VLOOKUP(A3,产销量统计,4,0)),0,VLOOKUP(A3,产销量统计,4,0))",敲回车确定,双击鼠标填充下面的单元格,获取产销量,如图 3-39 所示。

	A	B	C	D	E	F	G	H	I
1					计件工资和满勤奖计算表				
2	编号	姓名	人员类别	满勤否	满勤奖	产销量(实际完成工作量)	单件酬金	计件工资	小计
3	101	吴国勇	管理人员	非满勤	0	0			
4	102	周典	管理人员	满勤	1000	0			
5	103	李文玲	管理人员	非满勤	0	0			
6	201	王灿	采购人员	满勤	500	0			
7	202	屈浩	采购人员	满勤	500	0			
8	203	严艳	采购人员	非满勤	0	0			
9	301	杨小静	技术人员	满勤	600	0			
10	302	王少波	技术人员	非满勤	0	0			
11	303	赵婷婷	技术人员	满勤	600	0			
12	401	张栋	管理人员	满勤	1000	0			
13	402	朱晴	生产人员	非满勤	0	180			
14	403	冯志辉	生产人员	非满勤	0	230			
15	404	王辉	生产人员	满勤	800	240			
16	501	谢伟	管理人员	满勤	1000	0			
17	502	王莉芳	销售人员	非满勤	0	340			
18	503	黄雅静	销售人员	非满勤	0	420			
19	601	张星	财务人员	满勤	500	0			
20	602	朱帆	财务人员	满勤	500	0			
21	603	李林	财务人员	满勤	500	0			
22	604	王丽	财务人员	非满勤	0	0			

图 3-39 获取产销量

（8）在 G3 单元格输入"=VLOOKUP(C3,计件工资标准区,3,0)"，敲回车确定，双击鼠标填充下面的单元格，获取单件酬金，如图 3-40 所示。

	A	B	C	D	E	F	G	H	I
1					计件工资和满勤奖计算表				
2	编号	姓名	人员类别	满勤否	满勤奖	产销量(实际完成工作量)	单件酬金	计件工资	小计
3	101	吴国勇	管理人员	非满勤	0	0	0		
4	102	周典	管理人员	满勤	1000	0	0		
5	103	李文玲	管理人员	非满勤	0	0	0		
6	201	王灿	采购人员	满勤	500	0	0		
7	202	屈浩	采购人员	满勤	500	0	0		
8	203	严艳	采购人员	非满勤	0	0	0		
9	301	杨小静	技术人员	满勤	600	0	0		
10	302	王少波	技术人员	非满勤	0	0	0		
11	303	赵婷婷	技术人员	满勤	600	0	0		
12	401	张栋	管理人员	满勤	1000	0	0		
13	402	朱晴	生产人员	非满勤	0	180	10		
14	403	冯志辉	生产人员	非满勤	0	230	10		
15	404	王辉	生产人员	满勤	800	240	10		
16	501	谢伟	管理人员	满勤	1000	0	0		
17	502	王莉芳	销售人员	非满勤	0	340	5		
18	503	黄雅静	销售人员	非满勤	0	420	5		
19	601	张星	财务人员	满勤	500	0	0		
20	602	朱帆	财务人员	满勤	500	0	0		
21	603	李林	财务人员	满勤	500	0	0		
22	604	王丽	财务人员	非满勤	0	0	0		

图 3-40 获取单件酬金

（9）在 H3 单元格输入"=F3*G3"，敲回车确定，双击鼠标填充下面的单元格，计算计件工资，如图 3-41 所示。

（10）在 I3 单元格输入"=E3+H3"，敲回车确定，双击鼠标填充下面的单元格，如图 3-42 所示。最后将区间 A1:I21 定义名称为：计件工资和满勤奖计算区。

H3		fx	=F3*C3						
	A	B	C	D	E	F	G	H	I
1	计件工资和满勤奖计算表								
2	编号	姓名	人员类别	满勤否	满勤奖	产销量(实际完成工作量)	单件酬金	计件工资	小计
3	101	吴国勇	管理人员	非满勤	0	0	0	0	
4	102	周典	管理人员	满勤	1000	0	0	0	
5	103	李文玲	管理人员	非满勤	0	0	0	0	
6	201	王灿	采购人员	满勤	500	0	0	0	
7	202	屈浩	采购人员	满勤	500	0	0	0	
8	203	严艳	采购人员	非满勤	0	0	0	0	
9	301	杨小静	技术人员	满勤	600	0	0	0	
10	302	王少波	技术人员	非满勤	0	0	0	0	
11	303	赵婷婷	技术人员	满勤	600	0	0	0	
12	401	张栋	管理人员	满勤	1000	0	0	0	
13	402	朱晴	生产人员	非满勤	0	180	10	1800	
14	403	冯志辉	生产人员	非满勤	0	230	10	2300	
15	404	王辉	生产人员	满勤	800	240	10	2400	
16	501	谢伟	管理人员	满勤	1000	0	0	0	
17	502	王莉芳	销售人员	非满勤	0	340	5	1700	
18	503	黄雅静	销售人员	非满勤	0	420	5	2100	
19	601	张星	财务人员	满勤	500	0	0	0	
20	602	朱帆	财务人员	满勤	500	0	0	0	
21	603	李林	财务人员	满勤	500	0	0	0	
22	604	王丽	财务人员	非满勤	0	0	0	0	

图 3-41　计算计件工资

I3		fx	=E3+H3						
	A	B	C	D	E	F	G	H	I
1	计件工资和满勤奖计算表								
2	编号	姓名	人员类别	满勤否	满勤奖	产销量(实际完成工作量)	单件酬金	计件工资	小计
3	101	吴国勇	管理人员	非满勤	0	0	0	0	0
4	102	周典	管理人员	满勤	1000	0	0	0	1000
5	103	李文玲	管理人员	非满勤	0	0	0	0	0
6	201	王灿	采购人员	满勤	500	0	0	0	500
7	202	屈浩	采购人员	满勤	500	0	0	0	500
8	203	严艳	采购人员	非满勤	0	0	0	0	0
9	301	杨小静	技术人员	满勤	600	0	0	0	600
10	302	王少波	技术人员	非满勤	0	0	0	0	0
11	303	赵婷婷	技术人员	满勤	600	0	0	0	600
12	401	张栋	管理人员	满勤	1000	0	0	0	1000
13	402	朱晴	生产人员	非满勤	0	180	10	1800	1800
14	403	冯志辉	生产人员	非满勤	0	230	10	2300	2300
15	404	王辉	生产人员	满勤	800	240	10	2400	3200
16	501	谢伟	管理人员	满勤	1000	0	0	0	1000
17	502	王莉芳	销售人员	非满勤	0	340	5	1700	1700
18	503	黄雅静	销售人员	非满勤	0	420	5	2100	2100
19	601	张星	财务人员	满勤	500	0	0	0	500
20	602	朱帆	财务人员	满勤	500	0	0	0	500
21	603	李林	财务人员	满勤	500	0	0	0	500
22	604	王丽	财务人员	非满勤	0	0	0	0	0

图 3-42　计件工资和满勤奖计算结果

任务四　职工薪酬的计算

任务目标

1. 知识目标

（1）掌握专项附加扣除表的构成。

（2）掌握薪酬计算表的构成。

微课视频
职工薪酬的计算

（3）掌握 MAX 函数的功能和参数构成。

2. 能力目标

（1）能编制专项附加扣除表。
（2）能灵活运用函数取值来获取薪酬计算表的相关数据。
（3）能运用 MAX 函数计算预扣预缴的个人所得税。

3. 素养目标

（1）培养学生自主学习会计信息化的新知识、新技能的能力。
（2）培养学生的团队协助、团队互助等意识。
（3）培养学生的社会责任感、团队精神和协作精神。
（4）培养学生的爱国主义情感、沟通能力和协调能力。

任务导入

利达公司的会计王丽在完成 1 月工资数据统计工作后，计划发放 1 月职工工资。请运用 Excel，帮助王丽编制职工薪酬计算表，以便顺利发放 1 月职工工资。

任务实施

（1）打开"利达公司 2024 年 1 月薪酬管理岗位.xlsx"的工作簿，新增工作表，将其重命名为"专项附加扣除表"，根据专项附加扣除的相关税法知识，结合职工的实际情况编制专项附加扣除表，并将该工作表的 A1:J22 单元格区域定义名称为"专项附加扣除"，如图 3-43 所示。

	A	B	C	D	E	F	G	H	I	J
1	专项附加扣除表									
2	编号	姓名	部门	子女教育	继续教育	大病医疗	住房贷款利息	住房租金	赡养老人	合计（每月）
3	101	吴国勇	办公室	2000					1500	3500
4	102	周典	办公室	2000					1500	3500
5	103	李文玲	办公室	2000					3000	5000
6	201	王灿	采购部	2000					1500	3500
7	202	屈浩	采购部						1500	1500
8	203	严艳	采购部	1000						1000
9	301	杨小静	技术部						1500	1500
10	302	王少波	技术部	2000						2000
11	303	赵婷婷	技术部	2000					1000	3000
12	401	张栋	生产部						1000	1000
13	402	朱晴	生产部							
14	403	冯志辉	生产部	1000						1000
15	404	王辉	生产部	1000						1000
16	501	谢伟	销售部	1000			1000			2000
17	502	王莉芳	销售部	1000						1000
18	503	黄雅静	销售部		400					400
19	601	张星	财务部	2000						2000
20	602	朱帆	财务部	2000						2000
21	603	李林	财务部	1000						1000
22	604	王丽	财务部				1000			1000

图 3-43　专项附加扣除表

（2）继续新增工作表，将其重命名为"薪酬计算表"，格式设置如图 3-44 所示。

	A	B	C	D	E	F	G	H	I	J	K	L	M	N	O	P	Q
1	编号	姓名	部门	基本工资	岗位工资	津贴	计件工资	考勤扣款	应发工资	养老保险	医疗保险	失业保险	专项附加扣除	个人所得税	实发工资	人员类别	月份
2																	
3																	
4																	
5																	
6																	

图 3-44　薪酬计算表

（3）从"职工基本情况表"工作表里复制职工姓名和编号到"薪酬计算表"工作表。

（4）在 C2 单元格输入"=VLOOKUP(A2,职工基本情况区,3,0)"，获取部门信息。

（5）在 D2 单元格输入"=VLOOKUP(VLOOKUP(A2,职工基本情况区,5,0),职称基本工资标准区,2,0)"，获取职工基本工资。

（6）在 E2 单元格输入"=VLOOKUP(VLOOKUP(A2,职工基本情况区,4,0),职务岗位工资津贴标准区,2,0)"，获取职工岗位工资。

（7）在 F2 单元格输入"=VLOOKUP(VLOOKUP(A2,职工基本情况区,4,0),职务岗位工资津贴标准区,3,0)"，获取职工津贴。

（8）在 G2 单元格输入"=VLOOKUP(A2,计件工资满勤奖计算区,9,0)"，获取职工计件工资。

（9）在 H2 单元格输入"=HLOOKUP(A2,职工考勤汇总区,6,0)"，获取职工考勤扣款。

（10）在 I2 单元格输入"=D2+E2+F2+G2-H2"，计算出职工应发工资。

（11）在 J2 单元格输入"=($D$2+$E$2+$F$2)*工资基本信息表!$C$26"，计算出应缴的养老保险。

（12）在 K2 单元格输入"=(D2+E2+F2)*工资基本信息表!$D$26"，计算出应缴的医疗保险。

（13）在 L2 单元格输入"=(D2+E2+F2)*工资基本信息表!$E$26"，计算出应缴的失业保险。

（14）在 M2 单元格输入"=VLOOKUP(A2,专项附加扣除,10,2)"，获取可税前抵扣专项附加扣除。

（15）在 N2 单元格输入"=MAX((I2-J2-K2-L2-M2-5000)*税率-扣除数)"，同时按下 Ctrl 键和 Shift 键，再敲回车，得到职工 1 月预扣预缴的个人所得税。

（16）在 O2 单元格输入"=I2-J2-K2-N2"，计算出职工实发工资。

（17）在 P2 单元格输入"=VLOOKUP(A2,专项附加扣除,10,2)"，获取人员类别。

（18）在 Q 单元格输入"1月"，输入后，敲回车确定，双击鼠标填充下面的单元格。

（19）将 A1:Q21 单元格区域定义名称为"薪酬计算表"，为后续的区间引用作准备。操作后的结果如图 3-45 所示。

	A	B	C	D	E	F	G	H	I	J	K	L	M	N	O	P	Q
1	编号	姓名	部门	基本工资	岗位工资	津贴	计件工资	考勤扣款	应发工资	养老保险	医疗保险	失业保险	专项附加扣除	个人所得税	实发工资	人员类别	月份
2	101	吴国勇	办公室	5000	8500	2000	0	600	14900	1240	310	155	3500	140.85	13,209.15	管理人员	1月
3	102	周典	办公室	2500	7500	1000	1000	0	12000	880	220	110	3500	68.7	10,831.30	管理人员	1月
4	103	李文玲	办公室	800	4500	500	0	50	5750	464	116	58	5000	0	5,170.00	管理人员	1月
5	201	王灿	采购部	5000	7500	1000	500	0	14000	1080	270	135	3500	120.45	12,529.55	采购人员	1月
6	202	屈洁	采购部	800	4500	500	500	0	6300	464	116	58	1500	0	5,720.00	采购人员	1月
7	203	严艳	采购部	800	4500	500	0	150	5650	464	116	58	1000	0	5,070.00	采购人员	1月
8	301	杨小静	技术部	2500	7500	1000	600	0	11600	880	220	110	1500	116.7	10,383.30	技术人员	1月
9	302	王少波	技术部	5000	4500	500	0	200	9800	800	200	100	2000	51	8,749.00	技术人员	1月
10	303	赵婷婷	技术部	2500	4500	500	600	0	8100	600	150	75	3000	0	7,350.00	技术人员	1月
11	401	张栋	生产部	2500	7500	1000	1000	0	12000	880	220	110	1000	143.7	10,756.30	生产人员	1月
12	402	朱晴	生产部	2500	4500	500	1800	150	9150	600	150	75	0	99.75	8,300.25	生产人员	1月
13	403	冯志辉	生产部	800	4500	500	2300	50	8050	464	116	58	1000	42.36	7,427.64	生产人员	1月
14	404	王辉	生产部	800	4500	500	3200	0	9000	464	116	58	1000	70.86	8,349.14	生产人员	1月
15	501	谢伟	销售部	5000	7500	1000	1000	0	14500	1080	270	135	2000	180.45	12,969.55	管理人员	1月
16	502	王莉芳	销售部	800	4500	500	1700	100	7400	464	116	58	1000	22.86	6,797.14	销售人员	1月
17	503	黄雅静	销售部	800	4500	500	2100	50	7850	464	116	58	400	54.36	7,215.64	销售人员	1月
18	601	张星	财务部	5000	7500	1000	500	0	14000	1080	270	135	2000	165.45	12,484.55	财务人员	1月
19	602	朱帆	财务部	3000	4500	500	500	0	8500	640	160	80	2000	18.6	7,681.40	财务人员	1月
20	603	李林	财务部	800	4500	500	500	0	6300	464	116	58	1000	0	5,720.00	财务人员	1月
21	604	王丽	财务部	800	4500	500	0	350	5450	464	116	58	1000	0	4,870.00	财务人员	1月

图 3-45　薪酬计算表

知识窗口

（1）MAX 函数用于返回一组数值中的最大值，语法：MAX(number1,[number2,...])。其中，number1 参数是必需参数，后续的 [number2,...] 是可选参数，最多可包含 255 个可选参数。这些参数可以是数字，也可以是包含数字的名称、单元格区域或单元格引用。

（2）MIN 函数用于返回一组数值中的最小值。参数规则与 MAX 函数相同。

任务五　制作工资条

任务目标

1. 知识目标

（1）掌握工资条的构成。
（2）掌握排序的方法。
（3）掌握邮件合并的操作步骤。

2. 能力目标

（1）能运用排序法编制工资条。
（2）能运用邮件合并法编制工资条。
（3）能运用宏录制法自动生成工资条。

3. 素养目标

（1）培养学生自主学习会计信息化的新知识、新技能的能力。
（2）培养学生的团队协助、团队互助等意识。

微课视频
排序和宏录制生成
工资条

（3）培养学生的社会责任感、团队精神和协作精神。
（4）培养学生的爱国主义情感、沟通能力和协调能力。

任务导入

会计王丽需要为利达公司的职工制作 1 月的工资条，请运用 Excel 的相关功能，帮王丽制作职工 1 月的工资条。

任务实施

子任务 3.5.1　排序法生成工资条

（1）打开"利达公司 2024 年 1 月薪酬管理岗位.xlsx"的工作簿，新增工作表，将其重命名为"排序生成工资条"。

（2）将"薪酬计算表"复制粘贴成值到"排序生成工资条"工作表，然后删除"专项附加扣除"这一列。

（3）选中"排序生成工资条"工作表的第 2 行到第 20 行，右键单击，在弹出的菜单中选择"插入"，此时新增 19 行。

（4）选中 A1:P9 单元格区域，将鼠标指针放置在该区域右下角，当指针变为黑色十字时，拖拽鼠标至第 20 行，如图 3-46 所示。

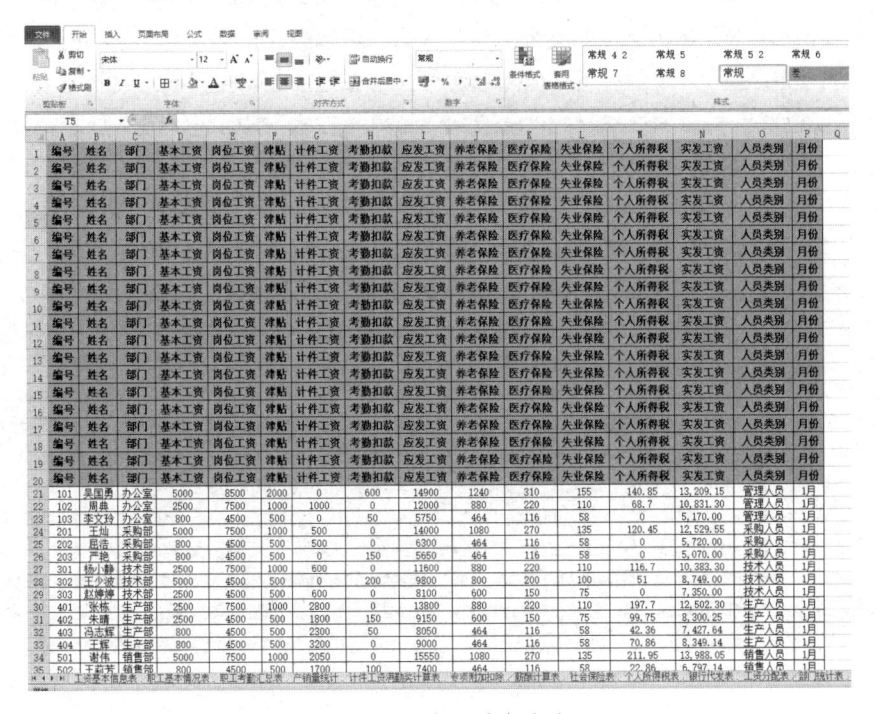

图 3-46　增加工资条表头

（5）在 Q1 单元格输入"1"，在 Q2 单元格输入"3"，选中 Q1、Q2 单元格，拖拽鼠标到第 20 行，单元格数字会按比例进行填充。

（6）在 Q21 单元格输入"2"，在 Q22 单元格输入"4"，选中 Q21、Q22 单元格，双击鼠标，单元格数字会按比例自动填充到第 40 行。

（7）选中 Q 列，单击"数据"选项卡中的"升序排序"按钮，弹出"排序提醒"对话框，如图 3-47 所示，选择"扩展选定区域"进行排序。

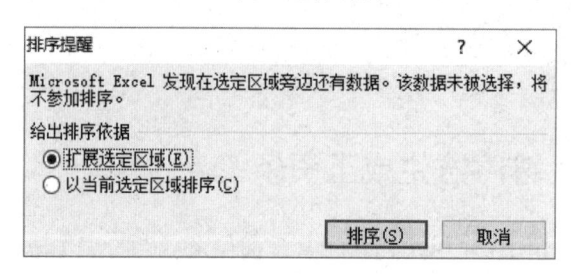

图 3-47 "排序提醒"对话框

（8）删除第 Q 列，调整行高、列宽，即为排序生成的工资条，如图 3-48 所示。打印出来裁剪后发放到相应的部门。

图 3-48 排序生成的工资条

子任务 3.5.2　邮件合并法生成工资条

（1）在电脑上创建一个新的 Word 文件，并将其命名为"2024 年 1 月工资条模板"。打开该文件后，进行页面设置，将纸张大小设置为 A4 纸，纸张方向调整为横向。

（2）打开"薪酬计算表"工作表，复制 A1:Q2 单元格区域，然后将其粘贴到 Word 模板中。

（3）将 Word 模板中第二行的内容清空，并删除"专项附加扣除"这一列，结果如图 3-49 所示。

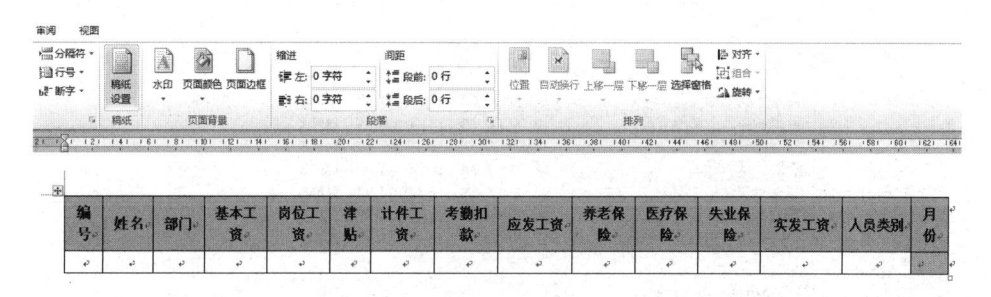

图 3-49　Word 模板

（4）在 Word 中单击"邮件"选项卡的"开始邮件合并"，选择"普通 Word 文档"，如图 3-50 所示。

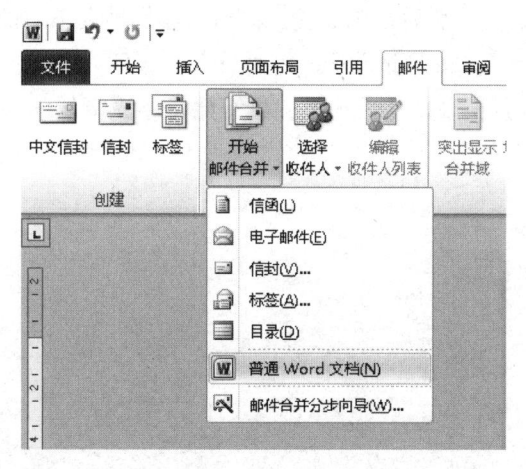

图 3-50　开始邮件合并

（5）单击"邮件"选项卡的"选择收件人"，选择"使用现有列表"，如图 3-51 所示；找到"利达公司 2024 年 1 月薪酬管理岗位.xlsx"的工作簿，选择表格为"薪酬计算表$"，敲回车确定，如图 3-52 所示。

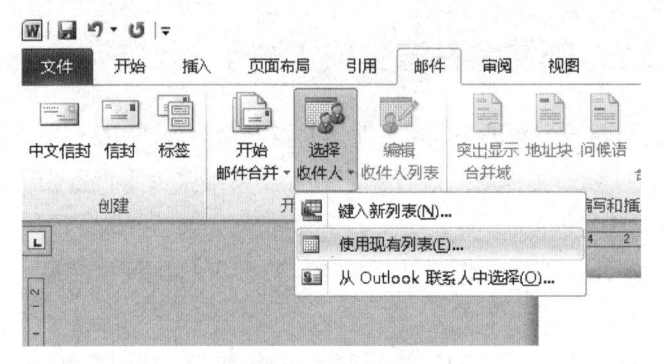

图 3-51　使用现有列表

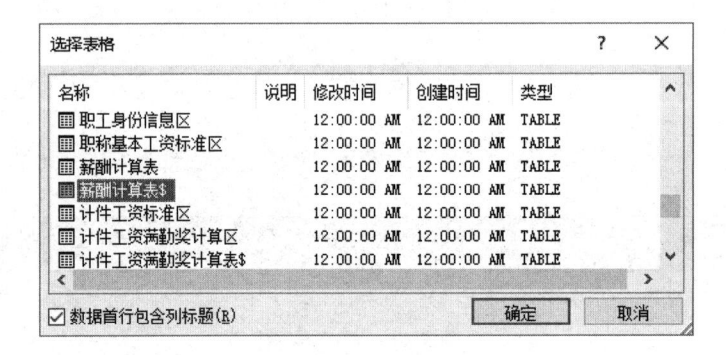

图 3-52　选择合并表格

（6）把鼠标定位到"编号"下方的单元格，单击"邮件"选项卡的"插入合并域"，如图 3-53 所示，选择"编号"，然后按 Tab 键，移动光标到姓名下方的单元格，再次单击"插入合并域"并选择"姓名"。按照此方法，将所有合并域插入工资条模板中的对应位置。随后，在表格下方复制 4 条记录，从第二条记录开始，将光标置于编号之前，单击"邮件"选项卡的"规则"，再单击"下一记录"，工资条如图 3-54 所示。

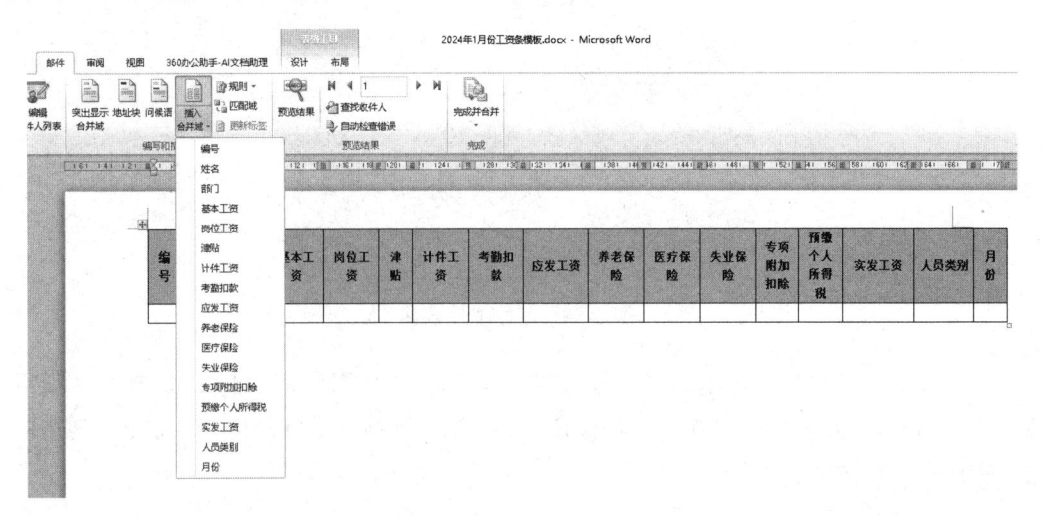

图 3-53　插入合并域

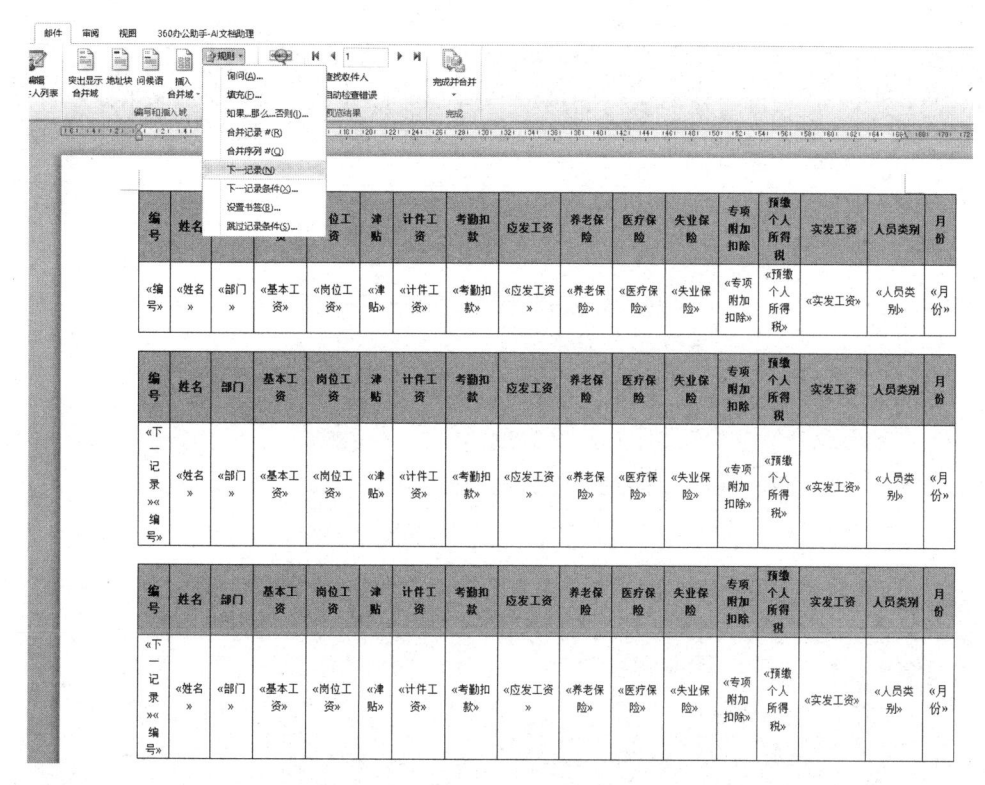

图 3-54　工资条

（7）预览合并结果，并调整格式，如图 3-55 所示。若预缴个人所得税数据的小数位过多，需要调整数据的显示格式。可按 Alt+9 快捷键，显示或隐藏文档中所有域代码，再在每个域代码后附加格式码 "\#"#,##0.00""，将表格中数值格式调整为两位小数，对整数采用千位分隔符形式进行分隔，如图 3-56 所示。再按 Alt+9 快捷键，隐藏域代码，单击"邮件"选项卡下的"预览结果"，结果如图 3-57 所示。

编号	姓名	部门	基本工资	岗位工资	津贴	计件工资	考勤扣款	应发工资	养老保险	医疗保险	失业保险	预缴个人所得税	实发工资	人员类别	月份
101	吴国勇	办公室	5000	8500	2000	0	600	14900	1240	310	155	140.84999999999999	13209.15	管理人员	1月

图 3-55　预览结果

编号	姓名	部门	基本工资	岗位工资	津贴	计件工资	考勤扣款	应发工资	养老保险	医疗保险	失业保险	预缴个人所得税	实发工资	人员类别	月份
MERGEFIELD 编号	MERGEFIELD 姓名	MERGEFIELD 部门	MERGEFIELD 基本工资	MERGEFIELD 岗位工资	MERGEFIELD 津贴	MERGEFIELD 计件工资	MERGEFIELD 考勤扣款	MERGEFIELD 应发工资	MERGEFIELD 养老保险	MERGEFIELD 医疗保险	MERGEFIELD 失业保险	MERGEFIELD 预缴个人所得税 /#"#,##0.00"	MERGEFIELD 实发工资 /#"#,##0.00"	MERGEFIELD 人员类别	MERGEFIELD 月份

图 3-56　设置两位小数

编号	姓名	部门	基本工资	岗位工资	津贴	计件工资	考勤扣款	应发工资	养老保险	医疗保险	失业保险	预缴个人所得税	实发工资	人员类别	月份
101	吴国勇	办公室	5000	8500	2000	0	600	14900	1240	310	155	140.85	13,209.15	管理人员	1月

图 3-57　设置两位小数的结果

（8）单击"邮件"选项卡的"完成并合并"，选择"编辑单个文档"，弹出"合并到新文档"对话框，默认合并记录为全部，敲回车确定，如图 3-58 所示。

（9）自动生成"信函 1"文件，如图 3-59 所示。保存生成的"信函 1"文件，然后将其命为"利达公司 2024 年 1 月工资条"。

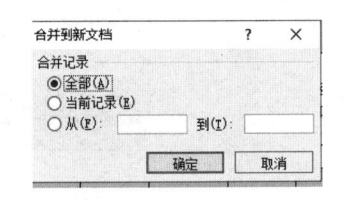

图 3-58　完成合并

编号	姓名	部门	基本工资	岗位工资	津贴	计件工资	考勤扣款	应发工资	养老保险	医疗保险	失业保险	专项附加扣除	预缴个人所得税	实发工资	人员类别	月份
101	吴国勇	办公室	5000	8500	2000	0	600	14900	1240	310	155	3500	140.85	13,209.15	管理人员	1月
102	周典	办公室	2500	7500	1000	1000	0	12000	880	220	110	3500	68.70	10,831.30	管理人员	1月
103	李文玲	办公室	800	4500	500	0	50	5750	464	116	58	5000	0.00	5,170.00	管理人员	1月
201	王灿	采购部	5000	7500	1000	500	0	14000	1080	270	135	3500	120.45	12,529.55	采购人员	1月
202	屈洁	采购部	800	4500	500	500	0	6300	464	116	58	1500	0.00	5,720.00	采购人员	1月

图 3-59　工资条邮件合并结果

通过邮件合并的方法生成工资条具有一定的动态性，当需要生成不同月份的工资条时，要进行新数据覆盖，按照上述步骤，就会生成动态的工资条数据。

子任务 3.5.3　宏录制法自动生成工资条

（1）新建一个工作表，并将其命名为"工资录制"，然后把"薪酬计算表"工作表中数据复制值到这个工作表中，将"预缴个人所得税"改为"个人所得税"，删除"专项附加扣除"列。

（2）单击"开发工具"选项卡的"录制宏"按钮，此时会弹出"录制新宏"对话框，将宏名修改为"工资条"，如图 3-60 所示。

（3）单击"开发工具"选项卡的"使用相对引用"，设置相对引用。

（4）选中第 1 行即工资条的标题行，右键单击，选择"复制"，然后选中标题行下的第一行数据，右键单击，选择"插入复制到单元格"，完成一次标题行的插入。

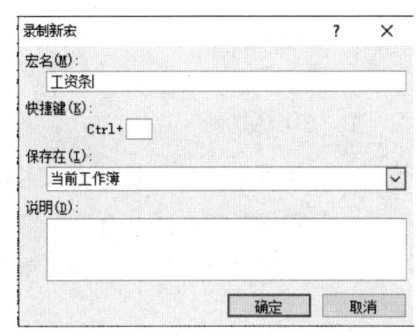

图 3-60　"录制新宏"对话框

（5）操作完成后，单击"开发工具"选项卡中的"停止录制"。

（6）若要批量生成工资条，需编辑宏代码。单击"开发工具"选项卡的"宏"，选择刚才录制的"工资条"宏，单击"编辑"，在打开的 VBA 编辑器中，在代码中添加循环语句。例如，若工资数据有 100 行，可在代码开头添加"For i = 1 To 99"（因为已经手动插入了一次标题行，所以循环次数为数据行数减 1），在代码结尾添加"Next i"，然后关闭 VBA 编辑器。

（7）回到 Excel 界面，单击"开发工具"选项卡的"宏"，选择"工资条"宏，单击"运行"，即可批量生成工资条。

（8）为了操作更方便，也可通过添加一个快捷按钮的方式来快速运行宏。单击"插入"选项卡，插入文本框，在文本框中输入"录制宏生成工资条"，右键单击，选择"指定宏"，如图 3-61 所示，在弹出的"指定宏"对话框中选择"工资条"，如图 3-62 所示。

图 3-61　指定宏　　　　　　　图 3-62　"指定宏"对话框

录制结束后，按 Alt+F11 快捷键查看宏代码。

任务六　对外表格的编制

任务目标

1. 知识目标

（1）掌握个人所得税预缴表的构成。
（2）掌握银行代发工资表的构成。
（3）掌握社会保险费代扣代缴数据表的构成。

2. 能力目标

（1）能编制个人所得税预缴表。
（2）能编制银行代发工资表。
（3）能编制社会保险代扣代缴数据表。

3. 素养目标

（1）培养学生自主学习会计信息化新知识、新技能的能力。
（2）培养学生的沟通协调能力和动手能力。
（3）培养学生的语言表达能力和诚信意识。
（4）培养学生的爱国主义情感、社会主义核心价值观念。

微课视频
对外表格的编制

任务导入

会计王丽需要预缴职工的个人所得税，并将工资结果发送给银行以便其代发职工工资，同时她还要将社会保险费上传到金税系统。请根据上一任务的操作结果，帮助王丽在 Excel 中按要求编制各项表格。

任务实施

子任务 3.6.1　编制个人所得税预缴表

（1）打开"利达公司 2024 年 1 月薪酬管理岗位.xlsx"的工作簿，新增工作表，将其重命名为"个人所得税预缴表"，格式设置如图 3-63 所示。
（2）将编号和姓名数据从"职工基本情况表"工作表复制到新工作表的相应的栏目下。

（3）在 C2 单元格输入“=VLOOKUP(A2,职工基本情况区,3,0)”，敲回车确定，双击鼠标填充下面的单元格，获取职工所在部门信息，如图 3-64 所示。

	A	B	C	D	E
1	编号	姓名	部门	应发工资	预缴个税
2					
3					
4					
5					
6					
7					
8					

图 3-63　个人所得税预缴表

C2　=VLOOKUP(A2,职工基本情况区,3,0)

	A	B	C	D	E
1	编号	姓名	部门	应发工资	预缴个税
2	101	吴国勇	办公室		
3	102	周典	办公室		
4	103	李文玲	办公室		

图 3-64　获取部门信息

（4）在 D2 单元格输入“=VLOOKUP(A2,薪酬计算表,15,0)”，敲回车确定，双击鼠标填充下面的单元格，获取职工应发工资，如图 3-65 所示。

（5）在 E2 单元格输入“=VLOOKUP(A2,薪酬计算表,14,0)”敲回车确定，双击鼠标填充下面的单元格，获取职工预缴个人所得税金额，如图 3-66 所示。

D2　=VLOOKUP(A2,薪酬计算表,15,0)

	A	B	C	D	E
1	编号	姓名	部门	应发工资	预缴个税
2	101	吴国勇	办公室	13209.15	
3	102	周典	办公室	10831.3	
4	103	李文玲	办公室	5170	

图 3-65　获取应发工资

E2　=VLOOKUP(A2,薪酬计算表,14,0)

	A	B	C	D	E
1	编号	姓名	部门	应发工资	预缴个税
2	101	吴国勇	办公室	13209.15	140.85
3	102	周典	办公室	10831.3	68.70
4	103	李文玲	办公室	5170	0.00

图 3-66　获取预缴个人所得税金额

至此，个人所得税预缴表编制完成，结果如图 3-67 所示。

	A	B	C	D	E
1	编号	姓名	部门	应发工资	预缴个税
2	101	吴国勇	办公室	13209.15	140.85
3	102	周典	办公室	10831.3	68.70
4	103	李文玲	办公室	5170	0.00
5	201	王灿	采购部	12529.55	120.45
6	202	屈浩	采购部	5720	0.00
7	203	严艳	采购部	5070	0.00
8	301	杨小静	技术部	10383.3	116.70
9	302	王少波	技术部	8749	51.00
10	303	赵婷婷	技术部	7350	0.00
11	401	张栋	生产部	12502.3	197.70
12	402	朱晴	生产部	8300.25	99.75
13	403	冯志辉	生产部	7427.64	42.36
14	404	王辉	生产部	8349.14	70.86
15	501	谢伟	销售部	13988.05	211.95
16	502	王莉芳	销售部	6797.14	22.86
17	503	黄雅静	销售部	7215.64	54.36
18	601	张星	财务部	12484.55	165.45
19	602	朱帆	财务部	7681.4	18.60
20	603	李林	财务部	5720	0.00
21	604	王丽	财务部	4870	42.36
22	个税合计				1423.95

图 3-67　个人所得税预缴表结果

子任务 3.6.2　编制银行代发工资表

（1）打开"利达公司 2024 年 1 月薪酬管理岗位.xlsx"的工作簿，新增工作表，将其重命名为"银行代发工资表"，格式设置如图 3-68 所示。

（2）将编号和姓名数据从"职工基本情况表"工作表复制到新工作表的相应的栏目下。

（3）在 C2 单元格输入"=VLOOKUP(A2,职工基本情况区,11,0)"，敲回车确定，双击鼠标填充下面的单元格，获取职工银行账号，如图 3-69 所示。

（4）在 D2 单元格输入"=VLOOKUP(A2,薪酬计算表,15,0)"，敲回车确定，双击鼠标填充下面的单元格，获取职工实发工资，如图 3-70 所示。至此，"银行代发工资表"编制完成。

图 3-68　银行代发工资表

图 3-69　获取银行账号

图 3-70　获取实发工资

子任务 3.6.3　编制社会保险代扣代缴数据表

（1）打开"利达公司 2024 年 1 月薪酬管理岗位.xlsx"的工作簿，新增工作表，将其重命名为"社会保险代扣代缴数据表"，格式设置如图 3-71 所示。

图 3-71　社会保险代扣代缴数据表

（2）将编号和姓名数据从"职工基本情况表"工作表复制到新工作表的相应的栏目下。

（3）在 C4 单元格输入"=VLOOKUP(A4,职工基本情况区,3,0)"，敲回车确定，双击鼠标填充下面的单元格，获取职工所在部门。

（4）在 E4 单元格输入"=VLOOKUP(A4,薪酬计算表,10,0)"，敲回车确定，双击鼠标填充下面的单元格，获取职工养老保险个人扣缴部分。

（5）在 D4 单元格输入"=E4/工资基本信息表!\$C\$26*工资基本信息表!\$C\$25"，敲回车确定，双击鼠标填充下面的单元格，计算职工养老保险单位扣缴部分。

（6）在 G4 单元格输入"=VLOOKUP(A4,薪酬计算表,11,0)"，敲回车确定，双击鼠标填充下面的单元格，获取职工医疗保险个人扣缴部分。

（7）在 F4 单元格输入"=G4/工资基本信息表!\$D\$26*工资基本信息表!\$D\$25"，敲回车确定，双击鼠标填充下面的单元格，计算职工医疗保险单位扣缴部分。

（8）在 I4 单元格输入"=VLOOKUP(A4,薪酬计算表,12,0)"，敲回车确定，双击鼠标填充下面的单元格，获取职工失业保险个人扣缴部分。

（9）在 H4 单元格输入"=I4/工资基本信息表!\$E\$26*工资基本信息表!\$E\$25"，敲回车确定，双击鼠标填充下面的单元格，计算职工失业保险单位扣缴部分。

（10）在 J4 单元格输入"=SUM(D4:G4)"，敲回车确定，双击鼠标填充下面的单元格。

至此，"社会保险代扣代缴数据表"编制完成，结果如图 3-72 所示。

编号	姓名	部门	养老保险		医疗保险		失业保险		合计	月份
			单位	个人	单位	个人	单位	个人		
101	吴国勇	办公室	3100	1240	1240	310	310	155	5,890.00	1月
102	周典	办公室	3100	1240	1240	310	220	110	5,890.00	1月
103	李文玲	办公室	2200	880	880	220	116	58	4,180.00	1月
201	王灿	采购部	1160	464	464	116	270	135	2,204.00	1月
202	屈浩	采购部	2700	1080	1080	270	116	58	5,130.00	1月
203	严艳	采购部	1160	464	464	116	116	58	2,204.00	1月
301	杨小静	技术部	1160	464	464	116	220	110	2,204.00	1月
302	王少波	技术部	2200	880	880	220	200	100	4,180.00	1月
303	赵婷婷	技术部	2000	800	800	200	150	75	3,800.00	1月
401	张栋	生产部	1500	600	600	150	220	110	2,850.00	1月
402	朱晴	生产部	2200	880	880	220	150	75	4,180.00	1月
403	冯志辉	生产部	1500	600	600	150	116	58	2,850.00	1月
404	王辉	生产部	1160	464	464	116	116	58	2,204.00	1月
501	谢伟	销售部	1160	464	464	116	270	135	2,204.00	1月
502	王莉芳	销售部	2700	1080	1080	270	116	58	5,130.00	1月
503	黄雅静	销售部	1160	464	464	116	116	58	2,204.00	1月
601	张星	财务部	1160	464	464	116	270	135	2,204.00	1月
602	朱帆	财务部	2700	1080	1080	270	160	80	5,130.00	1月
603	李林	财务部	1600	640	640	160	116	58	3,040.00	1月
604	王丽	财务部	1160	464	464	116	116	58	2,204.00	1月

图 3-72 社会保险代扣代缴数据表结果

任务七 工资计提表的编制

任务目标

1. 知识目标

（1）掌握工资计提表的构成。

(2)掌握 SUMIFS 函数的功能和参数构成。

(3)掌握分类汇总的操作步骤。

2. 能力目标

(1)能编制工资计提表。

(2)能运用多条件求和函数进行多条件求和。

(3)能运用分类汇总法编制分部门的工资计提表。

3. 素养目标

(1)培养学生自主学习会计信息化新知识、新技能的能力。

(2)培养学生的沟通协调能力和动手能力。

(3)培养学生的社会责任感、团队精神和协作精神。

(4)培养学生的爱国主义情感、社会主义核心价值观念。

任务导入

月底要根据薪酬计算表进行工资的分配与计提,请使用 Excel 帮会计李林编制利达公司 1 月的职工工资计提表,并将工资按部门进行统计汇总。

任务实施

子任务 3.7.1　运用函数编制工资计提表

(1)打开"利达公司 2024 年 1 月薪酬管理岗位.xlsx"的工作簿,新增工作表,将其重命名为"工资计提表",格式设置如图 3-73 所示。

	A	B	C	D
1	工资计提表			
2	部门	人员类别	应付工资	核算科目
3				
4				

图 3-73　工资计提表

(2)在"薪酬计算表"工作表中,选中 C2:C21 单元格区域,在"公式"选项卡的名称管理器里将其定义名称为"部门";选中 I2:I21 单元格区域,右键单击,选择"定义名称",在弹出的对话框中将其命名为"应发工资";以同样的方式,选中 P2:P21 单元格区域,将其命名为"人员类别"。

(3)打开"工资计提表"工作表,在 C3 单元格输入"=SUMIFS(应发工资,部门,A3,人员类别,B3)",敲回车确定,即可得到对应条件下的应发工资汇总。双击鼠标填充下面的单元格,结果如图 3-74 所示。

(4)根据财务相关知识,手动输入核算科目,如图 3-75 所示。

图 3-74　用 SUMIFS 函数获取应付工资　　　　　图 3-75　工资计提表

子任务 3.7.2　运用分类汇总法编制分部门的工资计提表

（1）打开"利达公司 2024 年 1 月薪酬管理岗位.xlsx"的工作簿，新增工作表，将其重命名为"部门统计表"，此表用于按部门统计工资。

（2）对"薪酬计算表"工作表进行全选复制，将所选内容复制到"部门统计表"工作表中。

（3）在进行分类汇总操作之前，需按分类字段进行排序。首先，选中 C1 单元格，接着单击"数据"选项卡的"排序"，进行排序操作，升序和降序均可。

（4）完成排序后，单击"数据"选项卡的"分类汇总"，弹出"分类汇总"对话框，勾选选定汇总项中的所有选项，如图 3-76 所示，敲回车确定。

（5）选中需要设置边框的内容区域（即包含分类汇总结果的整个表格区域），单击"开始"选项卡的"边框"下拉箭头，选择"所有框线"，如图 3-77 所示。

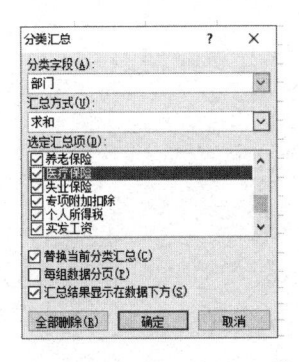

图 3-76　"分类汇总"对话框　　　　　图 3-77　设置表格的边框线

（6）添加边框后的分类汇总结果，如图 3-78 所示。

	A	B	C	D	E	F	G	H	I	J	K	L	M	N	O	P	Q
1	编号	姓名	部门	基本工资	岗位工资	津贴	计件工资	考勤扣款	应发工资	养老保险	医疗保险	失业保险	专项附加扣除	个人所得税	实发工资	人员类别	月份
2	101	吴国勇	办公室	5000	8500	2000	0	600	14900.00	1240	310	155	3500	140.85	13,209.15	管理人员	1月
3	102	周典	办公室	2500	7500	1000	1000	0	12000.00	880	220	110	3500	68.7	10,831.30	管理人员	1月
4	103	李文玲	办公室	800	4500	500	0	50	5750.00	464	116	58	5000	0	5,170.00	管理人员	1月
5			办公室 汇总	8300	20500	3500	1000	650	32650.00	2584	646	323	12000	209.55	29,210.45		
6	201	王灿	采购部	5000	7500	1000	500	0	14000.00	1080	270	135	3500	120.45	12,529.55	采购人员	1月
7	202	屈浩	采购部	800	4500	500	500	0	6300.00	464	116	58	1500	0	5,720.00	采购人员	1月
8	203	严艳	采购部	800	4500	500	0	150	5650.00	464	116	58	1000	0	5,070.00	采购人员	1月
9			采购部 汇总	6600	16500	2000	1000	150	25950.00	2008	502	251	6000	120.45	23,319.55		
10	301	杨小静	技术部	2500	7500	1000	600	0	11600.00	880	220	110	1500	116.7	10,383.30	技术人员	1月
11	302	王少波	技术部	5000	4500	500	0	200	9800.00	800	200	100	2000	51	8,749.00	技术人员	1月
12	303	赵婷婷	技术部	2500	4500	500	600	0	8100.00	600	150	75	3000	0	7,350.00	技术人员	1月
13			技术部 汇总	10000	16500	2000	1200	200	29500.00	2280	570	285	6500	167.7	26,482.30		
14	401	张栋	生产部	2500	7500	1000	1000	0	12000.00	880	220	110	1000	143.7	10,756.30	管理人员	1月
15	402	朱晴	生产部	2500	4500	500	1800	150	9150.00	600	150	75	0	99.75	8,300.25	生产人员	1月
16	403	冯志辉	生产部	800	4500	500	2300	50	8050.00	464	116	58	1000	42.36	7,427.64	生产人员	1月
17	404	王辉	生产部	800	4500	500	3200	0	9000.00	464	116	58	1000	70.86	8,349.14	生产人员	1月
18			生产部 汇总	6600	21000	2500	8300	200	38200.00	2408	602	301	3000	356.67	34,833.33		
19	501	谢伟	销售部	5000	7500	1000	1000	0	14500.00	1080	270	135	2000	180.45	12,969.55	管理人员	1月
20	502	王莉芳	销售部	800	4500	500	1700	100	7400.00	464	116	58	1000	22.86	6,797.14	销售人员	1月
21	503	黄雅静	销售部	800	4500	500	2100	50	7850.00	464	116	58	400	54.36	7,215.64	销售人员	1月
22			销售部 汇总	6600	16500	2000	4800	150	29750.00	2008	502	251	3400	257.67	26,982.33		
23	601	张星	财务部	5000	7500	1000	500	0	14000.00	1080	270	135	2000	165.45	12,484.55	财务人员	1月
24	602	朱帆	财务部	3000	4500	500	500	0	8500.00	640	160	80	1000	18.6	7,681.40	财务人员	1月
25	603	李林	财务部	800	4500	500	500	0	6300.00	464	116	58	1000	0	5,720.00	财务人员	1月
26	604	王丽	财务部	800	4500	500	0	350	5450.00	464	116	58	1000	0	4,870.00	财务人员	1月
27			财务部 汇总	9600	21000	2500	1500	350	34250.00	2648	662	331	6000	184.05	30,755.95		
28			总计	47700	112000	14500	17800	1700	190300.00	13936	3484	1742	36900	1296.1	171,583.91		

图 3-78　分类汇总结果

此表的编制还可采用数据透视表来完成，数据透视表的操作方法已经在前面任务讲解过，此处不再重复，请同学们自行尝试使用数据透视表的方法来编制分部门的工资计提表。

知识窗口

SUMIFS 函数为多条件求和函数，其语法：SUMIFS(sum_range, criteria_range1, criteria1, [criteria_range2, criteria2], ...)，如图 3-81 所示。其中，参数 sum_range 表示需要求和的实际单元格区域，可以包含数字、数字的名称、区域或单元格引用，该参数会忽略空白值和文本值；参数 criteria_range1 用于条件判断的第一个区域，必须与 sum_range 的大小和形状一致；参数 criteria1 定义对参数 criteria_range1 中哪些单元格进行求和的条件，可以是数字、表达式、单元格引用或文本；参数 criteria_range2, criteria2, ... 用于条件判断的第二个及后续区域和条件。

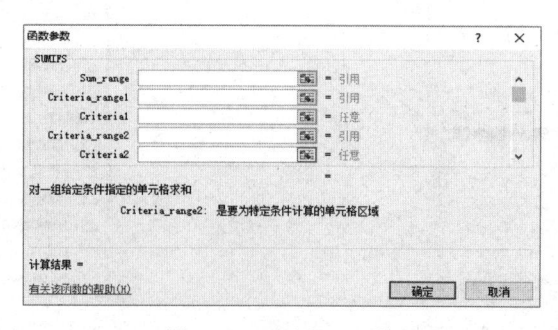

图 3-80　SUMIFS 函数

项目小结

本项目主要介绍了薪酬管理岗位的主要工作内容，包括工资及职工信息相关表格、职工考勤表、薪酬计算表、工资条、个人所得税预缴表、银行代发工资表、工资计提表等的编制。

在操作过程中，主要应用了 VLOOKUP、HLOOKUP、MAX 等 Excel 函数，以及数据的分类汇总功能。通过这些 Excel 表格功能的应用，显著提升了薪酬管理岗位的工作效率。

课后拓展

练习一：

根据表 1 红星公司各部门费用统计表，按要求编制相关表格。

要求：

1. 采用分类汇总法编制红星公司各部门产生的费用
2. 按费用类别进行费用统计，采用条件求和的方式进行。
3. 采用数据透视表法对部门费用进行统计。

表 1 红星公司各部门费用统计表

编号	日期	费用类别	部门	经办人	金额/元
hxgs001	2024/1/1	办公费	生产部	孙安琪	2,188.00
hxgs002	2024/1/2	差旅费	生产部	刘俊丹	3,625.50
hxgs003	2024/1/3	宣传费	客服部	唐丹	1,528.60
hxgs004	2024/1/4	交通费	维修中心	罗晶	2,558.00
hxgs005	2024/1/5	差旅费	生产部	赵英婕	1,236.50
hxgs006	2024/1/6	办公费	销售部	吴天化	1,478.50
hxgs007	2024/1/7	交通费	客服部	刘丹	3,214.60
hxgs008	2024/1/8	差旅费	客服部	林立	5,210.00
hxgs009	2024/1/9	办公费	销售部	孙安琪	1,258.60
hxgs010	2024/1/10	宣传费	维修中心	刘俊丹	21,452.00
hxgs011	2024/1/11	交通费	生产部	唐丹	2,122.50
hxgs012	2024/1/12	招待费	生产部	罗晶	1,236.80
hxgs013	2024/1/13	办公费	维修中心	赵英婕	1,258.70
hxgs014	2024/1/14	招待费	销售部	刘俊丹	4,210.00
hxgs015	2024/1/15	办公费	生产部	刘丹	5,230.00
hxgs016	2024/1/16	交通费	行政部	林立	6,520.00
hxgs017	2024/1/17	办公费	客服部	孙安琪	4,560.00
hxgs018	2024/1/18	招待费	维修中心	刘俊丹	2,350.00
hxgs019	2024/1/19	办公费	销售部	唐丹	1,258.80
hxgs020	2024/1/20	差旅费	生产部	罗晶	1,256.50

续表

编号	日期	费用类别	部门	经办人	金额/元
hxgs021	2024/1/21	办公费	行政部	赵英婕	2,145.80
hxgs022	2024/1/22	宣传费	客服部	刘俊丹	6,321.50
hxgs023	2024/1/23	办公费	维修中心	刘丹	1,235.50
hxgs024	2024/1/24	宣传费	销售部	林立	1,478.50
hxgs025	2024/1/25	办公费	维修中心	孙安琪	1,478.50
hxgs026	2024/1/26	宣传费	生产部	刘俊丹	6,321.50
hxgs027	2024/1/27	办公费	办公费	唐丹	20,145.50
hxgs028	2024/1/28	宣传费	宣传费	罗晶	700.00

练习二：

请你根据班级花名册（见表2），采用邮件合并的方式制作本班的座位贴，座位贴格式见表3。

表2　会计1211班花名册

班级	学号	姓名	学院
会计1211	2001233001	李萨	管理艺术学院
会计1211	2001233002	朱翔智	管理艺术学院
会计1211	2001233003	严能	管理艺术学院
会计1211	2001233004	曹侠兰	管理艺术学院
会计1211	2001233005	胡海玉	管理艺术学院
会计1211	2001233006	焦惠玲	管理艺术学院
会计1211	2001233007	向丽云	管理艺术学院
会计1211	2001233008	廖静	管理艺术学院
会计1211	2001233009	龚卉	管理艺术学院
会计1211	2001233010	饶柳	管理艺术学院
会计1211	2001233011	熊志	管理艺术学院
会计1211	2001233012	徐秀权	管理艺术学院
会计1211	2001233013	梁泉	管理艺术学院
会计1211	2001233014	杨淮	管理艺术学院
会计1211	2001233015	杨春柳	管理艺术学院
会计1211	2001233016	廖涛	管理艺术学院

表3　座位贴格式

班级	会计1211
姓名	李萨
学号	2001233001
学院	管理艺术学院

练习三：

以下是笑乐玩具公司1月份的销售情况，根据表1和表2提供的数据，利用相关函数完成表3内容的制作。

要求：运用相关函数获取玩具名称、销售数量、采购单价、销售单价，计算销售额和销售毛利，结果出现小数的保留2位小数。

表1 玩具的采购价格

玩具型号	玩具名称	单位	采购单价/（元/辆）
CAR1001	出租车	辆	15.65
CAR1002	公交车	辆	14.25
CAR1003	的士	辆	17.85
CAR1004	警车	辆	15.61
CAR1005	双层巴士	辆	18.15
CAR1006	救护车	辆	15.91
CAR1007	赛车	辆	14.31

表2 1月份销售记录表

日期	玩具销售点	玩具型号	销售数量/辆	销售单价/（元/辆）
2024/1/10	四医院销售点	CAR1001	46	65
2024/1/11	下摄司街道销售点	CAR1004	50	66
2024/1/12	四医院销售点	CAR1007	55	61
2024/1/13	一医院销售点	CAR1002	40	60
2024/1/13	下摄司街道销售点	CAR1003	47	70
2024/1/15	和平街道销售点	CAR1004	41	66
2024/1/16	木鱼湖销售点	CAR1005	45	75
2024/1/17	建设路口销售点	CAR1006	48	65
2024/1/19	区政府销售点	CAR1007	41	61
2024/1/21	下摄司街道销售点	CAR1005	56	75
2024/1/21	四医院销售点	CAR1002	60	60
2024/1/24	一医院销售点	CAR1003	71	70
2024/1/25	木鱼湖销售点	CAR1006	65	65
2024/1/29	四医院销售点	CAR1004	57	66
2024/1/31	木鱼湖销售点	CAR1007	69	61

表3 1月份销售额统计表

日期	玩具型号	玩具名称	销售数量	采购单价/（元/辆）	销售单价/（元/辆）	销售额	销售毛利
2024/1/31	CAR1001						
2024/1/31	CAR1004						
2024/1/31	CAR1002						
2024/1/31	CAR1003						
2024/1/31	CAR1005						
2024/1/31	CAR1007						
2024/1/31	CAR1006						

练习四：

金杯电缆公司员工 1 月和 2 月工资表如表 4 和表 5 所示，请运用所学函数和相关操作完成表 1 和表 2 中应发工资、预缴个税、实发工资的计算。

表 4　1 月工资表

单位：元

员工代码	姓名	部门	性别	员工类别	基本工资	岗位工资	奖金	应发工资	专项扣除	专项附加扣除	1 月份预缴个税	实发工资
HX001	罗旺	市场部	男	销售人员	4,500	1,500	2,800		528	1,000		
HX002	刘鑫	市场部	男	销售人员	4,000	1,500	2,800		498	1,000		
HX003	刘伟	市场部	女	销售人员	3,700	1,500	2,800		480			
HX004	向丽云	市场部	男	销售人员	3,500	1,500	2,800		468	1,000		
HX005	曹侠兰	生产综合部	男	生产人员	3,400	1,100	2,500		420			
HX006	蒋建邦	生产综合部	男	生产人员	3,600	1,100	2,500		432			
HX007	陈南新	生产综合部	男	生产人员	3,500	1,100	2,500		426			
HX008	朱亚兰	生产综合部	男	生产人员	4,600	1,100	2,500		492	1,000		
HX009	张昭	生产综合部	女	生产人员	4,200	1,100	2,500		468			
HX010	曾佳晨	质控部	男	技术人员	4,500	1,600	2,500		516			
HX011	胡海玉	质控部	女	技术人员	4,600	1,600	2,500		522	1,000		
HX012	焦惠玲	质控部	男	技术人员	4,400	1,600	2,500		510	1,000		
HX013	王忠丙	质控部	男	技术人员	3,900	1,600	2,500		480			
HX014	李萨	质控部	男	技术人员	4,200	1,600	2,500		498			
HX015	朱翔智	财务部	男	管理人员	6,000	1,900	3,300		672			
HX016	严能	财务部	男	管理人员	5,200	1,900	3,300		624			

表5 2月份工资表

单位：元

员工代码	姓名	部门	性别	员工类别	基本工资	岗位工资	奖金	应发工资	专项扣除	专项附加扣除	2月份预缴个税	实发工资
HX001	罗旺	市场部	男	销售人员	4,500	1,500	2,350		528	1,000		
HX002	刘鑫	市场部	男	销售人员	4,000	1,500	2,350		498	1,000		
HX003	刘伟	市场部	女	销售人员	3,700	1,500	2,350		480			
HX004	向丽云	市场部	男	销售人员	3,500	1,500	2,350		468	1,000		
HX005	曹侠兰	生产综合部	男	生产人员	3,400	1,100	2,050		420			
HX006	蒋建邦	生产综合部	男	生产人员	3,600	1,100	2,050		432			
HX007	陈南新	生产综合部	男	生产人员	3,500	1,100	2,050		426			
HX008	朱亚兰	生产综合部	男	生产人员	4,600	1,100	2,050		492	1,000		
HX009	张昭	生产综合部	女	生产人员	4,200	1,100	2,050		468			
HX010	曾佳晨	质控部	男	技术人员	4,500	1,600	2,050		516			
HX011	胡海玉	质控部	女	技术人员	4,600	1,600	2,050		522	1,000		
HX012	焦惠玲	质控部	男	技术人员	4,400	1,600	2,050		510	1,000		
HX013	王忠丙	质控部	男	技术人员	3,900	1,600	2,050		480			
HX014	李萨	质控部	男	技术人员	4,200	1,600	2,050		498			
HX015	朱翔智	财务部	男	管理人员	6,000	1,900	2,850		672			
HX016	严能	财务部	男	管理人员	5,200	1,900	2,850		624			

项目四

税务会计岗位

任务一　汇总年度工资薪金

任务目标

1. 知识目标

（1）掌握年度工资薪金汇总的方法。
（2）掌握合并计算的作用。

2. 能力目标

（1）能进行合并计算操作。
（2）能进行个人所得税计算的数据整理。

3. 素养目标

（1）培养学生自主学习会计信息化新知识、新技能的能力。
（2）培养学生的沟通协调能力和动手能力。
（3）培养学生的社会责任感、团队精神和协作精神。
（4）培养学生的爱国主义情感、社会主义核心价值观念。

微课视频
合并计算

任务导入

会计李林整理了利达公司 1—12 月职工工资明细表，请使用 Excel 帮他进行职工年度工资薪金汇总，为个人所得税的汇算清缴作准备。

任务实施

(1) 在电脑桌面新建名为"利达公司综合所得合并计算.xlsx"的工作簿。打开工作簿，将"Sheet1"重命名为"年度专项附加扣除"。

(2) 打开"利达公司2024年1月薪酬管理岗位.xlsx"的工作簿，复制"专项附加扣除表"内容到"利达公司综合所得合并计算.xlsx"工作簿的"年度专项附加扣除"工作表中，如图4-1所示。

编号	姓名	部门	子女教育	继续教育	大病医疗	住房贷款利息	住房租金	赡养老人	合计（每月）
\multicolumn{10}{c}{专项附加扣除表}								
101	吴国勇	办公室	2000					1500	3500
102	周典	办公室	2000					1500	3500
103	李文玲	办公室	2000					3000	5000
201	王灿	采购部	2000					1500	3500
202	屈浩	采购部						1500	1500
203	严艳	采购部	1000						1000
301	杨小静	技术部						1500	1500
302	王少波	技术部	2000						2000
303	赵婷婷	技术部	2000					1000	3000
401	张栋	生产部						1000	1000
402	朱晴	生产部							
403	冯志辉	生产部	1000						1000
404	王辉	生产部	1000						1000
501	谢伟	销售部	1000			1000			2000
502	王莉芳	销售部	1000						1000
503	黄雅静	销售部		400					400
601	张星	财务部	2000						2000
602	朱帆	财务部	2000						2000
603	李林	财务部	1000						1000
604	王丽	财务部				1000			1000

图4-1　专项附加扣除表

(3) 在K2单元格输入"全年"，在K3单元格输入"=J3*13"，敲回车确定，双击鼠标填充下面的单元格，如图4-2所示。最后将A2:k22单元格区域定义名称为"年度专项附加扣除"。

编号	姓名	部门	子女教育	继续教育	大病医疗	住房贷款利息	住房租金	赡养老人	合计（每月）	全年
\multicolumn{11}{c}{专项附加扣除表}									
101	吴国勇	办公室	2,000.00					1,500.00	3,500.00	42,000.00
102	周典	办公室	2,000.00					1,500.00	3,500.00	42,000.00
103	李文玲	办公室	2,000.00					3,000.00	5,000.00	60,000.00
201	王灿	采购部	2,000.00					1,500.00	3,500.00	42,000.00
202	屈浩	采购部						1,500.00	1,500.00	18,000.00
203	严艳	采购部	1,000.00						1,000.00	12,000.00
301	杨小静	技术部						1,500.00	1,500.00	18,000.00
302	王少波	技术部	2,000.00						2,000.00	24,000.00
303	赵婷婷	技术部	2,000.00					1,000.00	3,000.00	36,000.00
401	张栋	生产部						1,000.00	1,000.00	12,000.00
402	朱晴	生产部								
403	冯志辉	生产部	1,000.00						1,000.00	12,000.00
404	王辉	生产部	1,000.00						1,000.00	12,000.00
501	谢伟	销售部	1,000.00			1,000.00			2,000.00	24,000.00
502	王莉芳	销售部	1,000.00						1,000.00	12,000.00
503	黄雅静	销售部		400.00					400.00	4,800.00
601	张星	财务部	2,000.00						2,000.00	24,000.00
602	朱帆	财务部	2,000.00						2,000.00	24,000.00
603	李林	财务部	1,000.00						1,000.00	12,000.00
604	王丽	财务部				1,000.00			1,000.00	12,000.00

图4-2　计算结果

（4）将"Sheet2"重命名为"1月"、"Sheet3"重命名为"2月"，新增10个工作表，依次重命名为：3月、4月、5月、6月、7月、8月、9月、10月、11月、12月。将每月工资表数据输入到对应的工作表中，如图4-3至图4-14所示。

编号	姓名	部门	基本工资	岗位工资	津贴	计件工资	考勤扣款	应发工资	养老保险	医疗保险	失业保险	专项附加扣除	人员类别	月份
101	吴国勇	办公室	5,000.00	8,500.00	2,000.00	0.00	600.00	14,900.00	1,240.00	310.00	155.00	3,500.00	管理人员	1月
103	李文玲	办公室	800.00	4,500.00	500.00	0.00	50.00	5,750.00	464.00	116.00	58.00	5,000.00	管理人员	1月
201	王灿	采购部	5,000.00	7,500.00	1,000.00	500.00	0.00	14,000.00	1,080.00	270.00	135.00	3,500.00	采购人员	1月
202	屈浩	采购部	800.00	4,500.00	500.00	500.00	0.00	6,300.00	464.00	116.00	58.00	1,500.00	采购人员	1月
203	严艳	采购部	800.00	4,500.00	500.00	0.00	150.00	5,650.00	464.00	116.00	58.00	1,000.00	采购人员	1月
301	杨小静	技术部	2,500.00	7,500.00	1,000.00	600.00	0.00	11,600.00	880.00	220.00	110.00	1,500.00	技术人员	1月
302	王少波	技术部	5,000.00	4,500.00	500.00	0.00	200.00	9,800.00	800.00	200.00	100.00	2,000.00	技术人员	1月
303	赵婷婷	技术部	2,500.00	4,500.00	500.00	600.00	0.00	8,100.00	600.00	150.00	75.00	3,000.00	技术人员	1月
401	张栋	生产部	2,500.00	7,500.00	1,000.00	2,800.00	0.00	13,800.00	880.00	220.00	110.00	1,500.00	管理人员	1月
402	朱晴	生产部	2,500.00	4,500.00	500.00	1,800.00	150.00	9,150.00	600.00	150.00	75.00	0.00	生产人员	1月
403	冯志辉	生产部	800.00	4,500.00	500.00	2,300.00	50.00	8,050.00	464.00	116.00	58.00	1,000.00	生产人员	1月
404	王辉	生产部	800.00	4,500.00	500.00	3,200.00	0.00	9,000.00	464.00	116.00	58.00	1,000.00	生产人员	1月
501	谢伟	销售部	5,000.00	7,500.00	1,000.00	2,050.00	0.00	15,550.00	1,080.00	270.00	135.00	2,000.00	销售人员	1月
502	王莉芳	销售部	800.00	4,500.00	500.00	1,700.00	100.00	7,400.00	464.00	116.00	58.00	1,000.00	销售人员	1月
503	黄雅静	销售部	800.00	4,500.00	500.00	2,100.00	50.00	7,850.00	464.00	116.00	58.00	400.00	销售人员	1月
601	张星	财务部	5,000.00	7,500.00	1,000.00	500.00	0.00	14,000.00	1,080.00	270.00	135.00	2,000.00	财务人员	1月
602	朱帆	财务部	3,000.00	4,500.00	500.00	500.00	0.00	8,500.00	640.00	160.00	80.00	2,000.00	财务人员	1月
603	李林	财务部	800.00	4,500.00	500.00	500.00	0.00	6,300.00	464.00	116.00	58.00	1,000.00	财务人员	1月
604	王丽	财务部	800.00	4,500.00	500.00	0.00	350.00	5,450.00	464.00	116.00	58.00	1,000.00	财务人员	1月
102	周典	办公室	2,500.00	7,500.00	1,000.00	1,000.00	0.00	12,000.00	880.00	220.00	110.00	3,500.00	管理人员	1月

图4-3　1月工资表

编号	姓名	部门	基本工资	岗位工资	津贴	计件工资	考勤扣款	应发工资	养老保险	医疗保险	失业保险	专项附加扣除	人员类别	月份
101	吴国勇	办公室	5,000.00	8,500.00	2,000.00	1,000.00	0.00	16,500.00	1,240.00	310.00	155.00	3,500.00	管理人员	2月
102	周典	办公室	2,500.00	7,500.00	1,000.00	0.00	150.00	10,850.00	880.00	220.00	110.00	3,500.00	管理人员	2月
103	李文玲	办公室	800.00	4,500.00	500.00	1,000.00	0.00	6,800.00	464.00	116.00	58.00	5,000.00	管理人员	2月
201	王灿	采购部	5,000.00	7,500.00	1,000.00	500.00	0.00	14,000.00	1,080.00	270.00	135.00	3,500.00	采购人员	2月
202	屈浩	采购部	800.00	4,500.00	500.00	0.00	100.00	5,700.00	464.00	116.00	58.00	1,500.00	采购人员	2月
203	严艳	采购部	800.00	4,500.00	500.00	500.00	0.00	6,300.00	464.00	116.00	58.00	1,000.00	采购人员	2月
301	杨小静	技术部	2,500.00	7,500.00	1,000.00	600.00	0.00	11,600.00	880.00	220.00	110.00	1,500.00	技术人员	2月
302	王少波	技术部	5,000.00	4,500.00	500.00	0.00	250.00	9,750.00	800.00	200.00	100.00	2,000.00	技术人员	2月
303	赵婷婷	技术部	2,500.00	4,500.00	500.00	600.00	0.00	8,100.00	600.00	150.00	75.00	3,000.00	技术人员	2月
401	张栋	生产部	2,500.00	7,500.00	1,000.00	1,600.00	0.00	12,600.00	880.00	220.00	110.00	1,500.00	管理人员	2月
402	朱晴	生产部	2,500.00	4,500.00	500.00	3,400.00	0.00	10,900.00	600.00	150.00	75.00	0.00	生产人员	2月
403	冯志辉	生产部	800.00	4,500.00	500.00	1,700.00	300.00	7,200.00	464.00	116.00	58.00	1,000.00	生产人员	2月
404	王辉	生产部	800.00	4,500.00	500.00	2,600.00	0.00	8,400.00	464.00	116.00	58.00	1,000.00	生产人员	2月
501	谢伟	销售部	5,000.00	7,500.00	1,000.00	4,400.00	150.00	17,750.00	1,080.00	270.00	135.00	2,000.00	管理人员	2月
502	王莉芳	销售部	800.00	4,500.00	500.00	2,000.00	0.00	7,800.00	464.00	116.00	58.00	1,000.00	销售人员	2月
503	黄雅静	销售部	800.00	4,500.00	500.00	3,500.00	0.00	9,300.00	464.00	116.00	58.00	400.00	销售人员	2月
601	张星	财务部	5,000.00	7,500.00	1,000.00	500.00	0.00	14,000.00	1,080.00	270.00	135.00	2,000.00	财务人员	2月
602	朱帆	财务部	3,000.00	4,500.00	500.00	0.00	100.00	7,900.00	640.00	160.00	80.00	2,000.00	财务人员	2月
603	李林	财务部	800.00	4,500.00	500.00	500.00	0.00	6,300.00	464.00	116.00	58.00	1,000.00	财务人员	2月
604	王丽	财务部	800.00	4,500.00	500.00	0.00	350.00	5,450.00	464.00	116.00	58.00	1,000.00	财务人员	2月

图4-4　2月工资表

编号	姓名	部门	基本工资	岗位工资	津贴	计件工资	考勤扣款	应发工资	养老保险	医疗保险	失业保险	专项附加扣除	人员类别	月份
101	吴国勇	办公室	5,000.00	8,500.00	2,000.00	0.00	100.00	15,400.00	1,240.00	310.00	155.00	3,500.00	管理人员	3月
102	周典	办公室	2,500.00	7,500.00	1,000.00	1,000.00	0.00	12,000.00	880.00	220.00	110.00	3,500.00	管理人员	3月
103	李文玲	办公室	800.00	4,500.00	500.00	1,000.00	0.00	6,800.00	464.00	116.00	58.00	5,000.00	管理人员	3月
201	王灿	采购部	5,000.00	7,500.00	1,000.00	500.00	0.00	14,000.00	1,080.00	270.00	135.00	3,500.00	采购人员	3月
202	屈浩	采购部	800.00	4,500.00	500.00	500.00	0.00	6,300.00	464.00	116.00	58.00	1,500.00	采购人员	3月
203	严艳	采购部	800.00	4,500.00	500.00	0.00	300.00	5,500.00	464.00	116.00	58.00	1,000.00	采购人员	3月
301	杨小静	技术部	2,500.00	7,500.00	1,000.00	600.00	0.00	11,600.00	880.00	220.00	110.00	1,500.00	技术人员	3月
302	王少波	技术部	5,000.00	4,500.00	500.00	600.00	0.00	10,600.00	800.00	200.00	100.00	2,000.00	技术人员	3月
303	赵婷婷	技术部	2,500.00	4,500.00	500.00	0.00	200.00	7,300.00	600.00	150.00	75.00	3,000.00	技术人员	3月
401	张栋	生产部	2,500.00	7,500.00	1,000.00	3,200.00	150.00	14,050.00	880.00	220.00	110.00	1,500.00	管理人员	3月
402	朱晴	生产部	2,500.00	4,500.00	500.00	1,900.00	0.00	9,400.00	600.00	150.00	75.00	0.00	生产人员	3月
403	冯志辉	生产部	800.00	4,500.00	500.00	2,400.00	0.00	8,200.00	464.00	116.00	58.00	1,000.00	生产人员	3月
404	王辉	生产部	800.00	4,500.00	500.00	2,800.00	150.00	8,450.00	464.00	116.00	58.00	1,000.00	生产人员	3月
501	谢伟	销售部	5,000.00	7,500.00	1,000.00	1,700.00	0.00	15,200.00	1,080.00	270.00	135.00	2,000.00	销售人员	3月
502	王莉芳	销售部	800.00	4,500.00	500.00	3,500.00	0.00	9,300.00	464.00	116.00	58.00	1,000.00	销售人员	3月
503	黄雅静	销售部	800.00	4,500.00	500.00	2,600.00	0.00	8,400.00	464.00	116.00	58.00	400.00	销售人员	3月
601	张星	财务部	5,000.00	7,500.00	1,000.00	500.00	0.00	13,400.00	1,080.00	270.00	135.00	2,000.00	财务人员	3月
602	朱帆	财务部	3,000.00	4,500.00	500.00	500.00	0.00	8,500.00	640.00	160.00	80.00	2,000.00	财务人员	3月
603	李林	财务部	800.00	4,500.00	500.00	0.00	350.00	5,450.00	464.00	116.00	58.00	1,000.00	财务人员	3月
604	王丽	财务部	800.00	4,500.00	500.00	500.00	0.00	6,300.00	464.00	116.00	58.00	1,000.00	财务人员	3月

图4-5　3月工资表

编号	姓名	部门	基本工资	岗位工资	津贴	计件工资	考勤扣款	应发工资	养老保险	医疗保险	失业保险	专项附加扣除	人员类别	月份
101	吴国勇	办公室	5,000.00	8,500.00	2,000.00	1,000.00	0.00	16,500.00	1,240.00	310.00	155.00	3,500.00	管理人员	4月
102	周典	办公室	2,500.00	7,500.00	1,000.00	0.00	150.00	10,850.00	880.00	220.00	110.00	3,500.00	管理人员	4月
103	李文玲	办公室	800.00	4,500.00	500.00	1,000.00	0.00	6,800.00	464.00	116.00	58.00	5,000.00	管理人员	4月
201	王灿	采购部	5,000.00	7,500.00	1,000.00	0.00	50.00	13,450.00	1,080.00	270.00	135.00	3,500.00	采购人员	4月
202	屈浩	采购部	800.00	4,500.00	500.00	500.00	0.00	6,300.00	464.00	116.00	58.00	1,500.00	采购人员	4月
203	严艳	采购部	800.00	4,500.00	500.00	500.00	0.00	6,300.00	464.00	116.00	58.00	1,000.00	采购人员	4月
301	杨小静	技术部	2,500.00	7,500.00	1,000.00	600.00	0.00	11,600.00	880.00	220.00	110.00	1,500.00	技术人员	4月
302	王少波	技术部	5,000.00	4,500.00	500.00	0.00	250.00	9,750.00	800.00	200.00	100.00	2,000.00	技术人员	4月
303	赵婷婷	技术部	2,500.00	4,500.00	500.00	600.00	0.00	8,100.00	600.00	150.00	75.00	3,000.00	技术人员	4月
401	张栋	生产部	2,500.00	7,500.00	1,000.00	2,800.00	300.00	13,500.00	880.00	220.00	110.00	1,000.00	管理人员	4月
402	朱晴	生产部	2,500.00	4,500.00	500.00	1,800.00	0.00	9,300.00	600.00	150.00	75.00	0.00	生产人员	4月
403	冯志辉	生产部	800.00	4,500.00	500.00	2,300.00	0.00	8,100.00	464.00	116.00	58.00	1,000.00	生产人员	4月
404	王辉	生产部	800.00	4,500.00	500.00	3,200.00	0.00	9,000.00	464.00	116.00	58.00	1,000.00	生产人员	4月
501	谢伟	销售部	5,000.00	7,500.00	1,000.00	2,050.00	0.00	15,550.00	1,080.00	270.00	135.00	2,000.00	管理人员	4月
502	王莉芳	销售部	800.00	4,500.00	500.00	1,700.00	500.00	7,000.00	464.00	116.00	58.00	1,000.00	销售人员	4月
503	黄雅静	销售部	800.00	4,500.00	500.00	2,100.00	0.00	7,900.00	464.00	116.00	58.00	400.00	销售人员	4月
601	张星	财务部	5,000.00	7,500.00	1,000.00	500.00	0.00	14,000.00	1,080.00	270.00	135.00	2,000.00	财务人员	4月
602	朱帆	财务部	3,000.00	4,500.00	500.00	0.00	450.00	7,550.00	640.00	160.00	80.00	2,000.00	财务人员	4月
603	李林	财务部	800.00	4,500.00	500.00	500.00	0.00	6,300.00	464.00	116.00	58.00	1,000.00	财务人员	4月
604	王丽	财务部	800.00	4,500.00	500.00	500.00	0.00	6,300.00	464.00	116.00	58.00	1,000.00	财务人员	4月

图 4-6　4月工资表

编号	姓名	部门	基本工资	岗位工资	津贴	计件工资	考勤扣款	应发工资	养老保险	医疗保险	失业保险	专项附加扣除	人员类别	月份
101	吴国勇	办公室	5,000.00	8,500.00	2,000.00	1,000.00	0.00	16,500.00	1,240.00	310.00	155.00	3,500.00	管理人员	5月
102	周典	办公室	2,500.00	7,500.00	1,000.00	0.00	600.00	10,400.00	880.00	220.00	110.00	3,500.00	管理人员	5月
103	李文玲	办公室	800.00	4,500.00	500.00	1,000.00	0.00	6,800.00	464.00	116.00	58.00	5,000.00	管理人员	5月
201	王灿	采购部	5,000.00	7,500.00	1,000.00	500.00	0.00	14,000.00	1,080.00	270.00	135.00	3,500.00	采购人员	5月
202	屈浩	采购部	800.00	4,500.00	500.00	0.00	100.00	5,700.00	464.00	116.00	58.00	1,500.00	采购人员	5月
203	严艳	采购部	800.00	4,500.00	500.00	500.00	0.00	6,300.00	464.00	116.00	58.00	1,000.00	采购人员	5月
301	杨小静	技术部	2,500.00	7,500.00	1,000.00	600.00	0.00	11,600.00	880.00	220.00	110.00	1,500.00	技术人员	5月
302	王少波	技术部	5,000.00	4,500.00	500.00	0.00	450.00	9,550.00	800.00	200.00	100.00	2,000.00	技术人员	5月
303	赵婷婷	技术部	2,500.00	4,500.00	500.00	600.00	0.00	8,100.00	600.00	150.00	75.00	3,000.00	技术人员	5月
401	张栋	生产部	2,500.00	7,500.00	1,000.00	1,500.00	0.00	12,500.00	880.00	220.00	110.00	1,000.00	管理人员	5月
402	朱晴	生产部	2,500.00	4,500.00	500.00	3,200.00	0.00	10,700.00	600.00	150.00	75.00	0.00	生产人员	5月
403	冯志辉	生产部	800.00	4,500.00	500.00	2,700.00	150.00	8,350.00	464.00	116.00	58.00	1,000.00	生产人员	5月
404	王辉	生产部	800.00	4,500.00	500.00	2,600.00	0.00	8,400.00	464.00	116.00	58.00	1,000.00	生产人员	5月
501	谢伟	销售部	5,000.00	7,500.00	1,000.00	3,400.00	0.00	16,900.00	1,080.00	270.00	135.00	2,000.00	管理人员	5月
502	王莉芳	销售部	800.00	4,500.00	500.00	1,900.00	0.00	7,700.00	464.00	116.00	58.00	1,000.00	销售人员	5月
503	黄雅静	销售部	800.00	4,500.00	500.00	2,300.00	0.00	8,100.00	464.00	116.00	58.00	400.00	销售人员	5月
601	张星	财务部	5,000.00	7,500.00	1,000.00	0.00	350.00	13,150.00	1,080.00	270.00	135.00	2,000.00	财务人员	5月
602	朱帆	财务部	3,000.00	4,500.00	500.00	500.00	0.00	8,500.00	640.00	160.00	80.00	2,000.00	财务人员	5月
603	李林	财务部	800.00	4,500.00	500.00	0.00	150.00	5,650.00	464.00	116.00	58.00	1,000.00	财务人员	5月
604	王丽	财务部	800.00	4,500.00	500.00	500.00	0.00	6,300.00	464.00	116.00	58.00	1,000.00	财务人员	5月

图 4-7　5月工资表

编号	姓名	部门	基本工资	岗位工资	津贴	计件工资	考勤扣款	应发工资	养老保险	医疗保险	失业保险	专项附加扣除	人员类别	月份
101	吴国勇	办公室	5,000.00	8,500.00	2,000.00	1,000.00	0.00	16,500.00	1,240.00	310.00	155.00	3,500.00	管理人员	6月
102	周典	办公室	2,500.00	7,500.00	1,000.00	1,000.00	0.00	12,000.00	880.00	220.00	110.00	3,500.00	管理人员	6月
103	李文玲	办公室	800.00	4,500.00	500.00	0.00	150.00	5,650.00	464.00	116.00	58.00	5,000.00	管理人员	6月
201	王灿	采购部	5,000.00	7,500.00	1,000.00	500.00	0.00	14,000.00	1,080.00	270.00	135.00	3,500.00	采购人员	6月
202	屈浩	采购部	800.00	4,500.00	500.00	0.00	200.00	5,600.00	464.00	116.00	58.00	1,500.00	采购人员	6月
203	严艳	采购部	800.00	4,500.00	500.00	500.00	0.00	6,300.00	464.00	116.00	58.00	1,000.00	采购人员	6月
301	杨小静	技术部	2,500.00	7,500.00	1,000.00	600.00	0.00	11,600.00	880.00	220.00	110.00	1,500.00	技术人员	6月
302	王少波	技术部	5,000.00	4,500.00	500.00	0.00	0.00	10,000.00	800.00	200.00	100.00	2,000.00	技术人员	6月
303	赵婷婷	技术部	2,500.00	4,500.00	500.00	600.00	0.00	8,100.00	600.00	150.00	75.00	3,000.00	技术人员	6月
401	张栋	生产部	2,500.00	7,500.00	1,000.00	2,500.00	300.00	13,200.00	880.00	220.00	110.00	1,000.00	管理人员	6月
402	朱晴	生产部	2,500.00	4,500.00	500.00	2,900.00	0.00	10,400.00	600.00	150.00	75.00	0.00	生产人员	6月
403	冯志辉	生产部	800.00	4,500.00	500.00	3,100.00	0.00	8,900.00	464.00	116.00	58.00	1,000.00	生产人员	6月
404	王辉	生产部	800.00	4,500.00	500.00	4,200.00	50.00	9,950.00	464.00	116.00	58.00	1,000.00	生产人员	6月
501	谢伟	销售部	5,000.00	7,500.00	1,000.00	3,050.00	0.00	16,550.00	1,080.00	270.00	135.00	2,000.00	管理人员	6月
502	王莉芳	销售部	800.00	4,500.00	500.00	2,100.00	0.00	7,900.00	464.00	116.00	58.00	1,000.00	销售人员	6月
503	黄雅静	销售部	800.00	4,500.00	500.00	3,200.00	0.00	9,000.00	464.00	116.00	58.00	400.00	销售人员	6月
601	张星	财务部	5,000.00	7,500.00	1,000.00	0.00	350.00	13,150.00	1,080.00	270.00	135.00	2,000.00	财务人员	6月
602	朱帆	财务部	3,000.00	4,500.00	500.00	500.00	0.00	8,500.00	640.00	160.00	80.00	2,000.00	财务人员	6月
603	李林	财务部	800.00	4,500.00	500.00	500.00	0.00	6,300.00	464.00	116.00	58.00	1,000.00	财务人员	6月
604	王丽	财务部	800.00	4,500.00	500.00	500.00	0.00	6,300.00	464.00	116.00	58.00	1,000.00	财务人员	6月

图 4-8　6月工资表

Excel 在会计和财务中的应用

编号	姓名	部门	基本工资	岗位工资	津贴	计件工资	考勤扣款	应发工资	养老保险	医疗保险	失业保险	专项附加扣除	人员类别	月份
101	吴国勇	办公室	5,000.00	8,500.00	2,000.00	1,000.00	0.00	16,500.00	1,240.00	310.00	155.00	3,500.00	管理人员	7月
102	周典	办公室	2,500.00	7,500.00	1,000.00	1,000.00	0.00	12,000.00	880.00	220.00	110.00	3,500.00	管理人员	7月
103	李文玲	办公室	800.00	4,500.00	500.00	1,000.00	0.00	6,800.00	464.00	116.00	58.00	5,000.00	管理人员	7月
201	王灿	采购部	5,000.00	7,500.00	1,000.00	0.00	200.00	13,300.00	1,080.00	270.00	135.00	3,500.00	采购人员	7月
202	屈浩	采购部	800.00	4,500.00	500.00	500.00	0.00	6,300.00	464.00	116.00	58.00	1,500.00	采购人员	7月
203	严艳	采购部	800.00	4,500.00	500.00	0.00	250.00	5,550.00	464.00	116.00	58.00	1,000.00	采购人员	7月
301	杨小静	技术部	2,500.00	7,500.00	1,000.00	600.00	0.00	11,600.00	880.00	220.00	110.00	1,500.00	技术人员	7月
302	王少波	技术部	5,000.00	4,500.00	500.00	600.00	0.00	10,600.00	800.00	200.00	100.00	2,000.00	技术人员	7月
303	赵婷婷	技术部	2,500.00	4,500.00	500.00	600.00	0.00	8,100.00	600.00	150.00	75.00	3,000.00	技术人员	7月
401	张栋	生产部	2,500.00	7,500.00	1,000.00	2,800.00	150.00	13,650.00	880.00	220.00	110.00	1,000.00	生产人员	7月
402	朱晴	生产部	2,500.00	4,500.00	500.00	1,900.00	0.00	9,400.00	600.00	150.00	75.00	0.00	生产人员	7月
403	冯志辉	生产部	800.00	4,500.00	500.00	3,200.00	0.00	9,000.00	464.00	116.00	58.00	1,000.00	生产人员	7月
404	王辉	生产部	800.00	4,500.00	500.00	2,600.00	0.00	8,400.00	464.00	116.00	58.00	1,000.00	生产人员	7月
501	谢伟	销售部	5,000.00	7,500.00	1,000.00	3,050.00	50.00	16,500.00	1,080.00	270.00	135.00	2,000.00	管理人员	7月
502	王莉芳	销售部	800.00	4,500.00	500.00	2,100.00	0.00	7,900.00	464.00	116.00	58.00	1,000.00	销售人员	7月
503	黄雅静	销售部	800.00	4,500.00	500.00	3,200.00	0.00	9,000.00	464.00	116.00	58.00	400.00	销售人员	7月
601	张星	财务部	5,000.00	7,500.00	1,000.00	0.00	300.00	13,200.00	1,080.00	270.00	135.00	2,000.00	财务人员	7月
602	朱帆	财务部	3,000.00	4,500.00	500.00	500.00	0.00	8,500.00	640.00	160.00	80.00	1,000.00	财务人员	7月
603	李林	财务部	800.00	4,500.00	500.00	500.00	0.00	6,300.00	464.00	116.00	58.00	1,000.00	财务人员	7月
604	王丽	财务部	800.00	4,500.00	500.00	500.00	0.00	6,300.00	464.00	116.00	58.00	1,000.00	财务人员	7月

图 4-9　7 月工资表

编号	姓名	部门	基本工资	岗位工资	津贴	计件工资	考勤扣款	应发工资	养老保险	医疗保险	失业保险	专项附加扣除	人员类别	月份
101	吴国勇	办公室	5,000.00	8,500.00	2,000.00	0.00	100.00	15,400.00	1,240.00	310.00	155.00	3,500.00	管理人员	8月
102	周典	办公室	2,500.00	7,500.00	1,000.00	1,000.00	0.00	12,000.00	880.00	220.00	110.00	3,500.00	管理人员	8月
103	李文玲	办公室	800.00	4,500.00	500.00	1,000.00	0.00	6,800.00	464.00	116.00	58.00	5,000.00	管理人员	8月
201	王灿	采购部	5,000.00	7,500.00	1,000.00	500.00	0.00	14,000.00	1,080.00	270.00	135.00	3,500.00	采购人员	8月
202	屈浩	采购部	800.00	4,500.00	500.00	0.00	350.00	5,450.00	464.00	116.00	58.00	1,500.00	采购人员	8月
203	严艳	采购部	800.00	4,500.00	500.00	500.00	0.00	6,300.00	464.00	116.00	58.00	1,000.00	采购人员	8月
301	杨小静	技术部	2,500.00	7,500.00	1,000.00	600.00	0.00	11,600.00	880.00	220.00	110.00	1,500.00	技术人员	8月
302	王少波	技术部	5,000.00	4,500.00	500.00	0.00	100.00	9,900.00	800.00	200.00	100.00	2,000.00	技术人员	8月
303	赵婷婷	技术部	2,500.00	4,500.00	500.00	600.00	0.00	8,100.00	600.00	150.00	75.00	3,000.00	技术人员	8月
401	张栋	生产部	2,500.00	7,500.00	1,000.00	1,800.00	0.00	12,800.00	880.00	220.00	110.00	1,000.00	管理人员	8月
402	朱晴	生产部	2,500.00	4,500.00	500.00	2,700.00	250.00	9,950.00	600.00	150.00	75.00	0.00	生产人员	8月
403	冯志辉	生产部	800.00	4,500.00	500.00	3,700.00	0.00	9,500.00	464.00	116.00	58.00	1,000.00	生产人员	8月
404	王辉	生产部	800.00	4,500.00	500.00	2,900.00	0.00	8,700.00	464.00	116.00	58.00	1,000.00	生产人员	8月
501	谢伟	销售部	5,000.00	7,500.00	1,000.00	3,020.00	0.00	16,520.00	1,080.00	270.00	135.00	2,000.00	管理人员	8月
502	王莉芳	销售部	800.00	4,500.00	500.00	2,100.00	50.00	7,850.00	464.00	116.00	58.00	1,000.00	销售人员	8月
503	黄雅静	销售部	800.00	4,500.00	500.00	3,200.00	0.00	9,000.00	464.00	116.00	58.00	400.00	销售人员	8月
601	张星	财务部	5,000.00	7,500.00	1,000.00	500.00	0.00	14,000.00	1,080.00	270.00	135.00	2,000.00	财务人员	8月
602	朱帆	财务部	3,000.00	4,500.00	500.00	500.00	0.00	8,500.00	640.00	160.00	80.00	2,000.00	财务人员	8月
603	李林	财务部	800.00	4,500.00	500.00	500.00	0.00	6,300.00	464.00	116.00	58.00	1,000.00	财务人员	8月
604	王丽	财务部	800.00	4,500.00	500.00	0.00	100.00	5,700.00	464.00	116.00	58.00	1,000.00	财务人员	8月

图 4-10　8 月工资表

编号	姓名	部门	基本工资	岗位工资	津贴	计件工资	考勤扣款	应发工资	养老保险	医疗保险	失业保险	专项附加扣除	人员类别	月份
101	吴国勇	办公室	5,000.00	8,500.00	2,000.00	1,000.00	0.00	16,500.00	1,240.00	310.00	155.00	3,500.00	管理人员	9月
102	周典	办公室	2,500.00	7,500.00	1,000.00	1,000.00	0.00	12,000.00	880.00	220.00	110.00	3,500.00	管理人员	9月
103	李文玲	办公室	800.00	4,500.00	500.00	0.00	150.00	5,650.00	464.00	116.00	58.00	5,000.00	管理人员	9月
201	王灿	采购部	5,000.00	7,500.00	1,000.00	500.00	0.00	14,000.00	1,080.00	270.00	135.00	3,500.00	采购人员	9月
202	屈浩	采购部	800.00	4,500.00	500.00	500.00	0.00	6,300.00	464.00	116.00	58.00	1,500.00	采购人员	9月
203	严艳	采购部	800.00	4,500.00	500.00	500.00	0.00	6,300.00	464.00	116.00	58.00	1,000.00	采购人员	9月
301	杨小静	技术部	2,500.00	7,500.00	1,000.00	600.00	0.00	11,600.00	880.00	220.00	110.00	1,500.00	技术人员	9月
302	王少波	技术部	5,000.00	4,500.00	500.00	0.00	400.00	9,600.00	800.00	200.00	100.00	2,000.00	技术人员	9月
303	赵婷婷	技术部	2,500.00	4,500.00	500.00	600.00	0.00	8,100.00	600.00	150.00	75.00	3,000.00	技术人员	9月
401	张栋	生产部	2,500.00	7,500.00	1,000.00	2,700.00	0.00	13,700.00	880.00	220.00	110.00	1,000.00	管理人员	9月
402	朱晴	生产部	2,500.00	4,500.00	500.00	1,900.00	0.00	9,400.00	600.00	150.00	75.00	0.00	生产人员	9月
403	冯志辉	生产部	800.00	4,500.00	500.00	2,300.00	250.00	7,850.00	464.00	116.00	58.00	1,000.00	生产人员	9月
404	王辉	生产部	800.00	4,500.00	500.00	2,650.00	0.00	8,450.00	464.00	116.00	58.00	1,000.00	生产人员	9月
501	谢伟	销售部	5,000.00	7,500.00	1,000.00	3,400.00	100.00	16,800.00	1,080.00	270.00	135.00	2,000.00	管理人员	9月
502	王莉芳	销售部	800.00	4,500.00	500.00	2,050.00	0.00	7,850.00	464.00	116.00	58.00	1,000.00	销售人员	9月
503	黄雅静	销售部	800.00	4,500.00	500.00	2,300.00	0.00	8,100.00	464.00	116.00	58.00	400.00	销售人员	9月
601	张星	财务部	5,000.00	7,500.00	1,000.00	500.00	0.00	14,000.00	1,080.00	270.00	135.00	2,000.00	财务人员	9月
602	朱帆	财务部	3,000.00	4,500.00	500.00	500.00	0.00	8,500.00	640.00	160.00	80.00	2,000.00	财务人员	9月
603	李林	财务部	800.00	4,500.00	500.00	0.00	450.00	5,350.00	464.00	116.00	58.00	1,000.00	财务人员	9月
604	王丽	财务部	800.00	4,500.00	500.00	500.00	0.00	6,300.00	464.00	116.00	58.00	1,000.00	财务人员	9月

图 4-11　9 月工资表

编号	姓名	部门	基本工资	岗位工资	津贴	计件工资	考勤扣款	应发工资	养老保险	医疗保险	失业保险	专项附加扣除	人员类别	月份
101	吴国勇	办公室	5,000.00	8,500.00	2,000.00	0.00	200.00	15,300.00	1,240.00	310.00	155.00	3,500.00	管理人员	10月
102	周典	办公室	2,500.00	7,500.00	1,000.00	1,000.00	0.00	12,000.00	880.00	220.00	110.00	3,500.00	管理人员	10月
103	李文玲	办公室	800.00	4,500.00	500.00	1,000.00	0.00	6,800.00	464.00	116.00	58.00	5,000.00	管理人员	10月
201	王灿	采购部	5,000.00	7,500.00	1,000.00	500.00	0.00	14,000.00	1,080.00	270.00	135.00	1,500.00	采购人员	10月
202	屈浩	采购部	800.00	4,500.00	500.00	500.00	0.00	6,300.00	464.00	116.00	58.00	1,500.00	采购人员	10月
203	严艳	采购部	800.00	4,500.00	500.00	0.00	350.00	5,450.00	464.00	116.00	58.00	1,000.00	采购人员	10月
301	杨小静	技术部	2,500.00	7,500.00	1,000.00	600.00	0.00	11,600.00	880.00	220.00	110.00	1,500.00	技术人员	10月
302	王少波	技术部	5,000.00	4,500.00	500.00	500.00	0.00	10,600.00	800.00	200.00	100.00	2,000.00	技术人员	10月
303	赵婷婷	技术部	2,500.00	4,500.00	500.00	600.00	0.00	8,100.00	600.00	150.00	75.00	3,000.00	技术人员	10月
401	张栋	生产部	2,500.00	7,500.00	1,000.00	1,800.00	150.00	12,650.00	880.00	220.00	110.00	1,000.00	管理人员	10月
402	朱晴	生产部	2,500.00	4,500.00	500.00	1,700.00	0.00	9,200.00	600.00	150.00	75.00	0.00	生产人员	10月
403	冯志辉	生产部	800.00	4,500.00	500.00	2,900.00	0.00	8,700.00	464.00	116.00	58.00	1,000.00	生产人员	10月
404	王辉	生产部	800.00	4,500.00	500.00	2,400.00	0.00	8,200.00	464.00	116.00	58.00	1,000.00	生产人员	10月
501	谢伟	销售部	5,000.00	7,500.00	1,000.00	3,050.00	50.00	16,500.00	1,080.00	270.00	135.00	2,000.00	销售人员	10月
502	王莉芳	销售部	800.00	4,500.00	500.00	3,700.00	0.00	9,500.00	464.00	116.00	58.00	1,000.00	销售人员	10月
503	黄雅静	销售部	800.00	4,500.00	500.00	2,600.00	300.00	8,100.00	464.00	116.00	58.00	400.00	销售人员	10月
601	张星	财务部	5,000.00	7,500.00	1,000.00	500.00	0.00	14,000.00	1,080.00	270.00	135.00	2,000.00	财务人员	10月
602	朱帆	财务部	3,000.00	4,500.00	500.00	500.00	0.00	8,500.00	640.00	160.00	80.00	2,000.00	财务人员	10月
603	李林	财务部	800.00	4,500.00	500.00	500.00	0.00	6,300.00	464.00	116.00	58.00	1,000.00	财务人员	10月
604	王丽	财务部	800.00	4,500.00	500.00	500.00	0.00	6,300.00	464.00	116.00	58.00	1,000.00	财务人员	10月

图 4-12　10 月工资表

编号	姓名	部门	基本工资	岗位工资	津贴	计件工资	考勤扣款	应发工资	养老保险	医疗保险	失业保险	专项附加扣除	人员类别	月份
101	吴国勇	办公室	5,000.00	8,500.00	2,000.00	1,000.00	0.00	16,500.00	1,240.00	310.00	155.00	3,500.00	管理人员	11月
102	周典	办公室	2,500.00	7,500.00	1,000.00	1,000.00	0.00	12,000.00	880.00	220.00	110.00	3,500.00	管理人员	11月
103	李文玲	办公室	800.00	4,500.00	500.00	1,000.00	0.00	6,800.00	464.00	116.00	58.00	5,000.00	管理人员	11月
201	王灿	采购部	5,000.00	7,500.00	1,000.00	500.00	0.00	14,000.00	1,080.00	270.00	135.00	1,500.00	采购人员	11月
202	屈浩	采购部	800.00	4,500.00	500.00	0.00	150.00	5,650.00	464.00	116.00	58.00	1,500.00	采购人员	11月
203	严艳	采购部	800.00	4,500.00	500.00	500.00	0.00	6,300.00	464.00	116.00	58.00	1,000.00	采购人员	11月
301	杨小静	技术部	2,500.00	7,500.00	1,000.00	600.00	0.00	11,600.00	880.00	220.00	110.00	1,500.00	技术人员	11月
302	王少波	技术部	5,000.00	4,500.00	500.00	0.00	50.00	9,950.00	800.00	200.00	100.00	2,000.00	技术人员	11月
303	赵婷婷	技术部	2,500.00	4,500.00	500.00	600.00	0.00	8,100.00	600.00	150.00	75.00	3,000.00	技术人员	11月
401	张栋	生产部	2,500.00	7,500.00	1,000.00	3,400.00	0.00	14,400.00	880.00	220.00	110.00	1,000.00	管理人员	11月
402	朱晴	生产部	2,500.00	4,500.00	500.00	2,700.00	300.00	9,900.00	600.00	150.00	75.00	0.00	生产人员	11月
403	冯志辉	生产部	800.00	4,500.00	500.00	1,600.00	0.00	7,400.00	464.00	116.00	58.00	1,000.00	生产人员	11月
404	王辉	生产部	800.00	4,500.00	500.00	500.00	0.00	6,300.00	464.00	116.00	58.00	1,000.00	生产人员	11月
501	谢伟	销售部	5,000.00	7,500.00	1,000.00	1,900.00	0.00	15,400.00	1,080.00	270.00	135.00	2,000.00	管理人员	11月
502	王莉芳	销售部	800.00	4,500.00	500.00	3,200.00	150.00	8,850.00	464.00	116.00	58.00	1,000.00	销售人员	11月
503	黄雅静	销售部	800.00	4,500.00	500.00	2,500.00	0.00	8,300.00	464.00	116.00	58.00	400.00	销售人员	11月
601	张星	财务部	5,000.00	7,500.00	1,000.00	500.00	0.00	14,000.00	1,080.00	270.00	135.00	2,000.00	财务人员	11月
602	朱帆	财务部	3,000.00	4,500.00	500.00	500.00	0.00	8,500.00	640.00	160.00	80.00	2,000.00	财务人员	11月
603	李林	财务部	800.00	4,500.00	500.00	0.00	200.00	5,600.00	464.00	116.00	58.00	1,000.00	财务人员	11月
604	王丽	财务部	800.00	4,500.00	500.00	500.00	0.00	6,300.00	464.00	116.00	58.00	1,000.00	财务人员	11月

图 4-13　11 月工资表

编号	姓名	部门	基本工资	岗位工资	津贴	计件工资	考勤扣款	应发工资	养老保险	医疗保险	失业保险	专项附加扣除	奖金	人员类别	月份
101	吴国勇	办公室	5,000.00	8,500.00	2,000.00	1,000.00	0.00	16,500.00	1,240.00	310.00	155.00	3,500.00	3000	管理人员	12月
102	周典	办公室	2,500.00	7,500.00	1,000.00	1,000.00	0.00	12,000.00	880.00	220.00	110.00	3,500.00	3000	管理人员	12月
103	李文玲	办公室	800.00	4,500.00	500.00	0.00	150.00	5,650.00	464.00	116.00	58.00	5,000.00	5000	管理人员	12月
201	王灿	采购部	5,000.00	7,500.00	1,000.00	500.00	0.00	14,000.00	1,080.00	270.00	135.00	3,500.00	8000	采购人员	12月
202	屈浩	采购部	800.00	4,500.00	500.00	0.00	100.00	5,700.00	464.00	116.00	58.00	1,500.00	3000	采购人员	12月
203	严艳	采购部	800.00	4,500.00	500.00	500.00	0.00	6,300.00	464.00	116.00	58.00	1,000.00	3000	采购人员	12月
301	杨小静	技术部	2,500.00	7,500.00	1,000.00	600.00	0.00	11,600.00	880.00	220.00	110.00	1,500.00	4000	技术人员	12月
302	王少波	技术部	2,500.00	4,500.00	500.00	0.00	0.00	10,500.00	800.00	200.00	100.00	2,000.00	2000	技术人员	12月
303	赵婷婷	技术部	2,500.00	4,500.00	500.00	600.00	0.00	8,100.00	600.00	150.00	75.00	3,000.00	3000	技术人员	12月
401	张栋	生产部	2,500.00	7,500.00	1,000.00	1,800.00	250.00	12,550.00	880.00	220.00	110.00	1,000.00	3000	管理人员	12月
402	朱晴	生产部	2,500.00	4,500.00	500.00	3,200.00	0.00	10,700.00	600.00	150.00	75.00	0.00	15000	生产人员	12月
403	冯志辉	生产部	800.00	4,500.00	500.00	2,400.00	0.00	8,200.00	464.00	116.00	58.00	1,000.00	3000	生产人员	12月
404	王辉	生产部	800.00	4,500.00	500.00	2,900.00	0.00	8,700.00	464.00	116.00	58.00	1,000.00	3000	生产人员	12月
501	谢伟	销售部	5,000.00	7,500.00	1,000.00	3,050.00	400.00	16,150.00	1,080.00	270.00	135.00	2,000.00	3000	管理人员	12月
502	王莉芳	销售部	800.00	4,500.00	500.00	3,400.00	0.00	9,200.00	464.00	116.00	58.00	1,000.00	3000	销售人员	12月
503	黄雅静	销售部	800.00	4,500.00	500.00	2,500.00	0.00	8,300.00	464.00	116.00	58.00	400.00	20000	销售人员	12月
601	张星	财务部	5,000.00	7,500.00	1,000.00	0.00	100.00	13,400.00	1,080.00	270.00	135.00	2,000.00	3000	财务人员	12月
602	朱帆	财务部	3,000.00	4,500.00	500.00	500.00	0.00	8,500.00	640.00	160.00	80.00	2,000.00	3000	财务人员	12月
603	李林	财务部	800.00	4,500.00	500.00	0.00	150.00	5,650.00	464.00	116.00	58.00	1,000.00	3000	财务人员	12月
604	王丽	财务部	800.00	4,500.00	500.00	500.00	0.00	6,300.00	464.00	116.00	58.00	1,000.00	15000	财务人员	12月

图 4-14　12 月工资表

（5）新增工作表，将其重命名为"合并计算"，将光标定在 A1 单元格，单击"数据"选项卡的"合并计算"，弹出"合并计算"对话框，如图 4-15 所示。

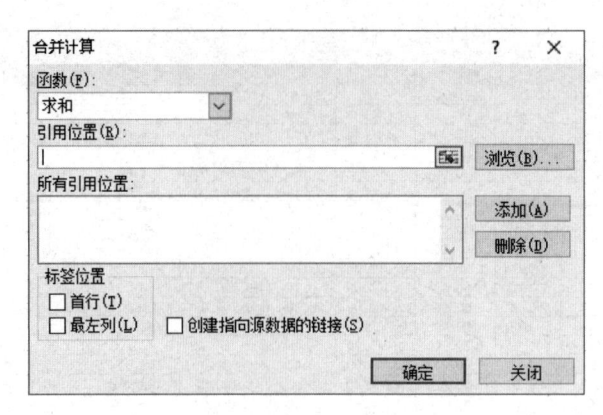

图 4-15 "合并计算"对话框

（6）单击引用位置处的红色箭头，打开"1月"工作表，选择该工作表中需要进行合并计算的区域，如图 4-16 所示，然后单击"添加"，如图 4-17 所示。以同样的方式，单击"2月"工作表，选择进行合并计算的区域，再次单击"添加"。依此方法，将 3—11月的工作表按照相同的方式设置需要合并计算的区域。

	A	B	C	D	E	F	G	H	I	J	K	L	M
1	编号	姓名	部门	基本工资	岗位工资	津贴	计件工资	考勤扣款	应发工资	养老保险	医疗保险	失业保险	专项附加扣除
2	101	吴国勇	办公室	5,000.00	8,500.00	2,000.00	0.00	600.00	14,900.00	1,240.00	310.00	155.00	3,500.00
3	103	李文玲	办公室	800.00	4,500.00	500.00	0.00	50.00	5,750.00	464.00	116.00	58.00	5,000.00
4	201	王灿	采购部	5,000.00	7,500.00	1,000.00	500.00	0.00	14,000.00	1,080.00	270.00	135.00	3,500.00
5	202	屈浩	采购部	800.00	4,500.00	500.00	500.00	0.00	6,300.00	464.00	116.00	58.00	1,500.00
6	203	严艳	采购部	800.00	4,500.00	500.00	0.00						1,000.00
7	301	杨小静	技术部	2,500.00	7,500.00	1,000.00	600.00	0.00					1,500.00
8	302	王少波	技术部	2,500.00	4,500.00	500.00	0.00	200.00	9,800.00	800.00	200.00	100.00	2,000.00
9	303	赵婷婷	技术部	2,500.00	4,500.00	500.00	600.00	0.00	8,100.00	600.00	150.00	75.00	3,000.00
10	401	张栋	生产部	2,500.00	7,500.00	1,000.00	2,800.00	0.00	13,800.00	880.00	220.00	110.00	1,000.00
11	402	朱晴	生产部	800.00	4,500.00	500.00	1,800.00	150.00	9,150.00	600.00	150.00	75.00	0.00
12	403	冯志辉	生产部	800.00	4,500.00	500.00	2,300.00	50.00	8,050.00	464.00	116.00	58.00	1,500.00
13	404	王辉	生产部	800.00	4,500.00	500.00	3,200.00	0.00	9,000.00	464.00	116.00	58.00	1,000.00
14	501	谢伟	销售部	5,000.00	7,500.00	1,000.00	2,050.00	0.00	15,550.00	1,080.00	270.00	135.00	2,000.00
15	502	王莉芳	销售部	800.00	4,500.00	500.00	1,700.00	100.00	7,400.00	464.00	116.00	58.00	1,000.00
16	503	黄雅静	销售部	800.00	4,500.00	500.00	2,100.00	50.00	7,850.00	464.00	116.00	58.00	400.00
17	601	张星	财务部	5,000.00	7,500.00	1,000.00	500.00	0.00	14,000.00	1,080.00	270.00	135.00	2,000.00
18	602	朱帆	财务部	3,000.00	4,500.00	500.00	500.00	0.00	8,500.00	640.00	160.00	80.00	2,000.00
19	603	李林	财务部	800.00	4,500.00	500.00	500.00	0.00	6,300.00	464.00	116.00	58.00	1,000.00
20	604	王丽	财务部	800.00	4,500.00	500.00	0.00	350.00	5,450.00	464.00	116.00	58.00	1,000.00
21	102	周典	办公室	2,500.00	7,500.00	1,000.00	1,000.00	0.00	12,000.00	880.00	220.00	110.00	3,500.00

图 4-16 合并计算区域

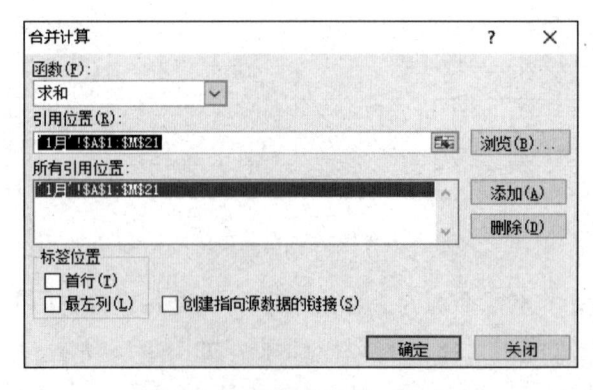

图 4-17 添加"1月"工作表

（7）在"合并计算"对话框中单击"添加",将"12 月"工作表添加到引用位置。由于 12 月多了一列奖金,添加完 12 月的工资表后,在标签位置处勾选"首行"和"最左列",如图 4-18 所示,敲回车确定,合并计算结果如图 4-19 所示。

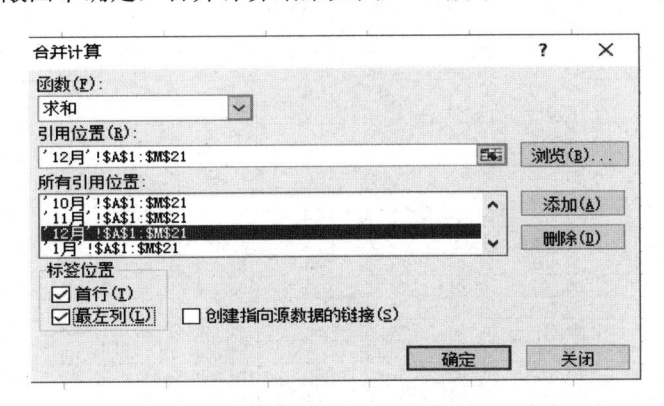

图 4-18 添加"2 月"工作表

	A	B	C	D	E	F	G	H	I	J	K	L	M	N
1	编号	姓名	部门	基本工资	岗位工资	津贴	计件工资	考勤扣款	应发工资	养老保险	医疗保险	失业保险	专项附加扣除	奖金
2	101			60,000	102,000	24,000	8,000	1,000	193,000	14,880	3,720	1,860	42,000	3,000
3	102			30,000	90,000	12,000	9,000	900	140,100	10,560	2,640	1,320	42,000	3,000
4	103			9,600	54,000	6,000	8,000	500	77,100	5,568	1,392	696	60,000	5,000
5	201			60,000	90,000	12,000	5,000	250	166,750	12,960	3,240	1,620	42,000	8,000
6	202			9,600	54,000	6,000	3,000	1,000	71,600	5,568	1,392	696	18,000	3,000
7	203			9,600	54,000	6,000	4,000	1,050	72,550	5,568	1,392	696	12,000	3,000
8	301			30,000	90,000	12,000	7,200	0	139,200	10,560	2,640	1,320	18,000	4,000
9	302			60,000	54,000	6,000	3,000	1,700	121,300	9,600	2,400	1,200	24,000	2,000
10	303			30,000	54,000	6,000	6,600	200	96,400	7,200	1,800	900	36,000	3,000
11	401			30,000	90,000	12,000	28,700	1,300	159,400	10,560	2,640	1,320	24,000	3,000
12	402			30,000	54,000	6,000	29,100	700	118,400	7,200	1,800	900	0	15,000
13	403			9,600	54,000	6,000	30,600	750	99,450	5,568	1,392	696	12,000	3,000
14	404			9,600	54,000	6,000	34,550	200	103,950	5,568	1,392	696	12,000	3,000
15	501			60,000	90,000	12,000	34,120	750	195,370	12,960	3,240	1,620	24,000	3,000
16	502			9,600	54,000	6,000	29,450	800	98,250	5,568	1,392	696	12,000	3,000
17	503			9,600	54,000	6,000	31,900	350	101,150	5,568	1,392	696	4,800	20,000
18	601			60,000	90,000	12,000	3,500	1,200	164,300	12,960	3,240	1,620	24,000	3,000
19	602			36,000	54,000	6,000	5,000	550	100,450	7,680	1,920	960	24,000	3,000
20	603			9,600	54,000	6,000	3,500	1,300	71,800	5,568	1,392	696	12,000	3,000
21	604			9,600	54,000	6,000	4,500	800	73,300	5,568	1,392	696	12,000	15,000

图 4-19 合并计算结果

（8）在 A1 单元格输入"编号"。

（9）在 B2 单元格输入"=VLOOKUP(A2,年度专项附加扣除!$A$1:$C$21,2,0)",敲回车确定,双击鼠标填充下面的单元格,获取职工姓名。

（10）在 C2 单元格输入"=VLOOKUP(A2,年度专项附加扣除!$A$1:$C$21,3,0)",敲回车确定,双击鼠标填充下面的单元格,获取职工所在部门。

（11）选择 A1:N1 单元格区域,设置表头颜色为浅绿色。选择 A1:N21 单元格区域,设置表格边框,结果如图 4-20 所示。

	A	B	C	D	E	F	G	H	I	J	K	L	M	N
1	编号	姓名	部门	基本工资	岗位工资	津贴	计件工资	考勤扣款	应发工资	养老保险	医疗保险	失业保险	专项附加扣除	奖金
2	101	吴国勇	办公室	60,000	102,000	24,000	8,000	1,000	193,000	14,880	3,720	1,860	42,000	3,000
3	102	周典	办公室	30,000	90,000	12,000	9,000	900	140,100	10,560	2,640	1,320	42,000	3,000
4	103	李文玲	办公室	9,600	54,000	6,000	8,000	500	77,100	5,568	1,392	696	60,000	5,000
5	201	王灿	采购部	60,000	90,000	12,000	5,000	250	166,750	12,960	3,240	1,620	42,000	8,000
6	202	屈浩	采购部	9,600	54,000	6,000	3,000	1,000	71,600	5,568	1,392	696	18,000	3,000
7	203	严艳	采购部	9,600	54,000	6,000	4,000	1,050	72,550	5,568	1,392	696	12,000	3,000
8	301	杨小静	技术部	30,000	90,000	12,000	7,200	0	139,200	10,560	2,640	1,320	18,000	4,000
9	302	王少波	技术部	60,000	54,000	6,000	3,000	1,700	121,300	9,600	2,400	1,200	24,000	2,000
10	303	赵婷婷	技术部	30,000	54,000	6,000	6,600	200	96,400	7,200	1,800	900	36,000	3,000
11	401	张栋	生产部	30,000	90,000	12,000	28,700	1,300	159,400	10,560	2,640	1,320	12,000	3,000
12	402	朱晴	生产部	30,000	54,000	6,000	29,100	700	118,400	7,200	1,800	900	0	15,000
13	403	冯志辉	生产部	9,600	54,000	6,000	30,600	750	99,450	5,568	1,392	696	12,000	3,000
14	404	王辉	生产部	9,600	54,000	6,000	34,550	200	103,950	5,568	1,392	696	12,000	3,000
15	501	谢伟	销售部	60,000	90,000	12,000	34,120	750	195,370	12,960	3,240	1,620	24,000	3,000
16	502	王莉芳	销售部	9,600	54,000	6,000	29,450	800	98,250	5,568	1,392	696	12,000	3,000
17	503	黄雅静	销售部	9,600	54,000	6,000	31,900	350	101,150	5,568	1,392	696	4,800	20,000
18	601	张星	财务部	60,000	90,000	12,000	3,500	1,200	164,300	12,960	3,240	1,620	24,000	3,000
19	602	朱帆	财务部	36,000	54,000	6,000	5,000	550	100,450	7,680	1,920	960	24,000	3,000
20	603	李林	财务部	9,600	54,000	6,000	3,500	1,300	71,800	5,568	1,392	696	12,000	3,000
21	604	王丽	财务部	9,600	54,000	6,000	4,500	800	73,300	5,568	1,392	696	12,000	15,000

图 4-20 设置表头及边框

合并计算完成后，每位职工的基本工资、岗位工资、津贴等均为全年合计数，为任务二的个人所得税汇算清缴作准备。

任务二 个人所得税汇算清缴

任务目标

1. 知识目标

（1）掌握工资薪金所得应缴纳的个人所得税表的构成。

（2）掌握奖金个人所得税的计算的两种方法。

（3）掌握个人所得税汇算清缴的方法。

2. 能力目标

（1）能编制工资薪金所得应缴纳的个人所得税表。

（2）能判断奖金个人所得税计算采用哪种方法对纳税人更有利。

（3）能编制个人所得税汇算清缴表。

3. 素养目标

（1）培养学生自主学习会计信息化新知识、新技能的能力。

（2）培养学生的沟通协调能力和动手能力。

微课视频
个人所得税汇算清缴

（3）培养学生的社会责任感、团队精神和协作精神。

（4）培养学生的爱国主义情感、社会主义核心价值观念。

任务导入

会计李林整理了利达公司 1—12 月职工综合所得数据，请帮他进行职工个人所得税的汇算清缴。

任务实施

（1）将"个人所得税税率表"内容粘贴到"合并计算"工作表中，如图 4-21 所示，并将 D28:D35 单元格区域定义名称为"税率"，将 E28:E35 单元格区域定义名称为"扣除数"，为个人所得税（个税）计算作准备。

	A	B	C	D	E
24					
25			个人所得税税率表		
26		免征额	60000		
27		级数	年工资所得	税率	扣除数
28		1	0	0%	0
29		2	≤36000	3%	0
30		3	≤144000	10%	2520
31		4	≤300000	20%	16920
32		5	≤420000	25%	31920
33		6	≤660000	30%	52920
34		7	≤960000	35%	85920
35		8	>960000	45%	181920

图 4-21　个人所得税税率表

（2）打开"利达公司综合所得合并计算.xlsx"工作簿，接着打开"合并计算"工作表，在该工作表的"专项附加扣除"栏目名称后添加图 4-22 所示的栏目名称。

O	P	Q	R	S	T	U	V	W
其他综合所得	工资薪金所得产生的个税(此数与本年预缴税额相等)	奖金应缴的个税	奖金不并入综合所得应缴个税	奖金并入综合所得应缴纳的个税	判断奖金是否并入综合所得	应缴纳的个税	已预缴的个税	应退应补数(正数是应补，负数是应退)

图 4-22　栏目名称

（3）利达公司员工当年只有工资薪金所得，在 O2 单元格输入"0"，累计预缴的个人所得税等于当年应缴纳的个人所得税。所以，在 P2 单元格输入"=MAX((I2+O2-J2-K2-L2-M2-60000)*税率-扣除数)"，同时按下 Ctrl 键和 Shift 键，再敲回车确定，双击鼠标填充下面的单元格。此时，P2 单元格得到员工当年应缴纳的个人所得税，结果如图 4-23 所示。

（4）在 Q2 单元格进行奖金单独计税的税率测算，在 Q2 单元格输入"=N2/12"，计算结果均小于 3,000 元，与图 4-24 的所得税的月度税率表及速算扣除数进行核对，得到奖金单独计税的税率均为 3%，再在 Q2 单元格输入"=N2*0.03"，敲回车确定，双击鼠标填充下面的单元格，结果如图 4-25 所示。

图 4-23 应缴纳的个人所得税

级数	年工资所得	税率1	扣除数1
	每月应纳税所得额税率/% 速算扣除数（单位：元）		
	免征额	5000	
1	0	0%	0
2	≤3000	3%	0
3	≤12000	10%	210
4	≤25000	20%	1410
5	≤350000	25%	2660
6	≤550000	30%	4410
7	≤80000	35%	7160
8	>80000	45%	15160

图 4-24 所得税的月度税率表及速算扣除数

图 4-25 奖金单独计税应缴纳的税额

（5）计算奖金不并入综合所得时应缴纳的个人所得税，在 R2 单元格输入"=P2+Q2"，敲回车确定，双击鼠标填充下面的单元格，结果如图 4-26 所示。

	C	D	E	F	G	H	I	J	K	L	M	N	O	P	Q	R
1	部门	基本工资	岗位工资	津贴	计件工资	考勤扣款	应发工资	养老保险	医疗保险	失业保险	专项附加扣除	奖金	其他综合所得	工资薪金所得产生的个税(此数与本年预缴税额相等)	奖金应缴的个税	奖金不并入综合所得应缴税
2	办公室	60,000.00	102,000.00	24,000.00	8,000.00	1,000.00	193,000.00	14,880.00	3,720.00	1,860.00	42,000.00	3,000.00	0.00	4,534.00	90.00	4,624.00
3	办公室	30,000.00	90,000.00	12,000.00	9,000.00	900.00	140,100.00	10,560.00	2,640.00	1,320.00	42,000.00	3,000.00	0.00	707.40	90.00	797.40
4	办公室	9,600.00	54,000.00	6,000.00	8,000.00	500.00	77,100.00	5,568.00	1,392.00	696.00	60,000.00	5,000.00	0.00	0.00	150.00	150.00
5	采购部	60,000.00	90,000.00	12,000.00	5,000.00	250.00	166,750.00	12,960.00	3,240.00	1,620.00	42,000.00	8,000.00	0.00	2,173.00	240.00	2,413.00
6	采购部	9,600.00	54,000.00	6,000.00	3,000.00	1,000.00	71,600.00	5,568.00	1,392.00	696.00	18,000.00	0.00	0.00	0.00	90.00	90.00
7	采购部	9,600.00	54,000.00	6,000.00	4,000.00	1,050.00	72,550.00	5,568.00	1,392.00	696.00	12,000.00	0.00	0.00	0.00	90.00	90.00
8	技术部	30,000.00	90,000.00	12,000.00	7,200.00	0.00	139,200.00	10,560.00	2,640.00	1,320.00	18,000.00	4,000.00	0.00	2,148.00	120.00	2,268.00
9	技术部	60,000.00	54,000.00	6,000.00	3,000.00	1,700.00	121,300.00	9,600.00	2,400.00	1,200.00	24,000.00	2,000.00	0.00	723.00	60.00	783.00
10	技术部	30,000.00	54,000.00	6,000.00	6,600.00	200.00	96,400.00	7,200.00	1,800.00	900.00	36,000.00	3,000.00	0.00	0.00	90.00	90.00
11	生产部	30,000.00	90,000.00	12,000.00	28,700.00	1,300.00	159,400.00	10,560.00	2,640.00	1,320.00	12,000.00	3,000.00	0.00	4,768.00	90.00	4,858.00
12	生产部	30,000.00	90,000.00	12,000.00	29,100.00	700.00	118,400.00	7,200.00	1,800.00	900.00	0.00	15,000.00	0.00	2,330.00	450.00	2,780.00
13	生产部	9,600.00	54,000.00	6,000.00	30,600.00	750.00	99,450.00	5,568.00	1,392.00	696.00	12,000.00	3,000.00	0.00	593.82	90.00	683.82
14	生产部	9,600.00	54,000.00	6,000.00	34,550.00	200.00	103,950.00	5,568.00	1,392.00	696.00	12,000.00	3,000.00	0.00	728.82	90.00	818.82
15	销售部	60,000.00	90,000.00	12,000.00	34,120.00	750.00	195,370.00	12,960.00	3,240.00	1,620.00	24,000.00	3,000.00	0.00	6,835.00	90.00	6,925.00
16	销售部	9,600.00	54,000.00	6,000.00	29,450.00	800.00	98,250.00	5,568.00	1,392.00	696.00	24,000.00	3,000.00	0.00	557.82	90.00	647.82
17	销售部	9,600.00	54,000.00	6,000.00	31,900.00	350.00	101,150.00	5,568.00	1,392.00	696.00	4,800.00	20,000.00	0.00	860.82	600.00	1,460.82
18	财务部	60,000.00	90,000.00	12,000.00	3,500.00	1,200.00	164,300.00	12,960.00	3,240.00	1,620.00	24,000.00	3,000.00	0.00	3,728.00	90.00	3,818.00
19	财务部	36,000.00	90,000.00	6,000.00	5,000.00	550.00	100,450.00	7,680.00	1,920.00	960.00	24,000.00	3,000.00	0.00	176.70	90.00	266.70
20	财务部	9,600.00	54,000.00	6,000.00	3,500.00	1,300.00	71,800.00	5,568.00	1,392.00	696.00	12,000.00	3,000.00	0.00	0.00	90.00	90.00
21	财务部	9,600.00	54,000.00	6,000.00	4,500.00	800.00	73,300.00	5,568.00	1,392.00	696.00	12,000.00	15,000.00	0.00	0.00	450.00	450.00

图 4-26 奖金不并入综合所得应缴纳的个人所得税

（6）计算奖金并入综合所得时应缴纳的个人所得税，在 S2 单元格插入 MAX 函数，设置第 1 个参数为"(I2+N2+O2-J2-K2-L2-M2-60000)*税率-扣除数"，如图 4-27 所示，同时按下 Ctrl 键和 Shift 键，敲回车确定，双击鼠标填充下面的单元格，结果如图 4-28 所示。

图 4-27 个人所得税的计算

	C	D	E	F	G	H	I	J	K	L	M	N	O	P	Q	R	S
1	部门	基本工资	岗位工资	津贴	计件工资	考勤扣款	应发工资	养老保险	医疗保险	失业保险	专项附加扣除	奖金	其他综合所得	工资薪金所得产生的个税(此数与本年预缴税额相等)	奖金应缴的个税	奖金不并入综合所得应缴税	奖金并入综合所得应缴的个税
2	办公室	60,000.00	102,000.00	24,000.00	8,000.00	1,000.00	193,000.00	14,880.00	3,720.00	1,860.00	42,000.00	3,000.00	0.00	4,534.00	90.00	4,624.00	4,834.00
3	办公室	30,000.00	90,000.00	12,000.00	9,000.00	900.00	140,100.00	10,560.00	2,640.00	1,320.00	42,000.00	3,000.00	0.00	707.40	90.00	797.40	797.40
4	办公室	9,600.00	54,000.00	6,000.00	8,000.00	500.00	77,100.00	5,568.00	1,392.00	696.00	60,000.00	5,000.00	0.00	0.00	150.00	150.00	0.00
5	采购部	60,000.00	90,000.00	12,000.00	5,000.00	250.00	166,750.00	12,960.00	3,240.00	1,620.00	42,000.00	8,000.00	0.00	2,173.00	240.00	2,413.00	2,973.00
6	采购部	9,600.00	54,000.00	6,000.00	3,000.00	1,000.00	71,600.00	5,568.00	1,392.00	696.00	18,000.00	0.00	0.00	0.00	90.00	90.00	0.00
7	采购部	9,600.00	54,000.00	6,000.00	4,000.00	1,050.00	72,550.00	5,568.00	1,392.00	696.00	12,000.00	0.00	0.00	0.00	90.00	90.00	0.00
8	技术部	30,000.00	90,000.00	12,000.00	7,200.00	0.00	139,200.00	10,560.00	2,640.00	1,320.00	18,000.00	4,000.00	0.00	2,148.00	120.00	2,268.00	2,548.00
9	技术部	60,000.00	54,000.00	6,000.00	3,000.00	1,700.00	121,300.00	9,600.00	2,400.00	1,200.00	24,000.00	2,000.00	0.00	723.00	60.00	783.00	783.00
10	技术部	30,000.00	54,000.00	6,000.00	6,600.00	200.00	96,400.00	7,200.00	1,800.00	900.00	36,000.00	3,000.00	0.00	0.00	90.00	90.00	0.00
11	生产部	30,000.00	90,000.00	12,000.00	28,700.00	1,300.00	159,400.00	10,560.00	2,640.00	1,320.00	12,000.00	3,000.00	0.00	4,768.00	90.00	4,858.00	5,068.00
12	生产部	30,000.00	90,000.00	12,000.00	29,100.00	700.00	118,400.00	7,200.00	1,800.00	900.00	0.00	15,000.00	0.00	2,330.00	450.00	2,780.00	3,830.00
13	生产部	9,600.00	54,000.00	6,000.00	30,600.00	750.00	99,450.00	5,568.00	1,392.00	696.00	12,000.00	3,000.00	0.00	593.82	90.00	683.82	683.82
14	生产部	9,600.00	54,000.00	6,000.00	34,550.00	200.00	103,950.00	5,568.00	1,392.00	696.00	12,000.00	3,000.00	0.00	728.82	90.00	818.82	818.82
15	销售部	60,000.00	90,000.00	12,000.00	34,120.00	750.00	195,370.00	12,960.00	3,240.00	1,620.00	24,000.00	3,000.00	0.00	6,835.00	90.00	6,925.00	7,135.00
16	销售部	9,600.00	54,000.00	6,000.00	29,450.00	800.00	98,250.00	5,568.00	1,392.00	696.00	24,000.00	3,000.00	0.00	557.82	90.00	647.82	647.82
17	销售部	9,600.00	54,000.00	6,000.00	31,900.00	350.00	101,150.00	5,568.00	1,392.00	696.00	4,800.00	20,000.00	0.00	860.82	600.00	1,460.82	2,349.40
18	财务部	60,000.00	90,000.00	12,000.00	3,500.00	1,200.00	164,300.00	12,960.00	3,240.00	1,620.00	24,000.00	3,000.00	0.00	3,728.00	90.00	3,818.00	4,028.00
19	财务部	36,000.00	90,000.00	6,000.00	5,000.00	550.00	100,450.00	7,680.00	1,920.00	960.00	24,000.00	3,000.00	0.00	176.70	90.00	266.70	266.70
20	财务部	9,600.00	54,000.00	6,000.00	3,500.00	1,300.00	71,800.00	5,568.00	1,392.00	696.00	12,000.00	3,000.00	0.00	0.00	90.00	90.00	0.00
21	财务部	9,600.00	54,000.00	6,000.00	4,500.00	800.00	73,300.00	5,568.00	1,392.00	696.00	12,000.00	15,000.00	0.00	0.00	450.00	450.00	259.32

图 4-28 奖金并入综合所得应缴纳的个人所得税

（7）根据税负轻重判断奖金是否并入综合所得，在 T2 单元格输入"=IF(R2<S2,"不并入","并入")"，敲回车确定，双击鼠标填充下面的单元格，结果如图 4-29 所示。

图 4-29 判断奖金是否并入综合所得

（8）根据上一步结果计算应缴纳的个人所得税，在 U2 单元格输入"=IF(T2="不并入",R2,S2)"，敲回车确定，双击鼠标填充下面的单元格，结果如图 4-30 所示。

图 4-30 计算应缴纳的个人所得税

（9）因为职工没有其他所得，已预缴的个人所得税等于年度工资薪金所得应缴纳的个人所得税的计算数，即等于 P2 单元格的数值，在 V2 单元格输入"=P2"，敲回车确定，双击鼠标填充下面的单元格，结果如图 4-31 所示。

图 4-31 获取已预缴的个人所得税

（10）最后，计算个人所得税的应退应补税额，在 W2 单元格输入"=U2-V2"，即为应缴数减去预缴数。正数为应补税额，负数为应退税额，结果如图 4-32 所示。

图 4-32 计算应退应补的个人所得税

每年的 3 月 1 日至 6 月 30 日，职工可打开个人所得税 APP，通过 APP 进行个人所得税的年度汇算清缴，根据图 4-29 的测算结果选择全年一次性奖金是"单独计税"还是"全部并入综合所得计税"。

知识窗口

（1）计算个人所得税可以用 MAX 函数，在设置税率时，要设置一个 0%的税率档位，确保当收入未达到起征点时，税额计算结果为 0。

（2）进行数据合并计算时，确保相同内容的字段名称保持一致，以便正确进行数据汇总。

项目小结

本项目主要介绍了如何通过合并计算汇总年度工资薪金，利用 Excel 的相关功能，结合税法相关知识，测算全年一次性奖金是"单独计税"还是"全部并入综合所得计税"，以确定何种方式所需缴纳的税款较少。此外，还学习了个人所得税的应退应补税额的计算。

希望同学们能够勤加练习，深入思考各栏目之间的关系，灵活运用所学知识和技能，解决实际工作中的问题。

课后拓展

练习一：

表 1～表 4 是华美电器公司 1—4 月的销售额统计情况，请你运用合并计算的方式帮店长统计 1—4 月份的销售总额。

表1　1月销售情况

产品名称	销售数量/台	销售单价/(元/台)	销售金额/元
冰箱	20	3,000	
电视机	26	2,000	
空调	30	3,500	
热水器	27	2,600	
洗衣机	23	2,000	
机器人扫地机	22	3,600	

表2　2月销售情况

产品名称	销售数量/台	销售单价/(元/台)	销售金额/元
洗碗机	20	1,500	
油烟机	25	1,600	
电风扇	33	1,050	
烤火炉	20	2,060	
饮水机	30	1,500	
电饭锅	28	1,000	
烤箱	24	800	
微波炉	14	600	
烧水壶	54	100	

表3　3月销售情况

产品名称	销售数量/台	销售单价/(元/台)	销售金额/元
电风扇	52	105	
烤火炉	45	640	
饮水机	26	350	
电饭锅	15	500	
热水器	23	1,754	
洗衣机	45	3,461	
机器人扫地机	45	1,532	

表4　4月销售情况

产品名称	销售数量/台	销售单价/(元/台)	销售金额/元
吹风机	50	40	
电磁炉	46	100	
蒸锅	15	125	
空气炸锅	25	105	
电炒锅	30	85	
电热水壶	10	50	
榨汁机	30	60	

练习二：

表 5～表 16 为湖南南通有限公司部分职工 1—12 月工资表。所有职工均为居民个人，其中职工严丹本年还取得了如下所得：

（1）3 月从兼职单位乙公司取得一次性劳务报酬收入，共计 20,000 元。
（2）6 月从湖大出版社取得一次性稿酬收入，共计 15,000 元。
（3）10 月转让给丁公司专利权取得一次性特许权使用费收入，共计 3,500 元。

（上述收入均为税前收入，且均来源于中国境内，假设不考虑增值税等因素，劳务报酬、稿酬和特许权使用费所得，合计预扣预缴的个人所得税为 5,020 元。）

要求：请根据以上资料及已学知识，对该公司 1—12 月的工资进行合并计算，完成职工工资薪金个人所得税汇算清缴表的编制（见表 17），并为职工选择最佳的年终奖计税方式，计算职工个人所得税应退应补税额。

表 5　1 月工资表

单位：元

编号	姓名	部门	基本工资	岗位工资	津贴	计件工资	考勤扣款	应发工资	养老保险	医疗保险	失业保险	专项附加扣除	人员类别	月份
101	张兰	办公室	5,500	4,500	2,000	0	120	11,880	960	240	120	3,500	管理人员	1月
102	李景	办公室	2,500	8,500	1,000	1,000	0	13,000	960	240	120	3,500	管理人员	1月
103	王安琪	办公室	2,800	3,500	1,000	0	50	6,750	544	136	68	5,000	管理人员	1月
104	严丹	办公室	5,000	6,500	500	500	0	13,000	1,000	250	125	3,500	管理人员	1月

表 6　2 月工资表

单位：元

编号	姓名	部门	基本工资	岗位工资	津贴	计件工资	考勤扣款	应发工资	养老保险	医疗保险	失业保险	专项附加扣除	人员类别	月份
101	张兰	办公室	5,500	4,500	2,000	1,000	0	13,000	960	240	120	3,500	管理人员	2月
102	李景	办公室	2,500	8,500	1,000	0	180	11,820	960	240	120	3,500	管理人员	2月
103	王安琪	办公室	2,800	3,500	500	1,000	0	7,800	544	136	68	5,000	管理人员	2月
104	严丹	办公室	5,000	6,500	1,000	500	150	12,850	1,000	250	125	3,500	管理人员	2月

表 7　3 月工资表

单位：元

编号	姓名	部门	基本工资	岗位工资	津贴	计件工资	考勤扣款	应发工资	养老保险	医疗保险	失业保险	专项附加扣除	人员类别	月份
101	张兰	办公室	5,500	4,500	2,000	0	0	12,000	960	240	120	3,500	管理人员	3月
102	李景	办公室	2,500	8,500	1,000	1,000	0	13,000	960	240	120	3,500	管理人员	3月
103	王安琪	办公室	2,800	3,500	500	1,000	0	7,800	544	136	68	5,000	管理人员	3月
104	严丹	办公室	5,000	6,500	1,000	500	0	13,000	1,000	250	125	3,500	管理人员	3月

表 8　4 月工资表

单位：元

编号	姓名	部门	基本工资	岗位工资	津贴	计件工资	考勤扣款	应发工资	养老保险	医疗保险	失业保险	专项附加扣除	人员类别	月份
101	张兰	办公室	5,500	4,500	2,000	1,000	320	12,680	960	240	120	3,500	管理人员	4月
102	李景	办公室	2,500	8,500	1,000	0	0	12,000	960	240	120	3,500	管理人员	4月
103	王安琪	办公室	2,800	3,500	500	1,000	0	7,800	544	136	68	5,000	管理人员	4月
104	严丹	办公室	5,000	6,500	1,000	0	160	12,340	1,000	250	125	3,500	管理人员	4月

表 9　5 月工资表

单位：元

编号	姓名	部门	基本工资	岗位工资	津贴	计件工资	考勤扣款	应发工资	养老保险	医疗保险	失业保险	专项附加扣除	人员类别	月份
101	张兰	办公室	5,500	4,500	2,000	1,000	320	12,680	960	240	120	3,500	管理人员	5月
102	李景	办公室	2,500	8,500	1,000	0	0	12,000	960	240	120	3,500	管理人员	5月
103	王安琪	办公室	2,800	3,500	500	1,000	0	7,800	544	136	68	5,000	管理人员	5月
104	严丹	办公室	5,000	6,500	1,000	0	160	12,340	1,000	250	125	3,500	管理人员	5月

表10 6月工资表

单位：元

编号	姓名	部门	基本工资	岗位工资	津贴	计件工资	考勤扣款	应发工资	养老保险	医疗保险	失业保险	专项附加扣除	人员类别	月份
101	张兰	办公室	5,500	4,500	2,000	1,000	240	12,760	960	240	120	3,500	管理人员	6月
102	李景	办公室	2,500	8,500	1,000	1,000	0	13,000	960	240	120	3,500	管理人员	6月
103	王安琪	办公室	2,800	3,500	500	0	0	6,800	544	136	68	5,000	管理人员	6月
104	严丹	办公室	5,000	6,500	1,000	500	0	13,000	1,000	250	125	3,500	管理人员	6月

表11 7月工资表

单位：元

编号	姓名	部门	基本工资	岗位工资	津贴	计件工资	考勤扣款	应发工资	养老保险	医疗保险	失业保险	专项附加扣除	人员类别	月份
101	张兰	办公室	5,500	4,500	2,000	1,000	320	12,680	960	240	120	3,500	管理人员	7月
102	李景	办公室	2,500	8,500	1,000	1,000	0	13,000	960	240	120	3,500	管理人员	7月
103	王安琪	办公室	2,800	3,500	500	1,000	0	7,800	544	136	68	5,000	管理人员	7月
104	严丹	办公室	5,000	6,500	1,000	0	180	12,320	1,000	250	125	3,500	管理人员	7月

表12 8月工资表

单位：元

编号	姓名	部门	基本工资	岗位工资	津贴	计件工资	考勤扣款	应发工资	养老保险	医疗保险	失业保险	专项附加扣除	人员类别	月份
101	张兰	办公室	5,500	4,500	2,000	0	140	11,860	960	240	120	3,500	管理人员	8月
102	李景	办公室	2,500	8,500	1,000	1,000	0	13,000	960	240	120	3,500	管理人员	8月
103	王安琪	办公室	2,800	3,500	500	1,000	0	7,800	544	136	68	5,000	管理人员	8月
104	严丹	办公室	5,000	6,500	1,000	500	0	13,000	1,000	250	125	3,500	管理人员	8月

表13 9月工资表

单位：元

编号	姓名	部门	基本工资	岗位工资	津贴	计件工资	考勤扣款	应发工资	养老保险	医疗保险	失业保险	专项附加扣除	人员类别	月份
101	张兰	办公室	5,500	4,500	2,000	1,000	0	13,000	960	240	120	3,500	管理人员	9月
102	李景	办公室	2,500	8,500	1,000	1,000	0	13,000	960	240	120	3,500	管理人员	9月
103	王安琪	办公室	2,800	3,500	500	0	400	6,400	544	136	68	5,000	管理人员	9月
104	严丹	办公室	5,000	6,500	1,000	500	50	12,950	1,000	250	125	3,500	管理人员	9月

表14 10月工资表

单位：元

编号	姓名	部门	基本工资	岗位工资	津贴	计件工资	考勤扣款	应发工资	养老保险	医疗保险	失业保险	专项附加扣除	人员类别	月份
101	张兰	办公室	5,500	4,500	2,000	0	100	11,900	960	240	120	3,500	管理人员	10月
102	李景	办公室	2,500	8,500	1,000	1,000	500	12,500	960	240	120	3,500	管理人员	10月
103	王安琪	办公室	2,800	3,500	500	1,000	0	7,800	544	136	68	5,000	管理人员	10月
104	严丹	办公室	5,000	6,500	1,000	500	0	13,000	1,000	250	125	3,500	管理人员	10月

表15 11月工资表

单位：元

编号	姓名	部门	基本工资	岗位工资	津贴	计件工资	考勤扣款	应发工资	养老保险	医疗保险	失业保险	专项附加扣除	人员类别	月份
101	张兰	办公室	5,500	4,500	2,000	1,000	100	12,900	960	240	120	3,500	管理人员	11月
102	李景	办公室	2,500	8,500	1,000	1,000	20	12,980	960	240	120	3,500	管理人员	11月
103	王安琪	办公室	2,800	3,500	500	1,000	0	7,800	544	136	68	5,000	管理人员	11月
104	严丹	办公室	5,000	6,500	1,000	500	0	13,000	1,000	250	125	3,500	管理人员	11月

表16 12月工资表

单位：元

编号	姓名	部门	基本工资	岗位工资	津贴	计件工资	考勤扣款	应发工资	养老保险	医疗保险	失业保险	专项附加扣除	人员类别	月份
101	张兰	办公室	5,500	4,500	2,000	1,000	50	12,950	960	240	120	3,500	管理人员	12月
102	李景	办公室	2,500	8,500	1,000	1,000	0	13,000	960	240	120	3,500	管理人员	12月
103	王安琪	办公室	2,800	3,500	500	0	150	6,650	544	136	68	5,000	管理人员	12月
104	严丹	办公室	5,000	6,500	1,000	500	0	13,000	1,000	250	125	3,500	管理人员	12月

表 17　1—12 月职工工资薪金个人所得税汇算清缴

单位：元

编号	姓名	部门	基本工资	岗位工资	评贴	计件工资	考勤扣款	应发工资	养老保险	医疗保险	失业保险	专项附加扣除	奖金	工资薪金所得产生的个税	奖金单独计税应缴的税款	奖金不并入综合所得应缴个税	奖金并入综合所得应缴的个税	判断奖金是否并入综合所得	应缴纳的个税	已预缴的个税	应退应补数（正数是应补，负数是应退）	奖金应交的个税	奖金不并入综合所得应交的个税	奖金并入综合所得应交的个税	判断奖金是否并入综合所得	应缴纳的个税	已预缴的个税	应退应补数（正数是应补，负数是应退）

项目五

往来会计管理岗位

任务一 销售管理

任务目标

1. 知识目标

（1）掌握销售统计表的构成。

（2）掌握分列的操作步骤。

（3）掌握 IF、RANK 等函数的功能和参数构成。

2. 能力目标

（1）能编制销售统计表并进行销售分析。

（2）能运用 IF、RAN 等函数进行销售业绩及提成的计算与分析。

（3）能运用高级筛选获取信息。

3. 素养目标

（1）培养学生自主学习会计信息化新知识、新技能的能力。

（2）培养学生的沟通协调能力和动手能力。

（3）培养学生的社会责任感、团队精神和协作精神。

（4）培养学生的爱国主义情感、社会主义核心价值观念。

微课视频
销售管理

任务导入

利达公司会计杨晓准备计算职工 3 月份的销售提成，给职工发放提成奖励，请根据相关数据运用 Excel 软件，为杨晓制作一张 3 月份利达公司销售业绩及提成分析表。

> **任务实施**

子任务 5.1.1　进行销售统计及分析

（1）在电脑桌面新建名为"利达公司年度销售统计表.xlsx"的工作簿。

（2）打开工作簿，将"Sheet1"重命名为"销售统计表"。将销售数据填制到该工作表中，然后对区间名称进行定义，把工作表的整个表格定义名称为"销售统计"，将 A2:A45 单元格区域定义名称为"销售经理"，将 E2:E45 单元格区域定义名称为"成交金额"。结果如图 5-1 所示。

	A	B	C	D	E	F	G
1	销售经理	订单时间-日期	交易数量	交易单价	成交金额	产品名称	客户所在城市
2	龚文娟	2024年3月26日	746.00	42.80	31,928.80	五谷核桃汁	常德
3	黄雅静	2024年3月22日	587.00	42.60	25,006.20	五谷核桃汁	常德
4	林大维	2024年3月22日	980.00	42.70	41,846.00	五谷核桃汁	常德
5	王莉芳	2024年3月2日	596.00	40.90	24,376.40	五谷核桃汁	常德
6	谢伟	2024年3月4日	1,076.00	35.50	38,198.00	花生牛奶	常德
7	张金平	2024年3月4日	1,295.00	43.50	56,332.50	五谷核桃汁	常德
8	张金平	2024年3月3日	1,055.00	35.50	37,452.50	花生牛奶	常德
9	王莉芳	2024年3月31日	1,244.00	35.50	44,162.00	花生牛奶	常德
10	张金平	2024年3月6日	644.00	44.80	28,851.20	五谷核桃汁	常德
11	龚文娟	2024年3月12日	449.00	42.00	18,858.00	五谷核桃汁	常德
12	谢伟	2024年3月17日	1,049.00	42.00	44,058.00	五谷核桃汁	株洲
13	张金平	2024年3月25日	419.00	42.80	17,933.20	五谷核桃汁	株洲
14	龚文娟	2024年3月21日	1,316.00	35.50	46,718.00	花生牛奶	株洲
15	张金平	2024年3月24日	1,631.00	35.50	57,900.50	花生牛奶	株洲
16	张金平	2024年3月28日	743.00	36.20	26,896.60	五谷核桃汁	株洲
17	龚文娟	2024年3月8日	683.00	45.60	31,144.80	五谷核桃汁	株洲
18	黄雅静	2024年3月27日	617.00	35.50	21,903.50	花生牛奶	株洲
19	张金平	2024年3月12日	2,984.00	47.90	142,933.60	五谷核桃汁	株洲
20	黄雅静	2024年3月18日	587.00	35.00	20,545.00	花生牛奶	株洲
21	王莉芳	2024年3月6日	3,605.00	35.50	127,977.50	花生牛奶	株洲
22	谢伟	2024年3月12日	887.00	34.90	30,956.30	花生牛奶	湘潭
23	王莉芳	2024年3月20日	572.00	40.50	23,166.00	五谷核桃汁	湘潭
24	林大维	2024年3月12日	413.00	35.50	14,661.50	花生牛奶	湘潭
25	龚文娟	2024年3月14日	611.00	35.50	21,690.50	花生牛奶	岳阳
26	张金平	2024年3月13日	668.00	40.80	27,254.40	五谷核桃汁	岳阳
27	张金平	2024年3月11日	803.00	36.00	28,908.00	五谷核桃汁	岳阳
28	龚文娟	2024年3月2日	2,138.00	40.30	86,161.40	五谷核桃汁	岳阳
29	张金平	2024年3月22日	626.00	43.50	27,231.00	五谷核桃汁	岳阳
30	张金平	2024年3月7日	740.00	35.50	26,270.00	花生牛奶	岳阳
31	黄雅静	2024年3月17日	698.00	46.50	32,457.00	五谷核桃汁	岳阳
32	龚文娟	2024年3月17日	1,220.00	37.50	45,750.00	花生牛奶	岳阳
33	龚文娟	2024年3月29日	1,253.00	35.50	44,481.50	花生牛奶	长沙
34	谢伟	2024年3月19日	689.00	45.20	31,142.80	五谷核桃汁	长沙
35	龚文娟	2024年3月23日	677.00	40.50	27,418.50	五谷核桃汁	长沙
36	谢伟	2024年3月19日	554.00	35.50	19,667.00	花生牛奶	长沙
37	黄雅静	2024年3月13日	1,514.00	43.50	65,859.00	五谷核桃汁	长沙
38	谢伟	2024年3月29日	821.00	40.90	33,578.90	五谷核桃汁	长沙
39	谢伟	2024年3月14日	551.00	34.80	19,174.80	花生牛奶	杭州
40	黄雅静	2024年3月16日	515.00	43.00	22,145.00	五谷核桃汁	杭州
41	王莉芳	2024年3月14日	1,427.00	42.80	61,075.60	五谷核桃汁	杭州
42	林大维	2024年3月14日	1,070.00	35.50	37,985.00	五谷核桃汁	衡阳
43	谢伟	2024年3月21日	677.00	42.00	28,434.00	五谷核桃汁	衡阳
44	林大维	2024年3月6日	1,727.00	32.00	55,264.00	花生牛奶	衡阳
45	王莉芳	2024年3月24日	584.00	43.00	25,112.00	五谷核桃汁	衡阳

图 5-1　销售统计表

（3）在 E2 单元格输入"=C2*D2"，计算销售金额，敲回车确定，双击鼠标填充下面的单元格，结果如图 5-2 所示。

E2 =C2*D2

销售经理	订单时间-日期	销售数量	销售单价	销售金额	产品名称	客户所在城市
龚文娟	1月26日	746.00	42.80	31,928.80	五谷核桃汁	常德
黄雅静	3月22日	587.00	42.60	25,006.20	五谷核桃汁	常德
林大维	4月22日	980.00	42.70	41,846.00	五谷核桃汁	常德
王莉芳	6月2日	596.00	40.90	24,376.40	五谷核桃汁	常德
谢伟	3月4日	1,076.00	35.50	38,198.00	花生牛奶	常德
张金平	7月2日	1,295.00	43.50	56,332.50	五谷核桃汁	常德
张金平	4月2日	1,055.00	35.50	37,452.50	花生牛奶	常德
王莉芳	11月26日	1,244.00	35.50	44,162.00	花生牛奶	常德
张金平	6月4日	644.00	44.80	28,851.20	五谷核桃汁	常德

图 5-2 销售金额计算

（3）将“Sheet2”重命名为“销售目标”，输入销售经理销售目标值，将 A2:B7 单元格区域定义名称为“销售目标值”，如图 5-3 所示。

销售经理销售目标值	单位：元
龚文娟	285,000.00
黄雅静	200,000.00
林大维	100,000.00
王莉芳	220,000.00
谢伟	200,000.00
张金平	250,000.00

图 5-3 销售目标值

（4）将“Sheet3”重命名为“提成计算”，输入相关内容，表格设置如图 5-4 所示。表头内容包括以下几个部分：“员工信息提取”包含入职日期、籍贯、性别、司龄；“业绩情况回顾”包括业绩目标、全年业绩、目标完成度、业绩排名；“奖金计算”包括司龄津贴、业绩排名奖励、评估销售提成率、销售提成计算、提成总额。其中，评估销售提成率的规则为：目标完成度超过 130%，提成 1%；目标完成度超过 120%，提成 0.5%；目标完成度超过 100%，提成 0.1%。

利达公司销售业绩及提成分析表

系统导出信息		员工信息提取				业绩情况回顾				提成计算				
销售经理	员工信息	入职日期	籍贯	性别	司龄	业绩目标	全年业绩	目标完成度	业绩排名	司龄津贴	业绩排名奖	评估销售提成率	销售提成计算	提成总额
姓名	系统导出信息	/	/	/	统计到今年年底当年入职不计司龄	参考销售目标	参考销售统计表	业绩/目标*100%	全司销售排名	每年500元	前3名每人1000	目标完成度超过130% 提成1%，目标完成度超过120% 提成0.5%，目标完成度超过100% 提成0.1%	根据提成率进行绩效提成	0.00

图 5-4 利达公司销售业绩及提成分析表

（5）选中 B7:B12 单元格区域，单击“数据”选项卡中的“分列”，弹出“文本分列向导”对话框，如图 5-5 所示，勾选“分隔符号”，单击“下一步”，勾选“Tab 键”、“分号”

和"其他",并在"其他"后面的文本框中输入英文状态下的冒号":",如图 5-6 所示,再次单击"下一步",将"目标区域"选定为 C7 单元格,选中"入职时间"这一列,然后勾选"不导入此列(跳过)",如图 5-7 所示。对于"籍贯"和"性别"这两列,同样选择"不导入此列(跳过)",如图 5-8 和图 5-9 所示,敲回车完成分列设置,此时弹出"是否替换目标单元格内容?"信息提示框,如图 5-10 所示,敲回车确定。这样,便通过对 B7:B12 单元格区域的分列操作,获取了销售经理的入职日期、籍贯和性别,结果如图 5-11 所示。

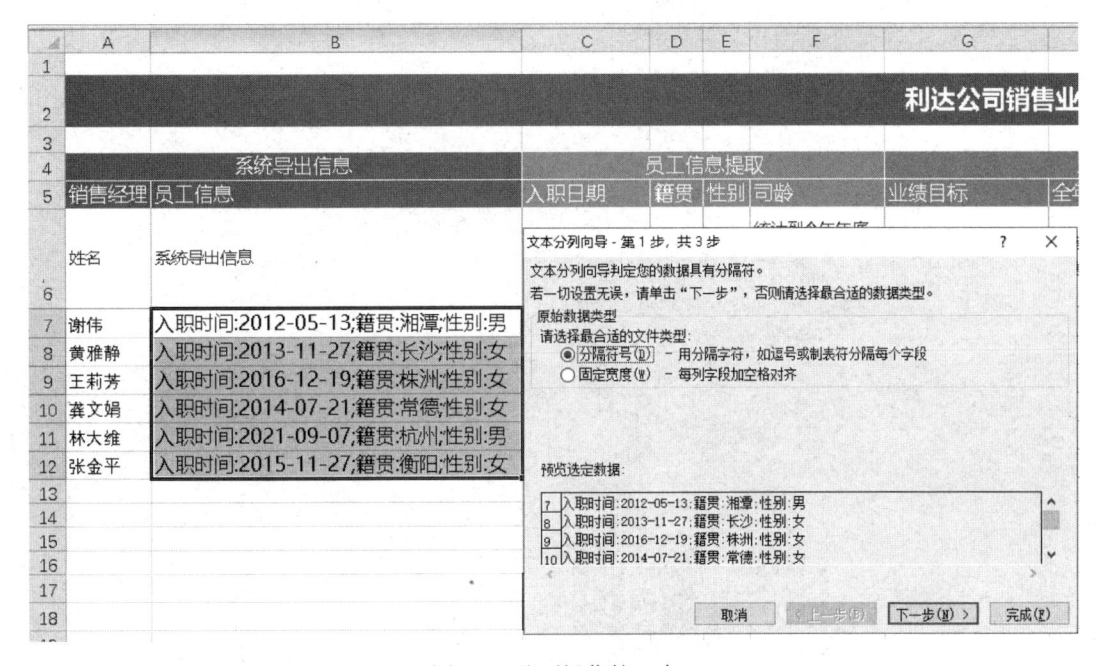

图 5-5　分列操作第 1 步

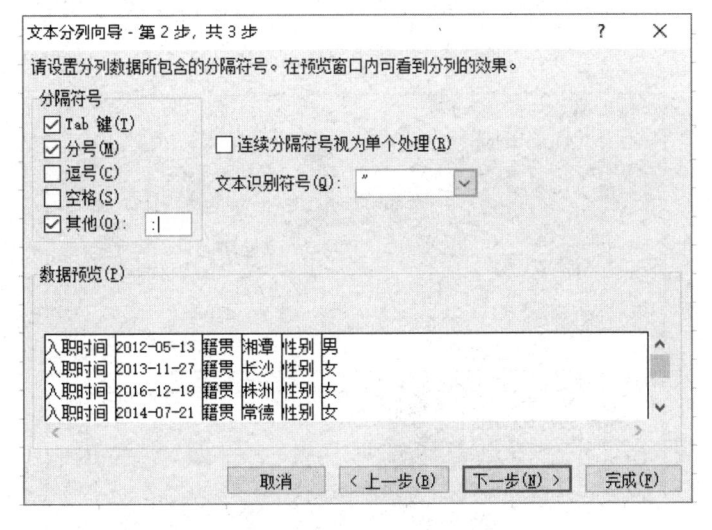

图 5-6　分列操作第 2 步

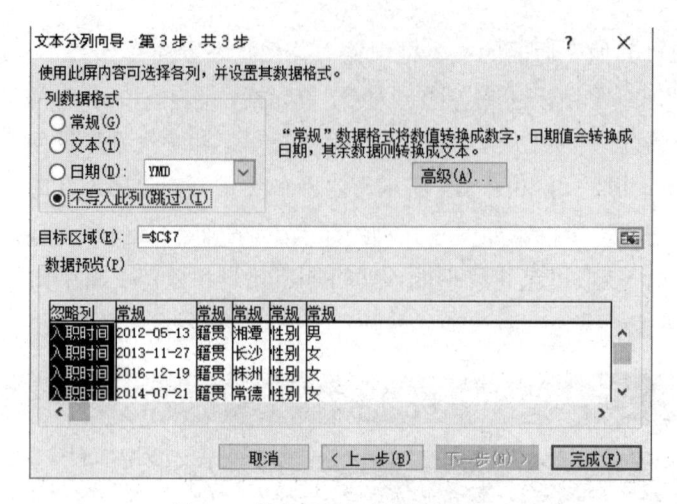

图 5-7　将入职时间设置为忽略列

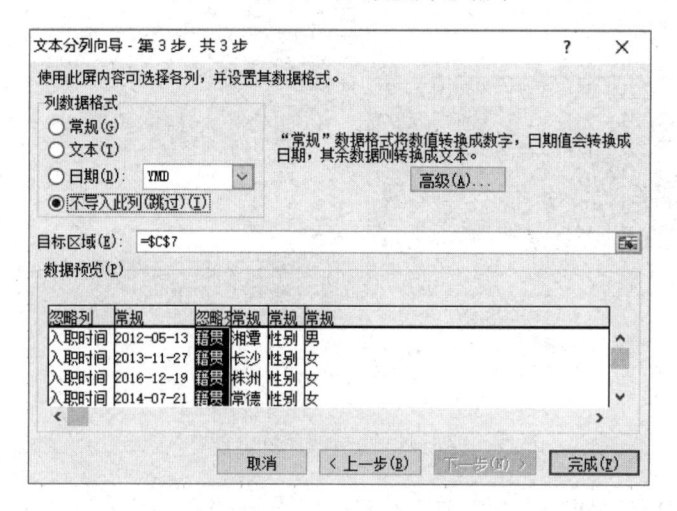

图 5-8　将籍贯设置为忽略列

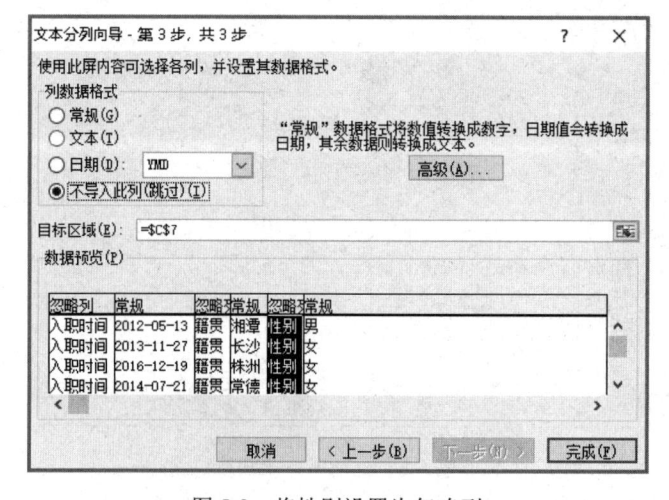

图 5-9　将性别设置为忽略列

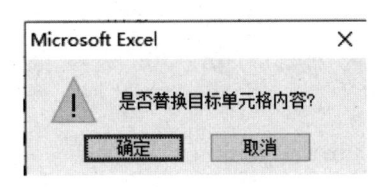

图 5-10 信息提示框

图 5-11 分列操作结果

（6）在 F7 单元格输入"=YEAR(TODAY())-YEAR(C7)"，敲回车确定，双击鼠标填充下面的单元格。

（7）在 G7 单元格输入"=VLOOKUP(A7,销售目标,2,0)"，敲回车确定，双击鼠标填充下面的单元格。

（8）在 H7 单元格输入"=SUMIF(销售经理,A7,成交金额)"，敲回车确定，双击鼠标填充下面的单元格。

（9）在 I7 单元格输入"=H7/G7*100%"，敲回车确定，双击鼠标填充下面的单元格。

（10）在 J7 单元格输入"=RANK(H7,$H$7:$H$12)"，敲回车确定，双击鼠标填充下面的单元格。

（11）在 K7 单元格输入"=F8*500"，敲回车确定，双击鼠标填充下面的单元格。

（12）在 L7 单元格输入"=IF(J7<4,1000,0)"，敲回车确定，双击鼠标填充下面的单元格。

（13）在 M7 单元格输入"=IF(I7>130%,1%,IF(I7>120%,0.5%,IF(I7>100%,0.1%,0)))"，敲回车确定，双击鼠标填充下面的单元格。

（14）在 N7 单元格输入"=H7*M7"，敲回车确定，双击鼠标填充下面的单元格。

（15）在 O6 单元格输入"=SUM(O7:O12)"。

（16）在 O7 单元格输入"=K7+L7+N7"，敲回车确定，双击鼠标填充下面的单元格。

（17）选中 I7:I12 单元格区域，单击"数据"选项卡的"条件格式"，如图 5-12 所示，将数据条设置为紫色。完成以上操作后，结果如图 5-13 所示。

图 5-12　条件格式

图 5-13　分析结果

子任务 5.1.2　采用高级筛选获取员工信息

公司决定为司龄大于 4 年且全年业绩大于 25 万元的职工提供房屋补贴，请采用高级筛选方式查找符合条件的职工。

（1）在"提成计算"工作表中输入筛选条件，如图 5-14 所示。

图 5-14　高级筛选条件

（2）依次单击"数据"/"筛选"/"高级"，如图 5-15 所示，弹出"高级筛选"对话框，选择列表区域为"利达公司销售业绩及提成分析表"工作表的"$A$5:$O$12"，条件区域为该工作表的"$C$17:$D$18"，如图 5-16 所示，注意列表区域的第一行要包含条件区域的第一行的内容，否则查不出结果。敲回车确定，结果如图 5-17 所示。

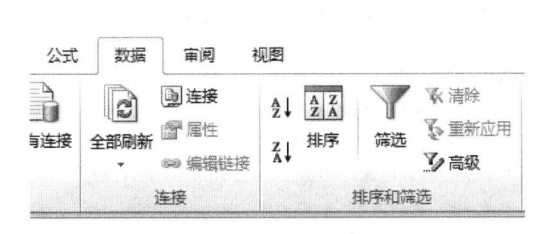

图 5-15 "数据"选项卡 　　　　图 5-16 "高级筛选"对话框

图 5-17 高级筛选结果

（3）高级筛选结束后，可通过"清除"键取消筛选，如图 5-18 所示。

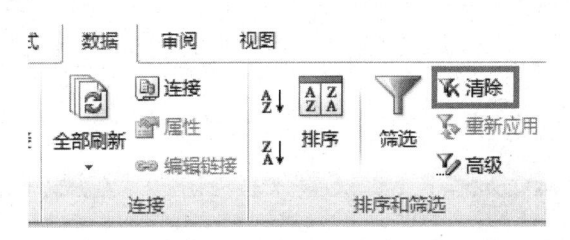

图 5-18 清除高级筛选

子任务 5.1.3　制作迷你图

根据利达公司 2024 年销售额统计表绘制迷你图，分析销售走势，销售额统计情况如图 5-19 所示。

利达公司2024年销售额统计表（单位：万元）												
名称	1月	2月	3月	4月	5月	6月	7月	8月	9月	10月	11月	12月	迷你图
核桃汁	15	25	35	95	80	71	62	105	90	82	70	40	
花生牛奶	58	65	59	70	45	52	58	10	15	48	70	19	

图 5-19 销售额统计情况

（1）在 B2 单元格输入"1月"，在"C2"单元格输入"2月"，随后选中这两个单元格并横向拖拽鼠标，实现自动填充直至"12月"。

（2）将鼠标光标定位至 N3 单元格，单击"插入"选项卡中的"迷你图"，如图 5-20 所示，选择柱形图，此时会弹出"创建迷你图"对话框，接着将"数据范围"选定为 B3:M3

单元格区域，如图 5-21 所示，敲回车确定。之后，通过拖拽鼠标的方式填充下方的单元格。此时，单击"设计"选项卡，可进行更改类型、迷你图颜色、标记颜色等操作。在标记颜色相关设置中，将高点设置成红色，低点设置成紫色，如图 5-22 所示。

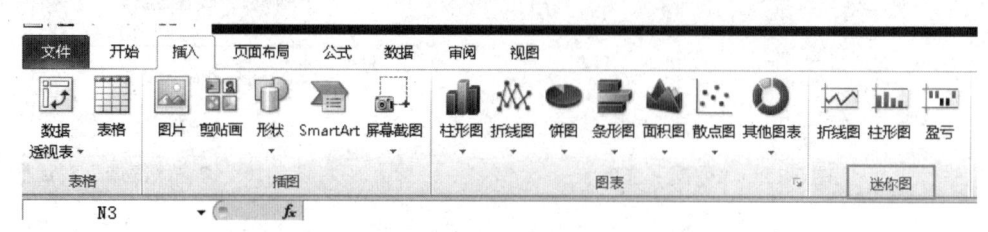

图 5-20　迷你图

图 5-21　创建迷你图

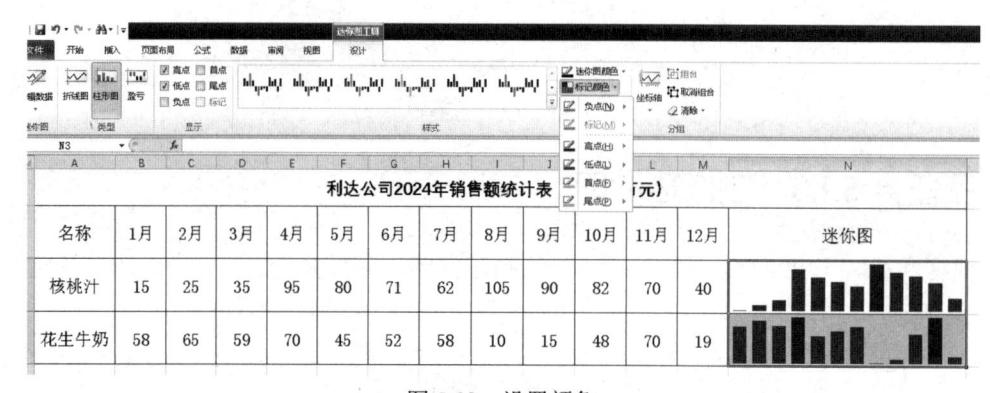

图 5-22　设置颜色

任务二　应收款项管理

任务目标

1. 知识目标

（1）掌握应收款项表的构成。

微课视频
应收款项管理

（2）掌握应收款项账龄分析表的构成。

2. 能力目标

（1）能编制应收款项表。
（2）能编制应收款项账龄分析表和分析图。

3. 素养目标

（1）培养学生自主学习会计信息化新知识、新技能的能力。
（2）培养学生的沟通协调能力和动手能力。
（3）培养学生的社会责任感、团队协作精神和责任意识。
（4）培养学生的爱国主义情感、社会主义核心价值观念。

任务导入

为及时回收货款，公司主管要求会计杨晓做一个客户清单，帮助公司减少坏账，提高公司资金的流动性，为公司的正常生产经营作准备，请运用所学知识使用 Excel 帮助杨晓完成应收款项的统计和分析。

任务实施

（1）在电脑桌面新建名为"利达公司 2024 年 4 月份往来管理.xlsx"的工作簿。
（2）打开工作簿，将"Sheet1"重命名为"客户信息表"，将相关信息填入该工作表，将 A3:H10 单元格区域定义名称为"客户信息表"，如图 5-23 所示。

	A	B	C	D	E	F	G	H
1	客户信息表							
2	客户代码	客户名称	简称	税号	开户银行	银行账号	借或贷	期末余额
3	1001	湖南绿色食品有限公司	绿色公司	430413873405342012L	中国银行	6013186089527841081	借	34,500.00
4	1002	湖南天美食品有限公司	天美公司	430413873405345892L	工商银行	9558608952784108127	借	46,200.00
5	1003	湖南新华食品有限公司	新华公司	430413873405342023L	农业银行	6227986089527841131	借	36,070.00
6	1004	湖南江源食品有限公司	江源公司	430413873405342009L	中国银行	6013186089527840142	借	67,050.00
7	1005	湖南佳味食品有限公司	佳味公司	430413873405342301L	中国银行	6013186089527841054	借	320,800.00
8	1006	广东旺旺食品有限公司	旺旺公司	523413873405342542L	农业银行	6227986089527848016	借	73,600.00
9	1007	江西雅米食品有限公司	雅米公司	746413873405349801L	工商银行	9558186089527840107	借	3,600.00
10	1008	广西飘香食品有限公司	飘香公司	845413873405347520L	建设银行	4367186089527808017	借	72,100.00
11		合计						653,920.00

图 5-23　客户信息表

（3）将"Sheet2"重命名为"应收款项表"，设置表格及表头如图 5-24 所示。

	A	B	C	D	E	F	G	H	I	J	K	L
1	应收款项表											
2	客户代码	客户名称	应收款金额	入账日期	收款期限（天）	到期日	是否到期	未到期款项	款项已经到期的天数			
3									0~60天	61~120天	121~365天	大于365天
4												
5												
6												

图 5-24　应收款项表

（4）打开"客户信息表"工作表，复制客户信息到"应收款项表"工作表的 A4 单元格位置，在 B4 单元格输入"=VLOOKUP(A4,客户信息,3,0)"，敲回车确定，双击鼠标填充下面的单元格。根据应收款明细表及销售合同，填入入账日期和收款期限。

（5）在 G13 单元格输入"=TODAY()"。

（6）在 F4 单元格输入"=D4+E4"，敲回车确定，双击鼠标填充下面的单元格。

（7）在 C4 单元格输入"=VLOOKUP(A4,客户信息,8)"，敲回车确定，双击鼠标填充下面的单元格。

（8）在 G4 单元格输入"=IF(F4>$G$13,"未到期","到期")"，敲回车确定，双击鼠标填充下面的单元格。

（9）在 H4 单元格输入"=IF(G4="未到期",C4,"-")"，敲回车确定，双击鼠标填充下面的单元格。

（10）在 I4 单元格输入"=IF(AND($G$13-F4>0,$G$13-F4<61),C4,"-")"，敲回车确定，双击鼠标填充下面的单元格。

（11）在 J4 单元格输入"=IF(AND($G$13-F4>60,$G$13-F4<121),C4,"-")"，敲回车确定，双击鼠标填充下面的单元格。

（12）在 K4 单元格输入"=IF(AND($G$13-F4>121,$G$13-F4<366),C4,"-")"，敲回车确定，双击鼠标填充下面的单元格。

（13）在 L4 单元格输入"=IF($G$13-F4>365,C4,"-")"，敲回车确定，双击鼠标填充下面的单元格。

（14）选中 H4:L11 单元格区域，再按 Alt+"="快捷键，求出每列的合计金额。合计金额的合计数要等于 C12 单元格的数据。

以上操作结束后，结果如图 5-25 所示。

（15）将"Sheet3"重命名为"应收账款账龄分析表"，设置表格及表头如图 5-26 所示。

（16）在 A3 单元格输入"未到期款项"，复制"应收款项表"工作表的 I3:L3 单元格区域，接着选中"应收账款账龄分析表"工作表的 A4 单元格，右键单击，在弹出的列表中选择"选择性粘贴"，然后勾选"数值"和"转置"，如图 5-27 所示，敲回车确定，结果如图 5-28 所示。以同样的方式，复制"应收款项表"工作表中的 H12:L12 单元格区域，将其粘贴到"应收账款账龄分析表"工作表的相应位置。

应收款项表

客户代码	客户名称	应收款金额	入账日期	收款期限（天）	到期日	是否到期	未到期款项	款项已经到期的天数			
								0~60天	61~120天	121~365天	大于365天
1001	绿色公司	34,500.00	2023/12/11	90	2024/3/10	到期	-	34,500.00	-	-	-
1002	天美公司	46,200.00	2022/12/25	180	2023/6/23	到期	-	-	-	46,200.00	-
1003	新华公司	36,070.00	2024/1/2	60	2024/3/2	到期	-	36,070.00	-	-	-
1004	江源公司	67,050.00	2024/2/5	60	2024/4/5	未到期	67,050.00	-	-	-	-
1005	佳味公司	320,800.00	2022/8/23	360	2023/8/18	到期	-	-	-	320,800.00	-
1006	旺旺公司	73,600.00	2022/5/3	100	2022/8/11	到期	-	-	-	-	73,600.00
1007	雅米公司	3,600.00	2023/11/15	40	2023/12/25	到期	-	3,600.00	-	-	-
1008	飘香公司	72,100.00	2020/12/8	150	2021/5/7	到期	-	-	-	-	72,100.00
应收金额合计		653,920.00					67,050.00	70,570.00	3,600.00	367,000.00	145,700.00
				今日日期：	2024/3/21						

图 5-25 应收款项表结果

（17）在 C3 单元格输入 "=B3/$B$8"，敲回车确定，双击鼠标填充下面的单元格。最后对 B8 和 C8 单元格进行求和操作，结果如图 5-29 所示。

图 5-26 应收款项账龄分析表

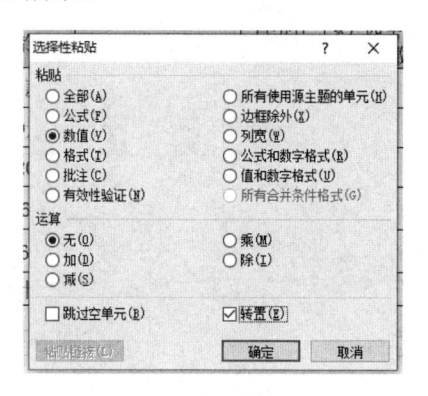

图 5-27 选择性粘贴

图 5-28 获取应收款项账龄

图 5-29 应收款项账龄分析结果

（18）选中 A3:C7 单元格区域，依次单击 "插入" / "图表" / "二维柱形图"，结果如图 5-30 所示。

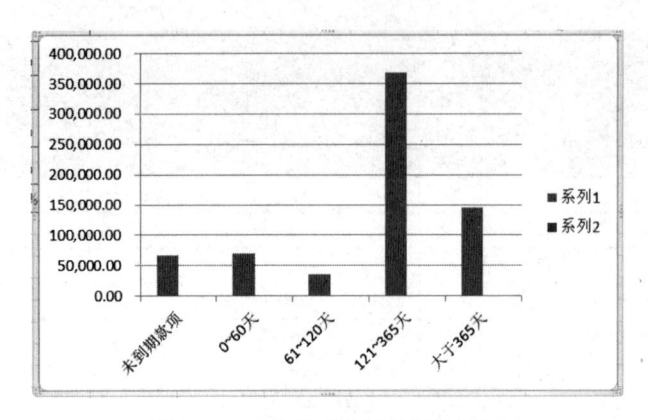

图 5-30　应收款项账龄分析柱形图

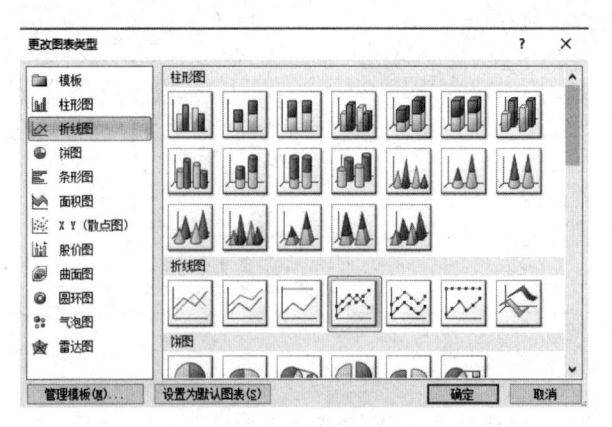

（19）将百分比设置成次坐标，在应收款项账龄分析柱形图中选中"系列 2"，右键单击，在弹出的列表中选择"更改系列图表类型"，如图 5-31 所示。

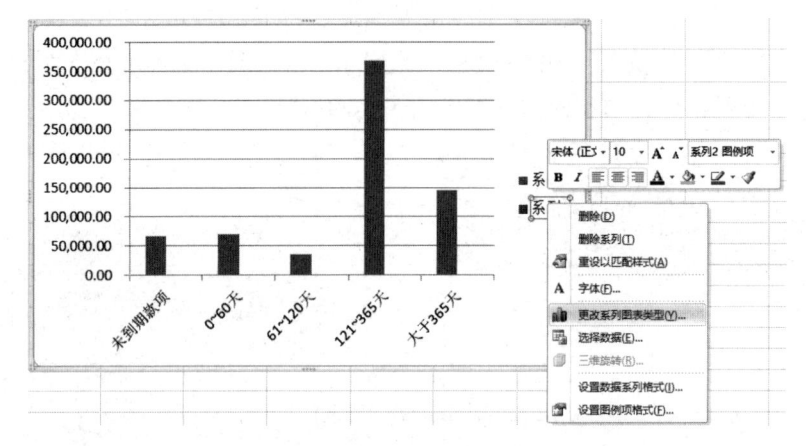

图 5-31　更改系列图表类型

（20）在弹出的"更改图表类型"对话框中，选择"折线图"，如图 5-32 所示，敲回车确定。

图 5-32　选择折线图

（21）继续选中"系列 2"，右键单击，在弹出的列表中选择"设置数据系列格式"，如图 5-33 所示。

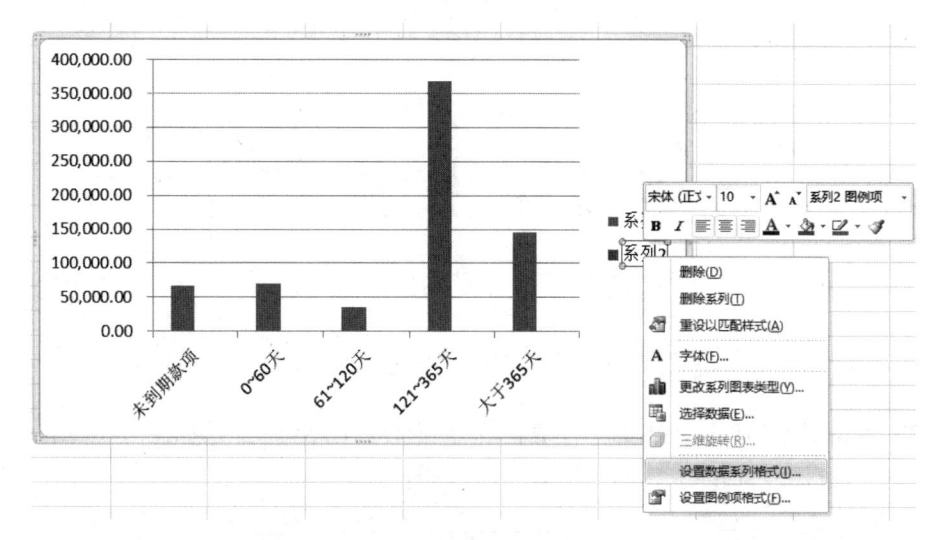

图 5-33　设置数据系列格式

（22）在弹出的"设置数据系列格式"对话框中，系列选项选择"次坐标轴"，如图 5-34 所示。操作完成后，结果如图 5-35 所示。

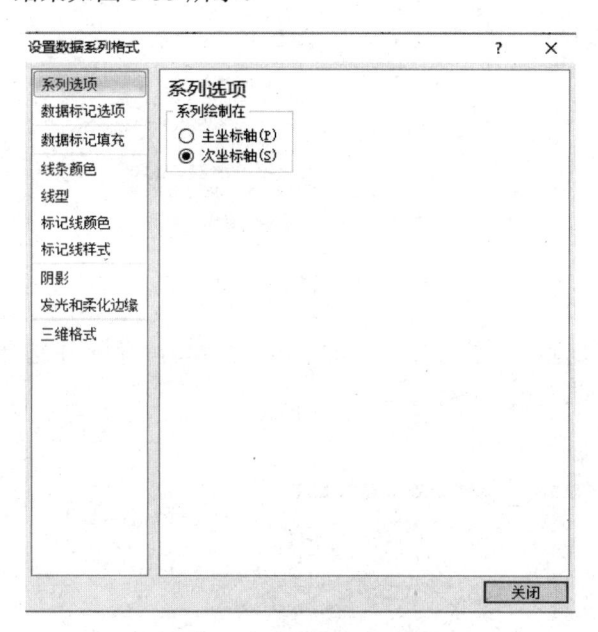

图 5-34　设置数据系列格式

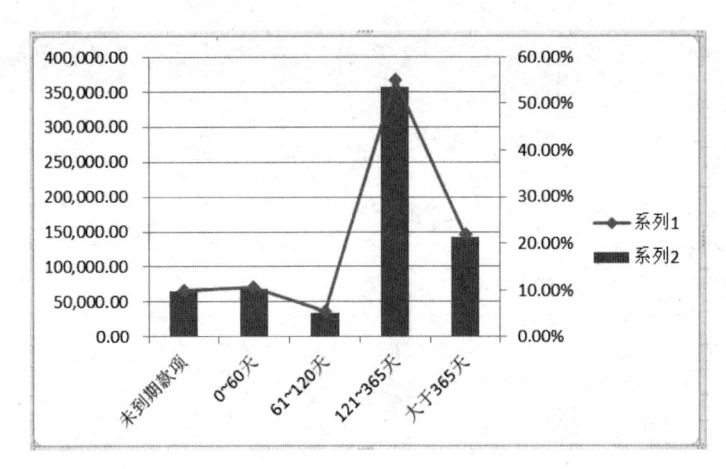

图 5-35 设置次坐标的结果

（23）单击"布局"选项卡的"图表标题"，选择"图表上方"，如图 5-36 所示，在标题文本框中设置图表标题为"应收款项账龄分析图"。

图 5-36 设置图表标题格式

（24）在坐标图中选中"系列 1"，右键单击，在弹出的列表中选择"选择数据"，弹出"选择数据源"对话框，如图 5-37 所示。

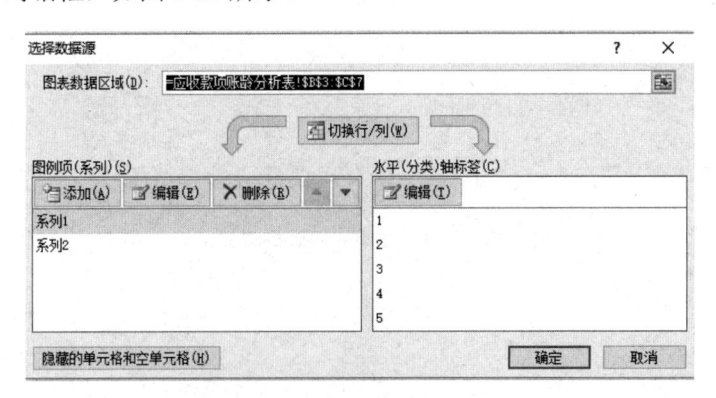

图 5-37 选择数据源（1）

(25)分别对"系列 1"和"系列 2"进行编辑,将其改为"应收金额""百分比",敲回车确定,如图 5-38 所示。操作结束后,结果如图 5-39 所示。

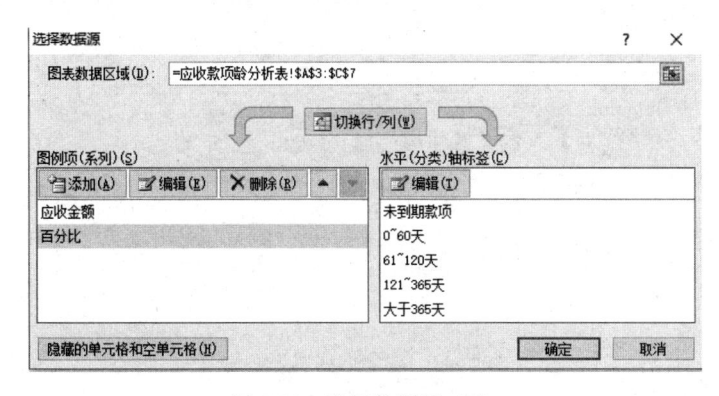

图 5-38　选择数据源(2)

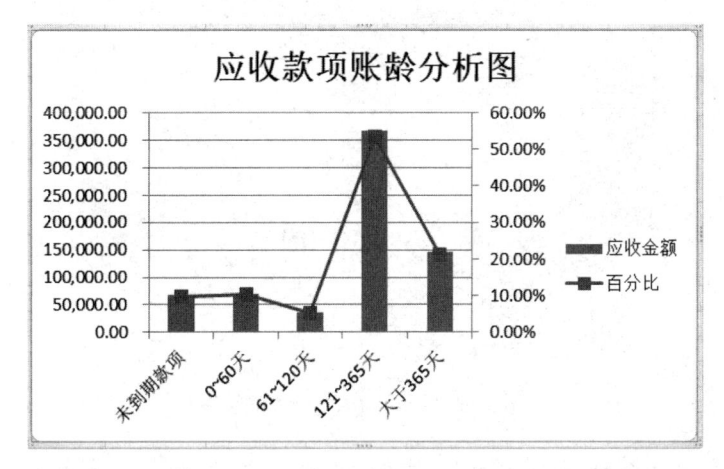

图 5-39　应收款项账龄分析图

(26)设置图表区或绘图区的颜色,在图的空白处右键单击,在弹出的列表中选择"图表区",形状填充选择橙色,如图 5-40～图 5-42 所示。

图 5-40　选择"图表区"

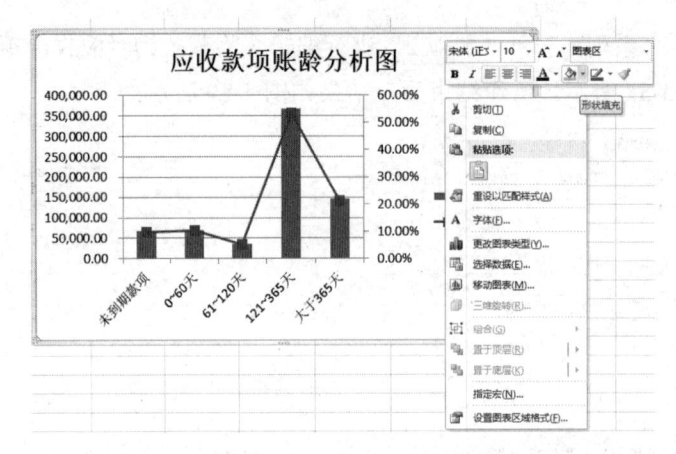

图 5-41 设置形状填充颜色

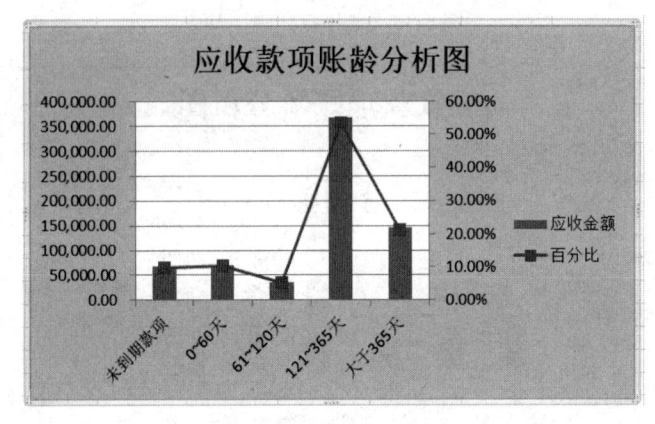

图 5-42 图表区填充橙色的结果

（27）编制坏账准备计提表。新增工作表，将其重命名为"坏账准备计提表"，设置"坏账准备计提表"格式如图 5-43 所示。从其他表格复制账龄和应收金额，将其粘贴到该工作表相应位置，依据会计法律规定并结合企业实际情况确定计提比率。

（28）在 D3 单元格输入"=B3*C3"，敲回车确定，双击鼠标填充下面的单元格，结果如图 5-43 所示。

	A	B	C	D
1	坏账准备计提表			
2	账龄	应收金额	计提比率	计提金额
3	未到期款项	67,050.00	0.10%	67.05
4	0~60天	70,570.00	0.15%	105.86
5	61~120天	36,000.00	0.20%	72.00
6	121~365天	367,000.00	0.30%	1,101.00
7	大于365天	145,700.00	0.50%	728.50
8	合计	686,320.00		2,074.41

图 5-43 坏账准备计提表

任务三 应付款项管理

任务目标

1. 知识目标
（1）掌握应付款项表的构成。
（2）掌握应付款项账龄分析表的构成。

2. 能力目标
（1）能编制应付款项表。
（2）能编制应付款项账龄分析表和分析图。

3. 素养目标
（1）培养学生自主学习会计信息化新知识、新技能的能力。
（2）培养学生的沟通协调能力和动手能力。
（3）培养学生的社会责任感、团队协作精神和诚信意识。
（4）培养学生的爱国主义情感、社会主义核心价值观念。

微课视频
应付款项管理

任务导入

利达公司会计杨晓需要统计公司的供应商信息，并分析供应商的欠款情况，以便下个月合理安排资金的支付，请你运用所学知识使用 Excel 帮助杨晓完成应付款项的统计分析。

任务实施

（1）打开"湖南利达饮品有限公司 2024 年 4 月份往来管理.xlsx"的工作簿。新增工作表，将其重命名为"供应商往来表"，将供应商相关信息填入表格，将 A3:H9 单元格区域定义名称为"供应商信息表"，如图 5-44 所示。

（2）新增工作表，将其重命名为"应付款项统计表"，表格及表头设置如图 5-45 所示。

	A	B	C	D	E	F	G	H
1	供应商信息表							
2	供应商编码	供应商名称	简称	税号	开户银行	银行账号	借或贷	应付金额
3	2001	广东顺心农产品有限公司	顺心公司	52341387341243501201L	中国银行	6103186089527841082	贷	82,010.00
4	2002	湖南红星糖酒副食品公司	红星公司	43041387341243501208L	工商银行	9558186089527841083	贷	50,000.00
5	2003	湖南均亚牛奶销售有限公司	均亚公司	43041387341243501219L	工商银行	9558186089527840024	贷	19,079.20
6	2004	河北涉县悠享农产品有限公司	悠享公司	43041387341243501224L	建设银行	4367489461340960046	贷	30,500.00
7	2005	江西阳林包装公司	阳林公司	74641387341243501236L	农业银行	6227416844153001484	贷	37,800.00
8	2006	广西利民副食品有限公司	利民公司	84541387341243501247L	中国银行	6103148700435497674	贷	13,690.00
9	2007	湖北乐天农产品有限公司	乐天公司	25741387341243501265L	工商银行	9558187604137096045	贷	28,090.00
10		合计						261,169.20

图 5-44 供应商信息表

	A	B	C	D	E	F	G	H	I	J	K	L	M	N
1	应付款项统计表													
2	供应商编码	供应商名称	借或贷	应付款余额	入账日期	付款期限	到期日	今日日期	是否到期	未到期款项	款项已经到期的天数			
3											0~60天	61~120天	121~365天	大于365天
4														
5														

图 5-45 应付款项统计表

（3）打开"供应商往来表"工作表，将供应商编码复制粘贴到"应付款项统计表"工作表的相应位置，在 B4 单元格输入"=VLOOKUP(A4,供应商信息表,3,0)"，敲回车确定，双击鼠标填充下面的单元格。根据应付款明细表及采购合同，将入账日期、付款期限相关信息填入表格。

（4）在 D4 单元格输入"=VLOOKUP(A4,供应商信息表,8,0)"，敲回车确定，双击鼠标填充下面的单元格。

（5）在 G4 单元格输入"=D4+E4"，敲回车确定，双击鼠标填充下面的单元格。

（6）在 H4 单元格输入"=TODAY()"，敲回车确定，双击鼠标填充下面的单元格。

（7）在 I4 单元格输入"=IF(G4>H4,"未到期","到期")"，敲回车确定，双击鼠标填充下面的单元格。

（8）在 J4 单元格输入"=IF(I4="未到期",D4,"-")"，敲回车确定，双击鼠标填充下面的单元格。

（9）在 K4 单元格输入"=IF(AND(H4-G4>0,H4-G4<61),D4,"-")"，敲回车确定，双击鼠标填充下面的单元格。

（10）在 L4 单元格输入"=IF(AND(H4-G4>61,H4-G4<121),D4,"-")"，敲回车确定，双击鼠标填充下面的单元格。

（11）在 M4 单元格输入"=IF(AND(H4-G4>121,H4-G4<366),D4,"-")"，敲回车确定，双击鼠标填充下面的单元格。

（12）在 N4 单元格输入"=IF(H4-G4>365,D4,"-")"，敲回车确定，双击鼠标填充下面的单元格。

（13）选中 J4:N10 单元格区域，再按 Alt+"="快捷键，求出每列的合计金额。合计金额的合计数要等于 D11 单元格的数。至此，应付款项统计表编制完成，结果如图 5-46 所示。

	A	B	C	D	E	F	G	H	I	J	K	L	M	N
1	应付款项统计表													
2	供应商编码	供应商名称	借或贷	应付款余额	入账日期	付款期限（天）	到期日	今日日期	是否到期	未到期款项	款项已经到期的天数			
3											0~60天	61~120天	121~365天	大于365天
4	2001	顺心公司	贷	82,010.00	2024/1/3	50	2024/2/22	2024/3/21	到期	-	82010.00	-	-	-
5	2002	红星公司	贷	50,000.00	2024/9/3	90	2024/12/2	2024/3/21	未到期	50000.00	-	-	-	-
6	2003	均亚公司	贷	19,079.20	2023/1/17	150	2023/6/16	2024/3/21	到期	-	-	-	19079.20	-
7	2004	悠享公司	贷	30,500.00	2022/5/3	100	2022/8/11	2024/3/21	到期	-	-	-	-	30500.00
8	2005	阳林公司	贷	37,800.00	2023/9/3	120	2024/1/1	2024/3/21	到期	-	-	37800.00	-	-
9	2006	利民公司	贷	13,690.00	2023/9/17	180	2024/3/15	2024/3/21	到期	-	13690.00	-	-	-
10	2007	乐天公司	贷	28,090.00	2023/8/3	120	2023/12/1	2024/3/21	到期	-	-	28090.00	-	-
11	应付款合计			261,169.20						50000.00	95700.00	65890.00	19079.20	30500.00

图 5-46　应付款项统计表结果

（14）编制应付款项账龄分析表及分析图，方法和应收款项的编制方法一致，这里不再介绍具体操作步骤，请同学们自行编制。图 5-47 为应付款项账龄分析表，图 5-48 为应付款项账龄分析图。

	A	B	C
1	应付款项账龄分析表		
2	账龄	应付金额	百分比
3	未到期款项	50,000.00	20.73%
4	0~60天	85,700.00	35.54%
5	61~120天	65,890.00	27.32%
6	121~365天	9,079.20	3.76%
7	大于365天	30,500.00	12.65%
8	合计	241,169.20	100.00%

图 5-47　应付款项账龄分析表

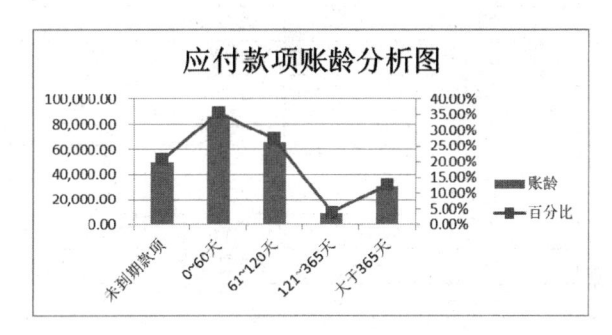

图 5-48　应付款项账龄分析图

项目小结

本项目主要介绍了运用 Excel 进行销售、应收款项、应付款项管理和分析，还介绍了单元格的分列操作、相关条件函数的操作、高级筛选的操作及图表制作等。通过本项目的学习，同学们可以更快速地进行数据查找，进行更直观的数据分析。

课后拓展

练习一

请根据表1红星公司2024年产品销售统计表提供的信息，结合已学知识完成以下操作。
（1）新建"分公司销售统计"工作表，计算红星公司2024年产品销售额，通过数据透视表功能，统计各分公司的产品销售额，透视表的行标签为"产品名称"、列标签为"分公司"、求和项为"销售额/元"。

（2）采用高级筛功能筛选出满足以下条件的所有记录：

筛选条件：产品类别 D-2，产品名称：电视，销售金额大于 250,000 元"。

表 1 红星公司 2024 年产品销售统计表

季度	分公司	产品类别	产品名称	销售数量/件	销售单价/元	销售额/元	销售额排名
1	西部 2	K-1	空调	89	1,380		
1	南部 3	D-2	电冰箱	89	2,340		
1	北部 2	K-1	空调	89	1,380		
4	东部 3	D-2	电冰箱	86	2,340		
4	北部 1	D-1	电视	86	4,460		
3	南部 2	K-1	空调	86	3,540		
3	西部 2	K-1	空调	84	1,380		
2	东部 1	K-1	空调	79	3,540		
3	西部 1	D-1	电视	78	4,460		
4	南部 3	D-2	电冰箱	75	2,340		
2	北部 1	D-1	电视	73	4,460		
2	西部 3	D-2	电冰箱	69	3,210		
1	东部 1	D-1	电视	67	2,750		
3	东部 1	D-1	电视	66	2,750		
2	东部 3	D-2	电冰箱	65	2,340		
1	南部 1	D-1	电视	64	2,750		
3	北部 1	D-1	电视	64	4,460		
2	南部 2	K-1	空调	63	3,540		
1	西部 3	D-2	电冰箱	58	3,210		
4	西部 3	D-2	电冰箱	57	3,210		
2	东部 1	D-1	电视	56	2,750		
2	西部 2	K-1	空调	56	1,380		
1	南部 2	K-1	空调	54	3,540		
3	北部 3	D-2	电冰箱	54	3,210		
3	北部 2	K-1	空调	53	1,380		
2	北部 3	D-2	电冰箱	48	3,210		
4	南部 1	D-1	电视	46	2,750		
2	南部 3	D-2	电冰箱	45	2,340		
3	东部 2	K-1	空调	45	3,540		
1	北部 3	D-2	电冰箱	43	3,210		
2	西部 1	D-1	电视	42	4,460		
3	东部 3	D-2	电冰箱	39	2,340		
2	北部 2	K-1	空调	37	1,380		
4	南部 1	D-1	电视	27	2,750		
1	东部 2	K-1	空调	24	3,540		
4	西部 1	D-1	电视	21	4,460		

练习二

请根据表 2 红星公司 1—12 月份销售额统计表，绘制红星公司销售额迷你图，并将高点设置成红色，低点设置成蓝色。

表 2　红星公司 1—12 月份销售额统计表

单位：元

产品名称	1月	2月	3月	4月	5月	6月	7月	8月	9月	10月	11月	12月	迷你图（柱形图）
冰箱	7,380	6,799	581	581	3,580	2,776	804	804	1,950	1,199	751	751	
电视机	8,499	5,999	2,500	2,500	12,764	7,499	5,265	2,999	2,999	2,099	900	900	
空调	4,399	3,999	400	400	1,899	1,543	356	5,999	5,999	4,499	1,500	1,500	
热水器	7,999	6,999	1,000	1,000	4,899	3,499	1,400	3,431	3,431	3,199	232	232	
洗衣机	8,571	5,999	2,572	2,572	4,198	3,058	1,140	13,999	13,999	10,580	3,419	3,419	
机器人扫地机	899	749	150	150	1,899	1,580	319	319	13,000	12,799	201	201	

练习三

请运用 Excel，根据青年旅行社各客服 2024 年销售情况（见图 1）和员工业绩目标（见图 2），进行员工年终奖的计算，完成年终奖计算表的编制（见图 3）。

	A	B	C	D	E	F	G	H	I
1	成单店铺	成交客服	推广渠道	用户性别	商品类型	房间面积	交易价格	酒店所在城市	用户所在城市
2	天猫店铺	天猫客服1	线上-百度推广	女	公寓	41	746	天津	大理
3	京东店铺	京东客服4	线上-抖音推广	女	酒店	31	587	天津	大理
4	小红书店铺	小红客服1	线上-朋友圈推广	男	民宿	37	980	拉萨	大理
5	拼多多店铺	拼多客服5	线下-电梯广告	女	民宿	41	596	重庆	大理
6	抖音店铺	抖音客服4	线下-公交广告	男	酒店	47	1076	成都	大理
7	天猫店铺	天猫客服3	线下-地铁广告	女	酒店	71	1295	青岛	大理
8	天猫店铺	天猫客服4	其他-老用户介绍	男	公寓	31	581	扬州	大理
9	天猫店铺	天猫客服3	线上-抖音推广	男	酒店	55	1055	大连	大理
10	京东店铺	京东客服4	线上-抖音推广	女	酒店	53	1094	合肥	大理
11	拼多多店铺	拼多客服5	线上-抖音推广	男	公寓	71	1244	天津	大理
12	天猫店铺	天猫客服3	线上-朋友圈推广	女	酒店	21	644	西安	大理
13	天猫店铺	天猫客服1	线上-朋友圈推广	女	民宿	25	449	海口	大理
14	京东店铺	京东客服5	线下-电梯广告	男	民宿	57	671	长春	大理
15	小红书店铺	小红客服2	线下-公交广告	女	酒店	31	842	黄山	大理
16	拼多多店铺	拼多客服3	线上-抖音推广	女	酒店	81	2654	温州	沈阳
17	抖音店铺	抖音客服4	线上-小红书推广	女	公寓	51	1049	南京	沈阳
18	天猫店铺	天猫客服3	线上-百度推广	女	酒店	41	419	青岛	沈阳
19	天猫店铺	天猫客服2	线上-抖音推广	女	酒店	81	1238	北京	沈阳
20	天猫店铺	天猫客服2	线上-朋友圈推广	女	公寓	31	521	昆明	沈阳
21	京东店铺	京东客服1	线下-电梯广告	女	酒店	51	614	温州	沈阳
22	拼多多店铺	拼多客服4	线下-公交广告	男	民宿	61	1244	宜昌	沈阳
23	天猫店铺	天猫客服4	线下-地铁广告	男	民宿	41	689	上海	沈阳
24	天猫店铺	天猫客服1	其他-老用户介绍	女	酒店	41	1316	上海	沈阳
25	京东店铺	京东客服3	线上-抖音推广	女	酒店	33	575	蚌埠	沈阳
26	小红书店铺	小红客服2	线上-抖音推广	女	公寓	57	623	厦门	沈阳
27	拼多多店铺	拼多客服2	线上-抖音推广	女	酒店	61	869	嘉兴	沈阳
28	抖音店铺	抖音客服5	线上-朋友圈推广	女	酒店	61	1310	石家庄	沈阳
29	天猫店铺	天猫客服3	线上-朋友圈推广	男	公寓	55	1631	南昌	沈阳
30	天猫店铺	天猫客服3	线下-电梯广告	女	酒店	41	743	绍兴	沈阳
31	天猫店铺	天猫客服1	线下-公交广告	女	民宿	45	683	天津	沈阳
32	京东店铺	京东客服4	线上-抖音推广	女	民宿	31	617	海口	沈阳
33	拼多多店铺	拼多客服4	线上-小红书推广	男	酒店	37	863	杭州	沈阳
34	天猫店铺	天猫客服2	线上-百度推广	女	酒店	61	842	深圳	沈阳
35	天猫店铺	天猫客服3	线上-抖音推广	女	公寓	201	2984	哈尔滨	沈阳
36	京东店铺	京东客服4	线上-朋友圈推广	女	酒店	41	587	岳阳	沈阳
37	小红书店铺	小红客服2	线下-电梯广告	女	酒店	41	581	沈阳	沈阳
38	拼多多店铺	拼多客服5	线下-公交广告	男	公寓	161	3605	岳阳	沈阳
39	抖音店铺	抖音客服4	线下-地铁广告	女	酒店	61	887	杭州	吉林
40	天猫店铺	天猫客服4	其他-老用户介绍	男	民宿	53	1394	义乌	吉林
41	天猫店铺	天猫客服4	线上-抖音推广	男	民宿	121	4862	海口	吉林
42	天猫店铺	天猫客服2	线上-抖音推广	男	酒店	125	1196	石家庄	吉林
43	京东店铺	京东客服5	线上-抖音推广	男	酒店	61	1916	青岛	吉林
44	拼多多店铺	拼多客服2	线上-朋友圈推广	女	公寓	57	1349	南昌	吉林

图 1　青年旅行社各客服 2024 年销售情况

	B	C
48	员工业绩目标	
49	小红客服2	502,482.20
50	小红客服1	623,025.26
51	天猫客服4	3,329,322.83
52	天猫客服3	3,719,170.89
53	天猫客服2	2,047,678.17
54	天猫客服1	2,811,015.70
55	拼多客服5	1,381,385.54
56	拼多客服4	1,120,617.14
57	拼多客服3	900,067.94
58	拼多客服2	958,554.96
59	京东客服5	1,148,212.38
60	京东客服4	970,839.82
61	京东客服3	924,602.54
62	京东客服2	1,128,394.78
63	抖音客服5	424,133.80
64	抖音客服4	811,105.19

图 2　员工业绩目标

图 3　年终奖计算表

评估销售提成率规则如下：

（1）目标完成度超过 100%，提成 1%；

（2）目标完成度超过 90%，提成 0.5%；

（3）目标完成度超过 70%，提成 0.1%；

（4）目标完成度低于 70%，提成 0。

项目六

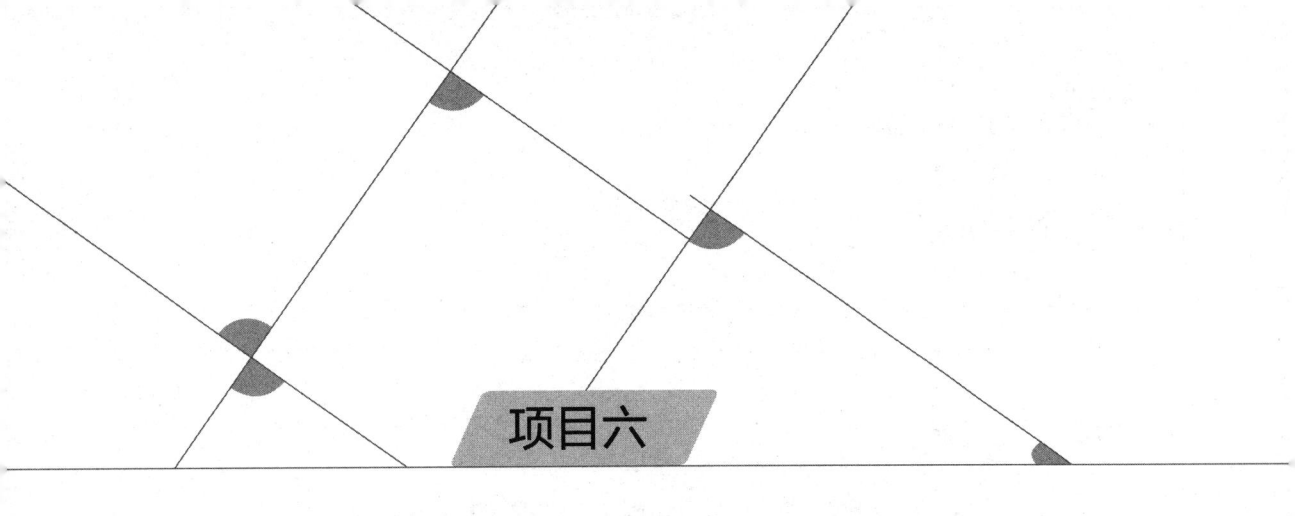

固定资产管理岗位

任务一 固定资产卡片的建立

任务目标

1. 知识目标

（1）掌握固定资产卡片的内容。
（2）了解记录单的使用。
（3）掌握数据有效性的设置方法。

2. 能力目标

（1）能编制固定资产卡片。
（2）能运用记录单进行信息的输入。
（3）能对相关栏目进行数据有效性设置。

3. 素养目标

（1）培养学生自主学习会计信息化的新知识、新技能的能力。
（2）培养学生的团队协助、团队互助等意识。
（3）培养学生的社会责任感、团队精神和协作精神。
（4）培养学生的爱国主义情感、沟通能力和协调能力。

微课视频
固定资产卡片的建立

任务导入

利达公司固定资产的核算都由会计杨晓负责,为了更好地管理固定资产,她需要制作公司固定资产卡片,对固定资产进行统一管理和核算,请你帮她建立固定资产卡片。

任务实施

(1) 在电脑桌面新建名为"利达公司固定资产统计表.xlsx"的工作簿。

(2) 打开工作簿,将"Sheet1"重命名为"固定资产统计"。在该工作表编制固定资产卡片,格式设置如图6-1所示。

A	B	C	D	E	F	G	H	I	J	K	L	M	N	O	P
							固定资产卡片								
折旧计提基准日:			2024/3/21				单位:		利达公司					制表:	
卡片编号	固定资产编号	固定资产名称	规格型号	使用部门	使用状态	增加方式	减少方式	开始使用日期	预计使用年限	原值	净残值率	净残值	已计提月份	折旧方法	折旧费用类别

图6-1 固定资产卡片

(3) 在D2单元格输入"=TODAY()",以确定折旧计提基准日。

(4) 将A列数字格式设置成文本格式。

(5) 为提高固定资产卡片输入内容的准确性和可靠性,对以下栏目进行数据有效性设置:使用部门只能选择"管理部门""生产部门""销售部门""财务部门",如此设置可避免出现不规范或错误的部门信息输入;使用状态只能选择"管理费用""销售费用""制造费用",以确保使用状态所关联的费用信息准确;增加方式只能选择"购入""自建""调拨",以明确固定资产的来源方式,减少输入误差;减少方式只能选择"转出""出售""报废""调拨"。

(6) 在M4单元格输入"=K4*L4",敲回车确定,双击鼠标填充下面的单元格。

(7) 在N4单元格输入"=(YEAR(TODAY())-YEAR(I4))*12+MONTH(TODAY())-MONTH(I4)-1",敲回车确定,双击鼠标填充下面的单元格,结果如图6-2所示。

注意:同学们还可以采用记录单来增加固定资产卡片,操作方法如下:

(1) 单击"文件"选项卡的"选项",如图6-3所示,弹出"Excel 选项"对话框,如图6-4所示,单击"自定义功能区",在"从下列位置选择命令"的"不在功能区命令"中选择"记录单",将其添加到主选项卡中,如图6-5所示。

项目六 固定资产管理岗位

N4 =(YEAR(TODAY())-YEAR(I4))*12+MONTH(TODAY())-MONTH(I4)-1

固定资产卡片

折旧计提基准日： 2024/3/21　　　　单位：利达公司　　　　制表：

卡片编号	固定资产编号	固定资产名称	规格型号	使用部门	使用状态	增加方式	减少方式	开始使用日期	预计使用年限	原值	净残值率	净残值	已计提月份	折旧方法	折旧费用类别
01	0101101	办公楼	20万平方米	管理部门	在用	自建	出售	2018/12/1	50	500,000.00	25%	125,000.00	62	平均年限法	管理费用
02	0301101	厂房	60万平方米	生产部门	在用	自建	出售	2015/12/1	50	1,600,000.00	25%	400,000.00	98	平均年限法	制造费用
03	0201101	仓库	40万平方米	销售部门	在用	自建	出售	2015/12/1	50	300,000.00	25%	75,000.00	98	平均年限法	销售费用
04	0203102	货车	20吨	销售部门	在用	购入	出售	2022/2/5	10	350,000.00	5%	17,500.00	24	平均年限法	销售费用
05	0102103	电脑	联想	管理部门	在用	购入	报废	2023/3/5	4	12,000.00	1%	120.00	11	双倍余额递减法	管理费用
06	0102104	电脑	联想	管理部门	在用	购入	报废	2023/3/5	4	15,000.00	1%	150.00	11	双倍余额递减法	管理费用
07	0102105	传真机	惠普	管理部门	在用	购入	报废	2022/2/1	6	6,000.00	1%	60.00	24	平均年限法	管理费用
08	0102106	复印机	索尼	管理部门	在用	购入	报废	2022/3/1	6	30,000.00	2%	600.00	23	平均年限法	管理费用
09	0202103	打印机	惠普	销售部门	在用	调拨	报废	2022/5/1	6	4,000.00	2%	80.00	21	平均年限法	管理费用
10	0303102	瓶装饮料生产线	XL-01	生产部门	在用	购入	出售	2017/10/1	12	200,000.00	5%	10,000.00	76	年数总和法	制造费用
11	0303103	（冷灌装）生产线	TI-02	生产部门	在用	购入	出售	2017/6/1	12	250,000.00	5%	12,500.00	80	年数总和法	制造费用
12	0402101	打印机	惠普	财务部门	在用	购入	报废	2023/11/1	5	3,000.00	1%	30.00	3	平均年限法	管理费用
13	0302104	包装生产线	XS-02	生产部门	在用	购入	出售	2019/6/10	12	63,000.00	1%	630.00	56	双倍余额递减法	制造费用

图 6-2　固定资产卡片

图 6-3　"文件"选项卡

（2）单击"文件"选项卡的"新建"，随后单击"添加"，系统会自动将记录单添加到"开始"选项卡的后面，如图 6-6 所示。

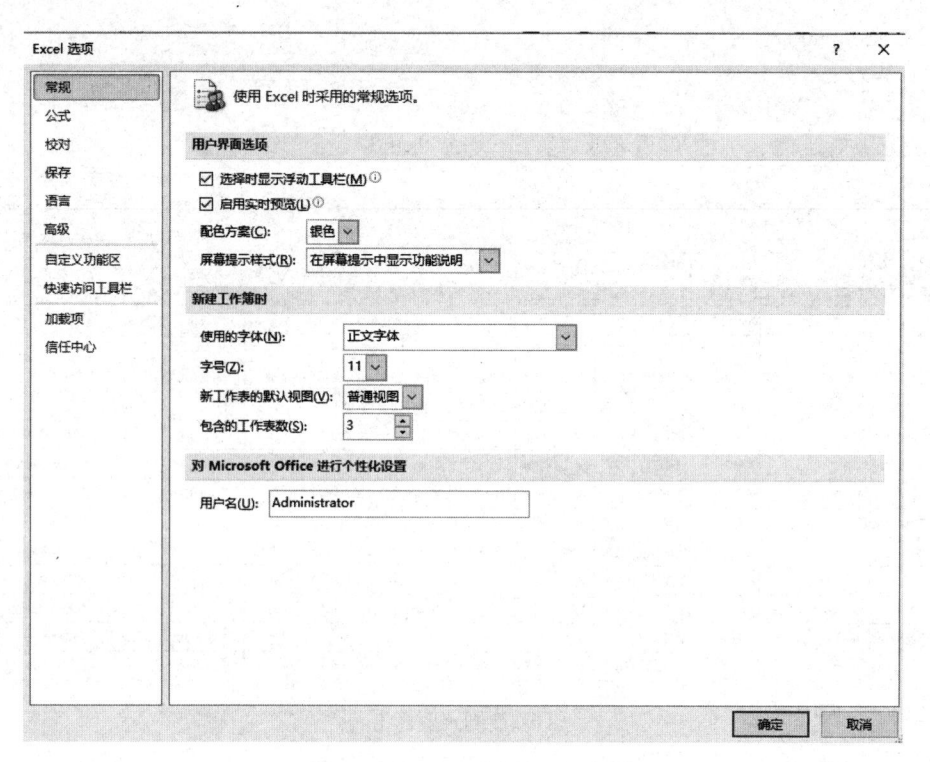

图 6-4 "Excel 选项"对话框

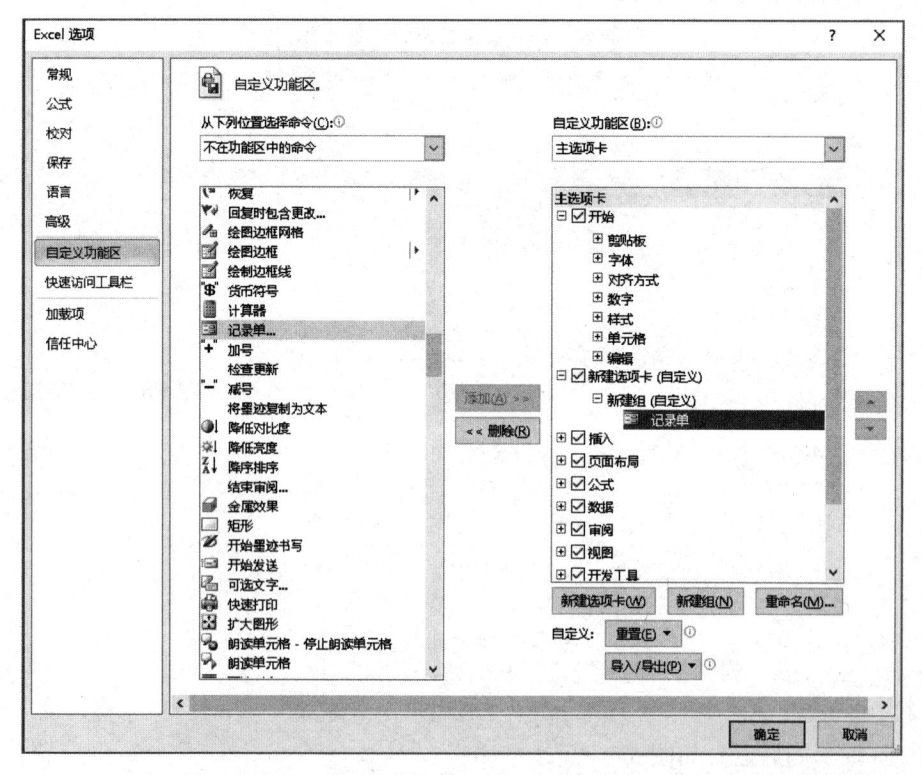

图 6-5 增加记录单选项卡

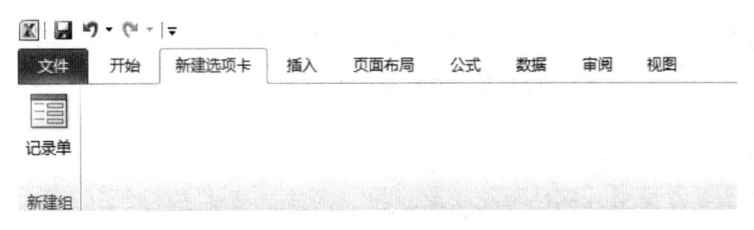

图 6-6　记录单添加成功

（3）选中"固定资产统计"工作表中的 A3:R3 单元格区域，单击"新建选项卡"选项卡中的记录单，弹出"固定资产统计"对话框，如图 6-7 所示，将固定资产卡片信息按栏目名称依次输入，通过此方法来建立固定资产卡片。

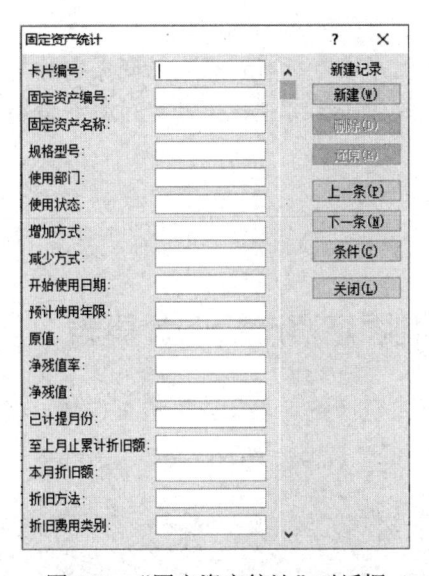

图 6-7　"固定资产统计"对话框

任务二　折旧额的计算和分析

任务目标

1. 知识目标

（1）掌握固定资产折旧的方法。
（2）掌握固定资产折旧额的计算。
（3）掌握 SLN 函数、DDB 函数、SYD 函数的功能。

2. 能力目标

（1）能进行固定资产折旧计算表的编制。

微课视频
固定资产折旧的计算

（2）能运用函数进行固定资产折旧额的计算。
（3）能运用 INT 函数进行折旧期数的取整计算。

3. 素养目标

（1）培养学生自主学习会计信息化新知识、新技能的能力。
（2）培养学生的沟通协调能力和动手能力。
（3）培养学生的社会责任感、团队协作精神和诚信意识。
（4）培养学生的爱国主义情感、社会主义核心价值观念。

任务导入

利达公司每月要对固定资产进行折旧计提。杨晓需要计算当月固定资产折旧额，并对折旧情况进行分析和账务处理，请运用 Excel 帮她进行折旧额的计算和分析，为固定资产计提的账务处理作准备。

任务实施

子任务 6.2.1　编制固定资产折旧计算表

（1）打开"利达公司固定资产统计表.xlsx"的工作簿，将"Sheet2"重命名为"折旧计算"。在该工作表编制固定资产折旧计算表，格式如图 6-8 所示。

图 6-8　固定资产折旧计算表

（2）打开"固定资产统计"工作表，复制相关信息到"折旧计算"工作表中，采用平均年限法（直线法）计提折旧，在 O4 单元格输入"=IF(F4="报废",0,SLN(K4,M4,J4)/12)"，敲回车确定，结果如图 6-9 所示。

图 6-9　固定资产折旧计算表 1（平均年限法）

（3）使用 DDB 函数，采用双倍余额递减法计提折旧，在 O8 单元格输入"=DDB(K8,M8,J8,INT(N8/12)+1)/12"，敲回车确定，结果如图 6-10 所示。注意，采用双倍余额递减法计提折旧到最后两年应改为直线法计提折旧，所以不能再使用 DDB 函数计算了，而要使用 SLN 函数进行计算。

卡片编号	固定资产编号	固定资产名称	规格型号	使用部门	使用状态	增加方式	减少方式	开始使用日期	预计使用年限	原值	净残值率	净残值	已计提月份	本月折旧额	折旧方法	折旧费用类别
01	0101101	办公楼	20万平方米	管理部门	在用	自建	出售	2018/12/1	50	500,000.00	25%	125,000.00	62	625.00	平均年限法	管理费用
02	0301101	厂房	60万平方米	生产部门	在用	自建	出售	2015/12/1	50	1,600,000.00	25%	400,000.00	98	2,000.00	平均年限法	制造费用
03	0201101	仓库	40万平方米	销售部门	在用	自建	出售	2015/12/1	50	300,000.00	25%	75,000.00	98	375.00	平均年限法	销售费用
04	0203102	货车	20吨	销售部门	在用	购入	出售	2022/2/5	10	350,000.00	5%	17,500.00	24	2,770.83	平均年限法	销售费用
05	0102103	电脑	联想	管理部门	在用	购入	报废	2023/3/5	4	12,000.00	1%	120.00	11	500.00	双倍余额递减法	管理费用
06	0102104	电脑	联想	管理部门	在用	购入	报废	2023/3/5	4	15,000.00	1%	150.00	11	625.00	双倍余额递减法	管理费用

图 6-10　固定资产折旧计算表（双倍余额递减法）

（4）使用 SYD 函数，采用年数总和法计提折旧，在 O13 单元格输入"=SYD(K13,M13,J13,INT(N13/12)+1)/12"，敲回车确定，结果如图 6-11 所示。

卡片编号	固定资产编号	固定资产名称	规格型号	使用部门	使用状态	增加方式	减少方式	开始使用日期	预计使用年限	原值	净残值率	净残值	已计提月份	本月折旧额	折旧方法	折旧费用类别
01	0101101	办公楼	20万平方米	管理部门	在用	自建	出售	2018/12/1	50	500,000.00	25%	125,000.00	69	625.00	平均年限法	管理费用
02	0301101	厂房	60万平方米	生产部门	在用	自建	出售	2015/12/1	50	1,600,000.00	25%	400,000.00	105	2,000.00	平均年限法	制造费用
03	0201101	仓库	40万平方米	销售部门	在用	自建	出售	2015/12/1	50	300,000.00	25%	75,000.00	105	375.00	平均年限法	销售费用
04	0203102	货车	20吨	销售部门	在用	购入	出售	2022/2/5	10	350,000.00	5%	17,500.00	31	2,770.83	平均年限法	销售费用
05	0102103	电脑	联想	管理部门	在用	购入	报废	2023/3/5	4	12,000.00	1%	120.00	18	250.00	双倍余额递减法	管理费用
06	0102104	电脑	联想	管理部门	在用	购入	报废	2023/3/5	4	15,000.00	1%	150.00	18	312.50	双倍余额递减法	管理费用
07	0102105	传真机	惠普	管理部门	在用	购入	报废	2022/2/1	6	6,000.00	1%	60.00	31	82.50	平均年限法	管理费用
08	0102106	复印机	索尼	管理部门	在用	购入	报废	2022/3/1	6	30,000.00	2%	600.00	30	408.33	平均年限法	管理费用
09	0202103	打印机	惠普	销售部门	在用	购入	调拨	2022/5/1	6	4,000.00	2%	80.00	28	54.44	平均年限法	管理费用
10	0303102	瓶装饮料生产线	KL-01	生产部门	在用	购入	出售	2017/10/1	12	200,000.00	5%	10,000.00	83	1,217.95	年数总和法	制造费用
11	0303103	（冷灌装）生产线	TI-02	生产部门	在用	购入	出售	2017/6/1	12	250,000.00	5%	12,500.00	87	1,268.70	年数总和法	制造费用
12	0402101	打印机	惠普	财务部门	在用	购入	报废	2023/11/1	5	3,000.00	1%	30.00	10	49.50	平均年限法	管理费用
13	0302104	包装生产线	XS-02	生产部门	在用	购入	出售	2019/6/10	12	63,000.00	1%	630.00	63	351.64	双倍余额递减法	制造费用

图 6-11　固定资产折旧计算表（年数总和法）

知识窗口

SLN 函数、DDB 函数和 SYD 函数都是 Excel 中用于计算固定资产折旧的函数。

（1）SLN 函数，用于返回某项固定资产在一个期间内的线性折旧值，即按照直线法计算折旧。

（2）DDB 函数主要是使用双倍余额递减法或其他指定的方法，计算固定资产在给定期间内的折旧值。

（3）SYD 函数用于返回某项固定资产按年数总和法计算的指定期间的折旧值，其语法：SYD(cost, salvage, life, per)。

（4）INT 函数主要用于将一个数值向下舍入为最接近的整数。

子任务 6.2.2　计算固定资产折旧额

（1）分别用 SLN 函数、DDB 函数、SYD 函数在同一个工作表中计算单个固定资产的折旧额，分析折旧额差异，设置表格如图 6-12 所示。

（2）在 B6 单元格输入"=SLN($B$2,$B$3,$B$4)"，敲回车确定，双击鼠标填充下面的单元格。

	A	B	C	D	E	F	G
1				生产线折旧额的计算			
2	原始成本（cost）			882000			
3	预计净残值（salvage）			10500			
4	预计使用年限（life）			10			
5	折旧年份	直线法	月折旧额	年数总和法	月折旧额	双倍余额递减法	月折旧额
6	1						
7	2						
8	3						
9	4						
10	5						
11	6						
12	7						
13	8						
14	9						
15	10						
16	折旧合计						

图 6-12　生产线折旧额的计算

（3）在 C6 单元格输入"=B6/12"，敲回车确定，双击鼠标填充下面的单元格。

（4）在 D6 单元格输入"=SYD($B$2,$B$3,$B$4,A6)"，敲回车确定，双击鼠标填充下面的单元格。

（5）在 E6 单元格输入"=B6/12"，敲回车确定，双击鼠标填充下面的单元格。

（6）在 F6 单元格输入"=DDB($B$2,$B$3,$B$4,A6)"，敲回车确定，双击鼠标填充下面的单元格。

（7）在 F14 单元格输入"=SLN($B$2-SUM($F$6:$F$13),$B$3,2)"，敲回车确定，双击鼠标填充到 F15 单元格。

（8）在 G6 单元格输入"=F6/12"，敲回车确定，双击鼠标填充下面的单元格。

（9）选中 B16、D16、F16 单元格，按 Alt+"="快捷键进行求和；然后按 Ctrl+"~"快捷键，显示单元格公式，如图 6-13 所示，再次按 Ctrl+"~"快捷键，显示计算结果，如图 6-14 所示。

项目六 固定资产管理岗位

	A	B	C	D	E	F	G
1			生产线折旧额的计算				
2	原始成本（cost）	882000					
3	预计净残值（salvage）	10500					
4	预计使用年限（life）	10					
5	折旧年份	直线法	月折旧额	年数总和法	月折旧额	双倍余额递减法	月折旧额
6	1	=SLN($B$2,$B$3,$B$4)	=B6/12	=SYD($B$2,$B$3,$B$4,A6)	=D6/12	=DDB($B$2,$B$3,$B$4,A6)	=F6/12
7	2	=SLN($B$2,$B$3,$B$4)	=B7/12	=SYD($B$2,$B$3,$B$4,A7)	=D7/12	=DDB($B$2,$B$3,$B$4,A7)	=F7/12
8	3	=SLN($B$2,$B$3,$B$4)	=B8/12	=SYD($B$2,$B$3,$B$4,A8)	=D8/12	=DDB($B$2,$B$3,$B$4,A8)	=F8/12
9	4	=SLN($B$2,$B$3,$B$4)	=B9/12	=SYD($B$2,$B$3,$B$4,A9)	=D9/12	=DDB($B$2,$B$3,$B$4,A9)	=F9/12
10	5	=SLN($B$2,$B$3,$B$4)	=B10/12	=SYD($B$2,$B$3,$B$4,A10)	=D10/12	=DDB($B$2,$B$3,$B$4,A10)	=F10/12
11	6	=SLN($B$2,$B$3,$B$4)	=B11/12	=SYD($B$2,$B$3,$B$4,A11)	=D11/12	=DDB($B$2,$B$3,$B$4,A11)	=F11/12
12	7	=SLN($B$2,$B$3,$B$4)	=B12/12	=SYD($B$2,$B$3,$B$4,A12)	=D12/12	=DDB($B$2,$B$3,$B$4,A12)	=F12/12
13	8	=SLN($B$2,$B$3,$B$4)	=B13/12	=SYD($B$2,$B$3,$B$4,A13)	=D13/12	=DDB($B$2,$B$3,$B$4,A13)	=F13/12
14	9	=SLN($B$2,$B$3,$B$4)	=B14/12	=SYD($B$2,$B$3,$B$4,A14)	=D14/12	=SLN($B$2-SUM($F$6:$F$13),$B$3,2)	=F14/12
15	10	=SLN($B$2,$B$3,$B$4)	=B15/12	=SYD($B$2,$B$3,$B$4,A15)	=D15/12	=SLN($B$2-SUM($F$6:$F$13),$B$3,2)	=F15/12
16	折旧合计	=SUM(B6:B15)		=SUM(D6:D15)		=SUM(F6:F15)	

图 6-13　折旧额计算公式

	A	B	C	D	E	F	G
1			生产线折旧额的计算				
2	原始成本（cost）			882000			
3	预计净残值（salvage）			10500			
4	预计使用年限（life）			10			
5	折旧年份	直线法	月折旧额	年数总和法	月折旧额	双倍余额递减法	月折旧额
6	1	87,150.00	7,262.50	158,454.55	13,204.55	176,400.00	14,700.00
7	2	87,150.00	7,262.50	142,609.09	11,884.09	141,120.00	11,760.00
8	3	87,150.00	7,262.50	126,763.64	10,563.64	112,896.00	9,408.00
9	4	87,150.00	7,262.50	110,918.18	9,243.18	90,316.80	7,526.40
10	5	87,150.00	7,262.50	95,072.73	7,922.73	72,253.44	6,021.12
11	6	87,150.00	7,262.50	79,227.27	6,602.27	57,802.75	4,816.90
12	7	87,150.00	7,262.50	63,381.82	5,281.82	46,242.20	3,853.52
13	8	87,150.00	7,262.50	47,536.36	3,961.36	36,993.76	3,082.81
14	9	87,150.00	7,262.50	31,690.91	2,640.91	68,737.52	5,728.13
15	10	87,150.00	7,262.50	15,845.45	1,320.45	68,737.52	5,728.13
16	折旧合计	871,500.00		871,500.00		871,500.00	

图 6-14　折旧额计算结果

子任务 6.2.3　编制折旧分析表

（1）采用数据透视表，将折旧费用按费用类别进行统计，打开"折旧计算"工作表，选中 A3:Q16 单元格区域。单击"插入"选项卡中的"数据透视表"，弹出"创建数据透视表"对话框，透视区域自动识别为 A3:Q16 单元格区域，选择放置数据透视表的位置为"新工作表"，如图 6-15 所示，敲回车确定。创建的折旧数据透视表出现在新工作表中，如图 6-16 所示。

	A	B	C	D	E	F	G	H	I	J	K	L	M	N	O	P	Q
1								固定资产折旧计算表									
2		折旧计提基准日：		2024/3/21						单位：	利达公司				制表：		
3	卡片编号	固定资产编号	固定资产名称	规格型号	使用部门	使用状态	增加方式	减少方式	开始使用日期	预计使用年限	原值	净残值率	净残值	已计提月份	本月折旧额	折旧方法	折旧费用类别
4	01	0101101	办公楼	20万平方米	管理部门	在用	自建	出售	2018/12/1	50	500,000.00	25%	125,000.00	62	625.00	平均年限法	管理费用
5	02	0301101	厂房	60万平方米	生产部门	在用	自建	出售	2015/12/1	50	1,600,000.00	25%	400,000.00	98	2,000.00	平均年限法	制造费用
6	03	0201101	仓库	40万平方米	销售部门	在用	自建	出售	2015/12/1	50	300,000.00	25%	75,000.00	98	375.00	平均年限法	销售费用
7	04	0203102	货车	20吨	销售部门	在用	购入	出售	2022/2/5	10	350,000.00	5%	17,500.00	24	2,770.83	平均年限法	销售费用
8	05	0102103	电脑	联想	管理部门	在用	购入	报废	2023/3/5	4						双倍余额递减法	管理费用
9	06	0102104	电脑	联想	管理部门	在用	购入	报废	2023/3/5	4						双倍余额递减法	管理费用
10	07	0102105	传真机	惠普	管理部门	在用	购入	报废	2022/2/1	6						平均年限法	管理费用
11	08	0102106	复印机	索尼	管理部门	在用	购入	报废	2022/3/1	6						平均年限法	管理费用
12	09	0202103	打印机	惠普	销售部门	在用	调拨	报废	2022/5/1	6						平均年限法	管理费用
13	10	0303102	瓶装饮料生产线	KL-01	生产部门	在用	购入	出售	2017/10/1	12						年数总和法	制造费用
14	11	0303103	（冷灌装）生产线	TI-02	生产部门	在用	购入	出售	2017/6/1	12						年数总和法	制造费用
15	12	0402101	打印机	惠普	财务部门	在用	购入	报废	2023/11/1	5						平均年限法	管理费用
16	13	0302104	包装生产线	XS-02	生产部门	在用	购入	出售	2019/6/10	12	63,000.00	1%	630.00	56	421.97	双倍余额递减法	制造费用

图 6-15　折旧透视

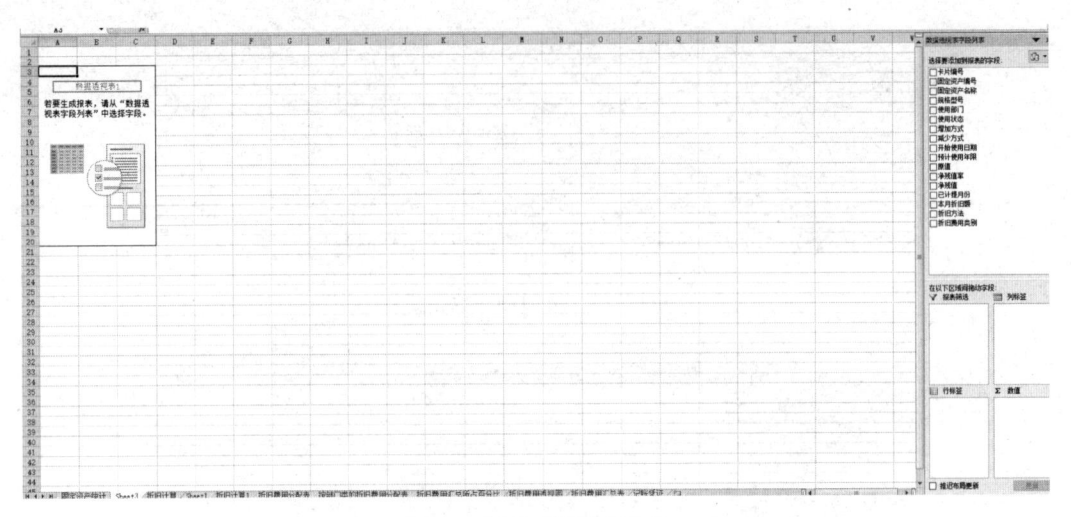

图 6-16 折旧数据透视表

（2）将透视表所在的新工作表重命名为"折旧费用分配表"。

（3）在该工作表右侧数据透视表字段列表中选择透视字段：使用部门、原值、本月折旧额、折旧费用类别，如图 6-17 所示。透视字段选择完成后，工作表中透视表结果如图 6-18 所示。

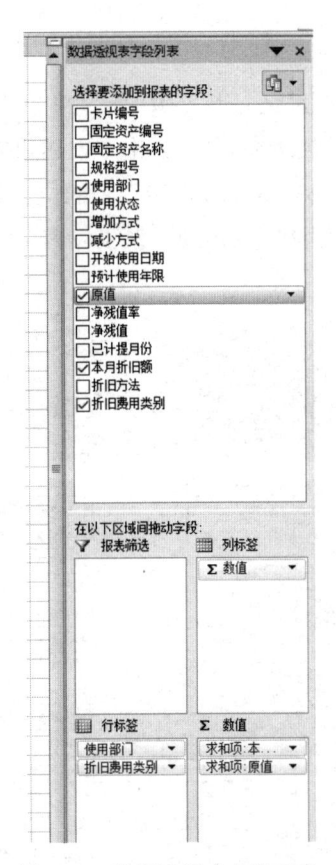

图 6-17 数据透视表字段列表

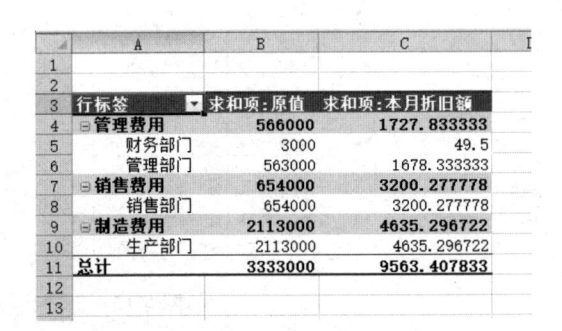

	A	B	C	D
1				
2				
3	行标签	求和项:原值	求和项:本月折旧额	
4	管理费用	566000	1727.833333	
5	财务部门	3000	49.5	
6	管理部门	563000	1678.333333	
7	销售费用	654000	3200.277778	
8	销售部门	654000	3200.277778	
9	制造费用	2113000	4635.296722	
10	生产部门	2113000	4635.296722	
11	总计	3333000	9563.407833	
12				
13				

图 6-18 透视表结果

（4）进行单元格数值格式的设置，选中透视表中所有数字区域，右键单击，在弹出的列表中选择"设置单元格格式"，弹出"设置单元格格式"对话框，数字设置为"数值"，小数位数设为"2"，同时勾选"使用千位分隔符"，如图 6-19 所示，敲回车确定，结果如图 6-20 所示。

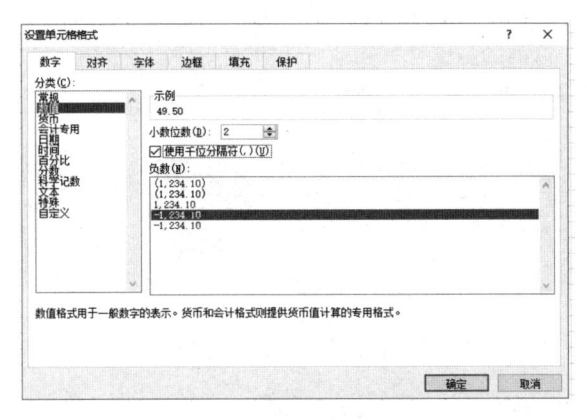

图 6-19 设置单元格格式

图 6-20 折旧费用分配表结果

微课视频
折旧费用分析图表的绘制

（5）对本月折旧额进行分析图的制作，选中 A3:C11 单元格区域，在"插入"选项卡的"图表"中，单击"饼图"，选择二维饼图的分离型饼图，如图 6-21 所示。

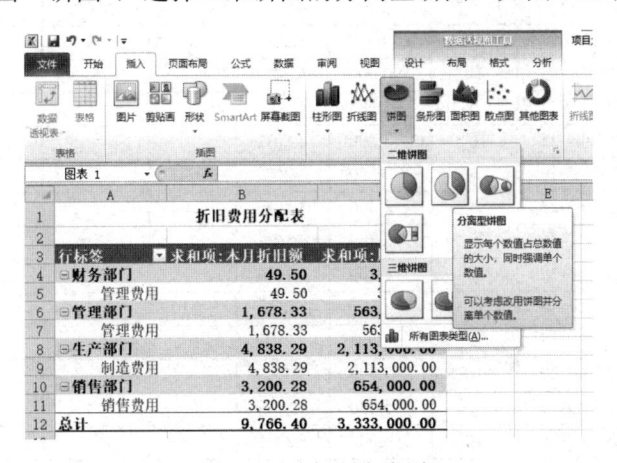

图 6-21 选择图表类型

（6）在"数据透视图工具"中的"设计"中选择带百分比且行标签在右侧显示的饼图，结果如图 6-22 所示。此分析图可更直观地了解本月折旧费用主要分布在哪个部门。

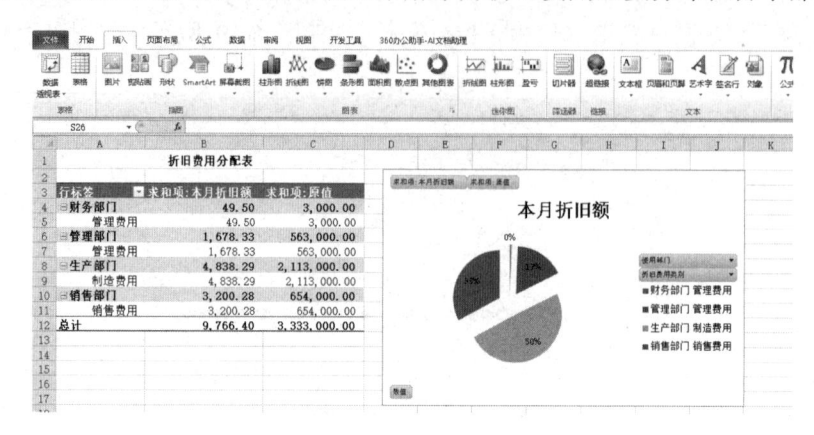

图 6-21 本月折旧额的饼图

项目小结

本项目主要介绍了运用 Excel 编制固定资产卡片，并运用函数进行固定资产折旧额的计算，以及运用图表功能进行固定资产折旧分析图的制作。

课后拓展

请根据表 1 提供的资料在 Excel 中完成红星公司固定资产折旧额计算表的编制，并根据该表绘制柱形分析图。

表 1 红星公司固定资产折旧额计算表   单位：元

卡片编号	固定资产名称	开始使用日期	预计使用年限	原值	残值率	净残值	已提折旧月数	本月折旧额	折旧方法
001	办公室	2017-4-15	15	200,000	5.20%				平均年限法
002	仓库	2017-4-15	10	500,000	5.20%				平均年限法
003	电脑	2020-7-17	6	5,100	4.80%				双倍余额递减法
004	电脑	2020-4-25	6	5,200	4.80%				双倍余额递减法
006	扫描仪	2020-5-10	6	2,150	3.20%				年数总和法
007	打印机	2020-7-22	6	2,450	3.20%				双倍余额递减法
008	空调	2021-7-26	5	5,300	4.10%				年数总和法
009	空调	2021-3-10	5	5,300	4.10%				年数总和法
010	饮水机	2022-5-10	5	300	3.20%				双倍余额递减法
011	饮水机	2022-7-15	5	300	3.20%				双倍余额递减法
012	轿车	2019-3-20	10	250,000	5.30%				年数总和法
013	电脑	2021-7-15	6	5,000	4.80%				双倍余额递减法
014	商务车	2019-7-15	10	360,000	5.30%				年数总和法

项目七

成本管理岗位

任务一 成本费用的计算

任务目标

1. 知识目标

（1）掌握发出存货成本的方法及计算。
（2）掌握最佳存货订购数量的概念。
（3）掌握 POWER 函数、PRODUCT 函数、SUMPRODUCT 函数、ROUND 函数的功能。

2. 能力目标

（1）能运用 PRODUCT 函数、SUMPRODUCT 函数进行平均单价的计算。
（2）能运用 POWER 函数解决成本分析问题。
（3）能运用 ROUND 函数、ROUNDDOWN 函数、ROUNDUP 函数进行取值操作。

3. 素养目标

（1）培养学生自主学习会计信息化的新知识、新技能的能力。
（2）培养学生的团队协助、团队互助等意识。
（3）培养学生的社会责任感、团队精神和协作精神。
（4）培养学生的爱国主义情感、沟通能力和协调能力。

任务导入

（1）需确定使订货成本和储存成本之和最小的订货量，平衡二者，防止因采购量不准致使储存、进货或缺货成本过度增加，从而优化存货管理、提升经济效益。请为采购主管计算最经济的订货批量，降低相关成本。已知利达公司本年需要外购核桃 2,000 千克，单价 35 元/千克，每年变动储存成本 4 元，每次订货费用 300 元。

（2）利达公司采用月末一次加权平均法计算发出材料的成本，请运用简便的方法帮会计杨晓计算花生仁发出单价。利达公司 4 月花生仁的发出情况如图 7-1 所示。

	A	B	C	D
1	利达公司4月花生仁的发出情况			
2	日期	领用数量	采购单价	金额
3	期初	150	8.6	1,290.00
4	4月2日	230	8.7	2,001.00
5	4月8日	185	8.5	1,572.50
6	4月10日	172	9.3	1,599.60
7	4月15日	215	10.2	2,193.00
8	4月21日	315	7.8	2,457.00
9	4月25日	283	8.4	2,377.20
10	合计	1550		13,490.30

图 7-1 利达公司 4 月花生仁的发出情况

（3）月底，利达公司成本会计要分配制造费用，从而计算完工产品成本。已知五谷核桃汁、原味核桃汁、花生牛奶（浓香）、花生牛奶（纯香）的生产工时依次为 1,450 工时、1,268 工时、2,780 工时、2,341 工时，本月制造费用总计 33,508 元。请为会计杨晓分配制造费用（分配率结果保留四位小数）。

任务实施

（1）利达公司全年需要外购核桃 2,000 千克，单价 35 元/千克，单位储存成本 4 元，每次订货费用 300 元，请进行存货决策分析。

解析：

本题考查运用函数进行经济订货批量的计算。

在任意单元格输入"=ROUNDUP(POWER(2*300*2000,1/2),0)"，敲回车确定，弹出"函数参数"对话框，如图 7-2 所示，ROUNDUP 函数是向上舍入函数，计算结果为 1,096 件。

（2）利达公司采用月末一次加权平均法计算发出材料的成本，请运用简便的方法计算花生仁发出单价。

解析：

方法一：使用 PRODUCT 函数计算月末一次加权平均单价：

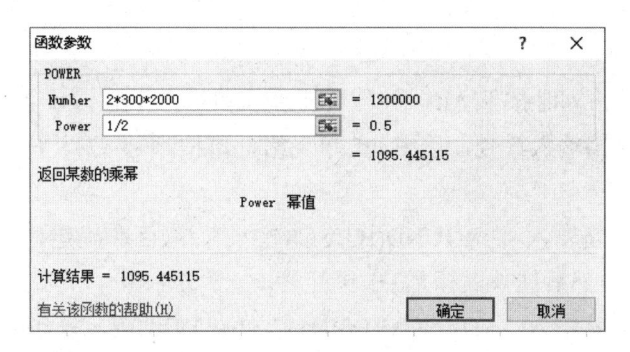

图 7-2 POWER 函数

①在 D3 单元格输入"=PRODUCT(B3:C3)",敲回车确定,双击鼠标填充下面的单元格,同时按下 Alt+"="快捷键进行求和;

②在 B11 单元格输入"=ROUND(D10/B10,4)",结果如图 7-3 所示。

方法二:使用 SUMPRODUCT 函数计算月末一次加权平均单价:

在 B10 单元格输入"=ROUND(SUMPRODUCT(B3:B9,C3:C9)/SUM(B3:B9),4)",敲回车结束。

	A	B	C	D
1	利达公司4月花生仁的发出情况			
2	日期	领用数量	采购单价	金额
3	期初	150	8.6	1,290.00
4	4月2日	230	8.7	2,001.00
5	4月8日	185	8.5	1,572.50
6	4月10日	172	9.3	1,599.60
7	4月15日	215	10.2	2,193.00
8	4月21日	315	7.8	2,457.00
9	4月25日	283	8.4	2,377.20
10	合计	1550		13,490.30
11	月末一次加权平均单价	8.7034		

图 7-3 花生仁月末一次加权平均单价

(3)月底,分配利达公司制造费用,根据任务导入给出的资料编制如下表格,如图 7-4 所示。

	A	B	C	D
1	制造费用分配(生产工时比例分配法)			
2	产品名称	生产工时	分配率	应分配的制造费用
3	五谷核桃汁	1450		
4	原味核桃汁	1268		
5	花生牛奶(浓香)	2780		
6	花生牛奶(纯香)	2341		
7	合计			33508

图 7-4 制造费用分配表

解析：

（1）在 B7 单元格同时按下 Alt+"="快捷键求和。

（2）在 C7 单元格输入等号，选中 D7 单元格，再按除号（/），再选中 B7 单元格，敲回车结束。

（3）在 D3 单元格输入"=ROUND(B3*$C$7,2)"，敲回车确定。注意 C7 单元格要按 F4 键进行绝对引用，然后拖拽鼠标至 D5 单元格。

（4）在 D6 单元格输入"=D7-SUM(D3:D5)"，敲回车结束，操作结果如图 7-5 所示。分配给每种产品的制造费用要等于应分配的制造费用合计数，所以，D6 单元格用总的制造费用减去已经分配的制造费用，避免了因小数位产生的合计数不相等的情况。

	A	B	C	D
1	制造费用分配（生产工时比例分配法）			
2	产品名称	生产工时	分配率	应分配的制造费用
3	五谷核桃汁	1450		6198.03
4	原味核桃汁	1268		5420.07
5	花生牛奶（浓香）	2780		11883.11
6	花生牛奶（纯香）	2341		10006.79
7	合计	7839	4.2745	33508

图 7-5　制造费用分配

知识窗口

（1）在全月一次加权平均法下：

存货单位成本＝[月初库存存货的实际成本＋∑（本月各批进货的实际单位成本×本月各批进货的数量）]÷（月初库存存货数量＋本月各批进货数量之和）

本月发出存货的成本＝本月发出存货的数量×存货单位成本

本月月末库存存货成本＝月末库存存货的数量×存货单位成本

（2）经济订货批量的公式为：

$$Q = \sqrt{\frac{2DK}{C}} = \sqrt{\frac{2DK}{PF}}$$

Q——经济订货批量；

D——某商品的年需求量；

K——每次订货的变动成本；

C——单位存货的年储存成本；

P——单位商品的购入成本；

F——年储存费率。

（3）POWER 函数用于计算指定数值的乘方或幂，其语法：POWER(number, power)。

若计算 2 次方，则参数 power 设为 2；若计算平方根，则参数 power 设为 1/2。

（4）PRODUCT 函数是连乘函数，可计算所有参数的乘积。

（5）SUMPRODUCT 函数用于计算数组或区域乘积的和，且所有数组的个数必须相同。

（6）ROUND 函数是四舍五入函数，ROUNDDOWN 函数是向下舍入函数，ROUNDUP 函数是向上舍入函数。

任务二　辅助生产费用的分配

任务目标

1. 知识目标

（1）掌握年度计划分配率法的原理。

（2）掌握计划成本分配法的原理。

（3）掌握交互分配法的原理。

2. 能力目标

（1）能建立采用年度计划分配率法分配制造费用的分配模型。

（2）能建立采用计划成本分配法分配辅助生产费用的分配模型。

（3）能建立采用交互分配法分配辅助生产费用的分配模型。

3. 素养目标

（1）培养学生自主学习会计信息化的新知识、新技能的能力。

（2）培养学生的团队协助、团队互助等意识。

（3）培养学生的社会责任感、团队精神和协作精神。

（4）培养学生的爱国主义情感、沟通能力和协调能力。

任务导入

（1）利达公司 11 月末制造费用账户借方有余额 12,000 元，12 月实际发生制造费用 85,200 元，2024 年公司计划制造费用为 80,000 元。五谷核桃汁、原味核桃汁、花生牛奶本年度计划产量分别为 20,002 件、40,000 件、25,000 件，本月实际产量分别为 1,500 件、3,250 件、5,580 件，单位产品定额工时分别为 35 小时、32 小时、28 小时。请依据年度计划分配率法，协助杨晓构建产品制造费用分配模型，并计算本月各产品应分摊的制造费用及年末各产品应分摊的差异额。

（2）利达公司设有供汽、供电和机修三个辅助生产车间，2024 年 7 月 31 日在分配辅助生产费用前,其直接发生的待分配费用分别为 236,522 元、213,850 元和 278,700 元。供汽车间每立方米蒸汽计划成本是 7.15 元,供电车间每度电计划成本为 1.8 元,机修车间每修理工时计划成本是 9.5 元。请依据所学知识,帮助杨晓建立辅助生产费用分配模型,并采用计划成本分配法分配辅助生产费用(费用小数位后保留两位),有关辅助生产费用的劳务供应与耗用情况如图 7-6 所示。

	A	B	C	D	E
1	劳务供应与耗用情况				
2	劳务耗用		劳务供应		
3			供汽车间	供电车间	机修车间
4			数量	数量	数量
5	供汽车间		——	25,000	14,500
6	供电车间		3,500	——	4,750
7	机修车间		7,500	6,500	——
8	一车间	产品耗用	23,000	98,000	5,800
9		一般耗用	6,500	8,500	1,500
10	二车间	产品耗用	14,000	15,000	7,550
11		一般耗用	2,500	2,450	1,500
12	行政管理部门		1,500	1,650	500
13	合计		58,500	157,100	36,100

图 7-6 劳务供应与耗用情况

(3)利达公司使用供电和机修两个车间进行辅助生产。在 2024 年 10 月 31 日分配辅助生产费用之前,直接发生的待分配费用分别为 215,000 元和 75,000 元。该企业采用交互分配法来分配辅助生产费用,有关辅助生产费用的劳务供应与耗用情况如图 7-7 所示。

	A	B	C	D	E	F	G	H
1				受益单位				
2	辅助生产车间		分配费用	供电车间	机修车间	一车间	二车间	管理部门
3				数量	数量	数量	数量	数量
4	交互分配	供电车间	215,000		2,000			
5		机修车间	75,000	3,000				
6	对外分配	供电车间				45,000	35,000	2,500
7		机修车间				5,500	6,000	1,500

图 7-7 劳务供应与耗用情况

任务实施

子任务 7.2.1 采用年度计划分配率法分配制造费用

(1)在电脑桌面新建名为"利达公司年度计划分配率.xlsx"的工作簿。将"Sheet1"重命名为"年度计划分配率法",在该工作表中建立制造费用分配模型,如图 7-8 所示。

	A	B	C	D	E
1	制造费用分配（年度计划分配率法）				
2	平时计算（以12月份为例）				
3	11月末制造费用账户借方余额	12000			
4	12月实际发生制造费用	85200			
5	年度计划制造费用总额（元）	80000			
6	制造费用年度计划分配率（元/小时）				
7	项目	五谷核桃汁	原味核桃汁	花生牛奶	合计
8	本年计划产量（件）	20000	40000	25000	85000
9	单位产品工时定额（小时）	35	32	28	
10	本年计划产量的定额工时数（小时）				
11	本月实际产量（件）				
12	本月应分配给各产品的制造费用（元）				
13	年末调整的计算				
14	全年制造费用实际发生额与计划分配额的差额（元）				
15	制造费用差额分配率（元/小时）				
16	项目	五谷核桃汁	原味核桃汁	花生牛奶	合计
17	年末各产品应分摊差异（元）				

图7-8　制造费用成本分配模型（年度计划分配率法）

（2）在B10单元格输入"=B9*B8"，回车结束，拖拽鼠标填充C10、D10单元格。

（3）选中E10单元格，同时按下Alt+"="快捷键进行求和，回车结束。

（4）在B12单元格输入"=ROUND(B9*B11*$B$6,2)"，回车结束，拖拽鼠标填充C12、D12单元格，回车结束。注意要按F4键进行单元格的绝对引用。

（5）选中E12单元格，同时按下Alt+"="快捷键进行求和，回车结束。

（6）在B14单元格输入"=B3+B4-E12"，回车结束。

（7）在B15单元格输入"=B14/(B11*B9+C11*C9+D11*D9)"，回车结束。

（8）在B17单元格输入"=ROUND(B11*B9*$B$15,2)"，回车结束，拖拽鼠标填充C17、D17单元格，回车结束。注意要按F4键进行单元格的绝对引用。

（9）选中E7单元格，同时按下Alt+"="快捷键进行求和，回车结束。

计算结果如图7-9所示。

	A	B	C	D	E
1	制造费用分配（年度计划分配率法）				
2	平时计算（以12月份为例）				
3	11月末制造费用账户借方余额	12,000			
4	12月实际发生制造费用	85,200			
5	年度计划制造费用总额	80,000			
6	制造费用年度计划分配率	0.029850746			
7	项目	五谷核桃汁	原味核桃汁	花生牛奶	合计
8	本年计划产量	20,000	40,000	25,000	85,000
9	单位产品工时定额	35	32	28	
10	本年计划产量的定额工时数	700,000	1,280,000	700,000	2,680,000
11	本月实际产量	1,500	3,250	5,580	
12	本月应分配给各产品的制造费用	1,567.16	3,104.48	4,663.88	9,335.52
13	年末调整的计算				
14	全年制造费用实际发生额与计划分配额的差额	87864.48			
15	制造费用差额分配率	0.280950566			
16	项目	五谷核桃汁	原味核桃汁	花生牛奶	合计
17	年末各产品应分摊差异	14,749.90	29,218.86	43,895.72	87,864.48

图7-9　年度计划分配率法分配结果

子任务 7.2.2　采用计划成本分配法分配辅助生产费用

（1）在电脑桌面新建名为"利达公司年度计划成本法.xlsx"的工作簿。新增工作表将其重命名为"劳务量"，输入劳务供应与耗用情况资料，如图 7-10 所示。

	A	B	C	D	E
1	劳务供应与耗用情况					
2	劳务耗用		劳务供应		
3			供汽车间	供电车间	机修车间
4			数量	数量	数量
5	供汽车间		——	25,000	14,500
6	供电车间		3,500	——	4,750
7	机修车间		7,500	6,500	——
8	一车间	产品耗用	23,000	98,000	5,800
9		一般耗用	6,500	8,500	1,500
10	二车间	产品耗用	14,000	15,000	7,550
11		一般耗用	2,500	2,450	1,500
12	行政管理部门		1,500	1,650	500
13	合计		58,500	157,100	36,100

图 7-10　劳务供应与耗用情况

（2）继续新增工作表，将其重命名为"年度计划分配额"，建立辅助生产费用分配模型如图 7-11 所示。

	A	B	C	D	E	F	G	H
4			数量	金额	数量	金额	数量	金额
5	计划单位成本			7.15		1.8		9.5
6	供汽车间				25,000		14,500	
7	供电车间		3,500				4,750	
8	机修车间		7,500		6,500			
9	一车间	产品耗用	23,000		98,000		5,800	
10		一般耗用	6,500		8,500		1,500	
11	二车间	产品耗用	14,000		15,000		7,550	
12		一般耗用	2,500		2,450		1,500	
13	行政管理部门		1,500		1,650		500	
14	合计							
15	待分配费用			236,522		213,850		278,700
16	分配转入费用							
17	实际成本							
18	成本差异							

图 7-11　辅助生产费用分配模型（计划成本分配法）

（3）在"年度计划分配额"工作表的 D7 单元格输入"=C7*$D$5"，双击鼠标填充单元格至 D14 单元格。注意单元格的绝对引用。

（4）在 F6 单元格输入"=E6*$F$5"，将 F6 单元格公式复制到 F8 单元格，然后双击鼠标填充下面的单元格至 F14 单元格。注意单元格的绝对引用。

（5）在 H6 单元格输入"=G6*$H$5"，拖拽鼠标填充单元格至 H7 单元格，复制 H7 单元格公式到 H9 单元格，然后双击鼠标填充下面的单元格至 H14 单元格。

（6）在 C14 单元格输入"=SUM(C5:C13)",求和,复制 C14 单元格公式到 E14、G14 单元格。

（7）在 D17 单元格输入"=D15+D16",复制 D17 单元格公式到 F17、H17 单元格。

（8）在 D18 单元格输入"=D17-D14",复制 D18 单元格公式到 F18、H18 单元格。计算结果如图 7-12 所示。

	A	B	C	D	E	F	G	H
3	劳务耗用		供汽车间		供电车间		机修车间	
4			数量	金额	数量	金额	数量	金额
5	计划单位成本			7.15		1.8		9.5
6	供汽车间				25,000	45,000	14,500	137,750
7	供电车间		3,500	25,025			4,750	45,125
8	机修车间		7,500	53,625	6,500	11,700		
9	一车间	产品耗用	23,000	164,450	98,000	176,400	5,800	55,100
10		一般耗用	6,500	46,475	8,500	15,300	1,500	14,250
11	二车间	产品耗用	14,000	100,100	15,000	27,000	7,550	71,725
12		一般耗用	2,500	17,875	2,450	4,410	1,500	14,250
13	行政管理部门		1,500	10,725	1,650	2,970	500	4,750
14	合计		58,500	418,275	157,100	282,780	36,100	342,950
15	待分配费用			236,522		213,850		278,700
16	分配转入费用			182,750		70,150		65,325
17	实际成本			419,272		284,000		344,025
18	成本差异			997		1,220		1,075

图 7-12　计划成本分配法分配结果

子任务 7.2.3　采用交互分配法分配辅助生产费用

（1）在电脑桌面新建名为"利达公司辅助生产成本交互分配法.xlsx"的工作簿。新增工作表将其重命名为"劳务量",输入劳务量相关资料,如图 7-13 所示。

	A	B	C	D	E	F	G	H
1	辅助生产车间		分配费用	受益单位				
2				供电车间	机修车间	一车间	二车间	管理部门
3				数量	数量	数量	数量	数量
4	交互分配	供电车间	215,000		2,000			
5		机修车间	75,000	3,000				
6	对外分配	供电车间				45,000	35,000	2,500
7		机修车间				5,500	6,000	1,500

图 7-13　劳务量

微课视频
交互分配法

（2）继续新增工作表,将其重命名为"交互分配",建立辅助生产费用分配模型,如图 7-14 所示。

（3）在"交互分配"工作表的 D5 单元格输入"=H5+J7+L7+N7",回车结束。

（4）在 D6 单元格输入"=F6+J8+L8+N8",回车结束。

（5）在 D7 单元格输入"=D5-H5",回车结束。

（6）在 D8 单元格输入"=D6-F6",回车结束。

（7）在 E5 单元格输入"=ROUND(C5/D5,4)",双击鼠标填充单元格至 E8 单元格。

#	A	B	C	D	E	F	G	H	I	J	K	L	M	N	O
1	辅助生产费用分配表（交互分配法）														
2						受益单位									
3	辅助生产车间		分配费用	分配数量	分配率	供电车间		机修车间		一车间(A产品)		二车间(B产品)		管理部门	
4						数量	金额	数量	金额	数量	金额	数量	金额	数量	金额
5	交互分配	供电车间	215,000					6,000							
6		机修车间	75,000			1000									
7	对外分配	供电车间								80,000		90,000		4,000	
8		机修车间						6,000				5,000		1,000	
9	合计														

图 7-14　辅助生产费用分配模型（交互分配法）

（8）在 G6 单元格输入"=F6*E6"，在 G9 单元格输入"=G6"，回车结束。

（9）在 I5 单元格输入"=H5*E5"，在 I9 单元格输入"=I5"，回车结束。

（10）在 K7 单元格输入"=E7*J7"，拖拽鼠标填充至 K8 单元格，对 K7、K8 单元格进行求和，回车结束。按前述步骤完成 M7、M8 单元格的操作。

（11）在 O7 单元格输入"=C7-K7-M7"，在 O8 单元格输入"=C8-K8-M8"，对 O7、O8 单元格进行求和，操作结果如图 7-15 所示。(由于分配率四舍五入问题，O7 单元格要用总金额减去已经分配的金额，这样应分配费用才会等于分配给受益单位费用之和。)

分配结果如图 7-15 所示。

#	A	B	C	D	E	F	G	H	I	J	K	L	M	N	O
1	辅助生产费用分配表（交互分配法）														
2						受益单位									
3	辅助生产车间		分配费用	分配数量	分配率	供电车间		机修车间		一车间(A产品)		二车间(B产品)		管理部门	
4						数量	金额	数量	金额	数量	金额	数量	金额	数量	金额
5	交互分配	供电车间	215,000	180,000	1.1944			6,000	7,166						
6		机修车间	75,000	13,000	5.7692	1000	5,769								
7	对外分配	供电车间	213,603	174,000	1.2276					80,000	98,208	90,000	110,484	4,000	4,911
8		机修车间	76,397	12,000	6.3664			6,000	38,198			5,000	31,832	1,000	6,367
9	合计						5,769		7,166		136,406		142,316		11,278

图 7-15　交互分配法分配结果

知识窗口

（1）年度计划分配率法又称"预定分配率法"，是一种成本分配方法。其计算公式为：

制造费用年度计划分配率=年度制造费用计划总额÷年度各种产品计划产量的定额工时总数

某月某种产品应负担的制造费用=该月该种产品实际产量的定额工时数×制造费用年度计划分配率

其中，分配标准可以是定额工时、定额人工费用或定额机器工时。

（2）交互分配法是一种对辅助生产车间成本费用进行两次分配的方法，包括交互分配和对外分配。其特点在于辅助生产费用通过两次分配完成：首先，根据各辅助生产车间、部门相互提供的劳务量，计算分配率，并在辅助生产车间之间进行交互分配；然后，将各辅助生产车间交互分配后的实际费用（即交互前的费用加上交互分配转入的费用，再减去交互分配转出的费用），按照提供的劳务量在辅助生产车间以外的各受益单位之间进行分配。

任务三　混合成本的分解

任务目标

1. 知识目标

（1）掌握高低点法的原理。

（2）掌握 CORREL 函数、INTERCEPT 函数、SLOPE 函数、TREND 函数的功能及参数构成。

（3）掌握回归直线法的原理。

2. 能力目标

（1）能运用 MIN 函数、MAX 函数进行高低点法分析。

（2）能运用 CORREL 函数、INTERCEPT 函数、SLOPE 函数进行回归直线法分解成本。

（3）能运用 TREND 函数进行成本分解。

3. 素养目标

（1）培养学生自主学习会计信息化的新知识、新技能的能力。

（2）培养学生的团队协助、团队互助等意识。

（3）培养学生的社会责任感、团队精神和协作精神。

（4）培养学生的爱国主义情感、沟通能力和协调能力。

任务导入

利达公司每年要预计资金需要量，会计杨晓计划通过销售额和运输费用的关联性来预测公司10月的运输费用，请帮她制作分析表，运用所学知识将运输费用这一混合成本进行分解，并帮她预测公司10月的维修费用。有关资料如下：

预计8月销售额为 1,240,000 元，1—7月的销售额分别为 1,200,000 元、990,000 元、

1,080,000 元、1,050,000 元、1,290,000 元、1,260,000 元、1,072,000 元，对应的运输费用为 18,000 元、15,200 元、16,700 元、16,300 元、19,600 元、18,200 元、14,750 元。（计算过程出现小数的，保留两位小数。）

任务实施

子任务 7.3.1　采用高低点法进行成本分解

（1）在电脑桌面新建名为"湖南利达饮品有限公司成本费用管理.xlsx"的工作簿，将"Sheet1"重命名为"高低点法"。

（2）将预计的 8 月份销售额、1—7 月的销售额及对应的运输费用输入"高低点法"工作表中，设置运输费用分解计算模型，如图 7-16 所示。

（3）在 B10 单元格输入"=MAX(C3:C9)-B11*MAX(B3:B9)"，回车结束。

（4）在 B11 单元格输入"=MAX(C3:C9)-B11*MAX(B3:B9)"，回车结束。

（5）在 B13 单元格输入"=B11*B12"，回车结束。

（6）在 B14 单元格输入"=ROUND(B10+B13,2)"，回车结束。结果如图 7-17 所示。

	A	B	C
1	运输费用分解计算模型（高低点法）		
2	月份	销售额 x	运输费 y
3	1	1,200,000	18,000
4	2	990,000	15,200
5	3	1,080,000	16,700
6	4	1,050,000	16,300
7	5	1,290,000	19,600
8	6	1,260,000	18,200
9	7	1,072,000	16,390
10	固定成本 a		
11	变动率 b		
12	8 月预测销售额	1,240,000	
13	变动成本 bx		
14	总成本		

图 7-16　运输费用分解计算模型（高低点法）

	A	B	C
1	运输费用分解计算模型（高低点法）		
2	月份	销售额 x	运输费 y
3	1	1,200,000	18,000
4	2	990,000	15,200
5	3	1,080,000	16,700
6	4	1,050,000	16,300
7	5	1,290,000	19,600
8	6	1,260,000	18,200
9	7	1,072,000	16,390
10	固定成本 a	680	
11	变动率 b	0.0146666667	
12	8 月预测销售额	1,240,000	
13	变动成本 bx	18,186.66667	
14	总成本	18,866.67	

图 7-17　高低点法计算结果

子任务 7.3.2　采用回归直线法进行成本分解

（1）打开"湖南利达饮品有限公司成本费用管理.xlsx"的工作簿，将"Sheet2"重命名为"回归直线法"，设置运输费用分解计算模型，如图 7-18 所示。

（2）在 B10 单元格输入"=CORREL(B3:B9,C3:C9)"，回车结束。

（3）在 B11 单元格输入"=INTERCEPT(C3:C9,B3:B9)"，回车结束。

（4）在 B12 单元格输入"=SLOPE(C3:C9,B3:B9)"，回车结束。

（5）在 B14 单元格输入"=B12*B13"，回车结束。

（6）在 B15 单元格输入"=ROUND(B11+B14,2)"，回车结束，结果如图 7-19 所示。

	A	B	C
1	运输费用分解计算模型（回归直线法）		
2	月份	机器工时 x	维修费 y
3	1	1,200,000	18,000
4	2	990,000	15,200
5	3	1,080,000	16,700
6	4	1,050,000	16,300
7	5	1,290,000	19,600
8	6	1,260,000	18,200
9	7	1,072,000	16,390
10	相关系数 r		
11	固定成本 a		
12	变动率 b		
13	8 月预测销售额	1,240,000	
14	变动成本 bx		
15	总成本		

图 7-18 运输费用分解计算模型（回归直线法）

	A	B	C
1	运输费用分解计算模型（回归直线法）		
2	月份	机器工时 x	维修费 y
3	1	1,200,000	18,000
4	2	990,000	15,200
5	3	1,080,000	16,700
6	4	1,050,000	16,300
7	5	1,290,000	19,600
8	6	1,260,000	18,200
9	7	1,072,000	16,390
10	相关系数 r	0.975795094	
11	固定成本 a	2943.948619	
12	变动率 b	0.012563883	
13	8 月预测销售额	1,240,000	
14	变动成本 bx	15,579.21506	
15	总成本	18,523.16	

图 7-19 回归直线法计算结果

子任务 7.3.3 采用 TREND 函数进行成本分解

（1）打开"湖南利达饮品有限公司成本费用管理.xlsx"的工作簿，将"Sheet3"重命名为"trend"，设置运输费用分解计算模型（TREND 函数），如图 7-20 所示。

（2）在 B11 单元格输入"=ROUND(TREND(C3:C9,B3:B9,B10),2)"，回车结束，结果如图 7-21 所示。

	A	B	C
1	运输费用分解计算模型（TREND 函数）		
2	月份	机器工时 x	维修费 y
3	1	1,200,000	18,000
4	2	990,000	15,200
5	3	1,080,000	16,700
6	4	1,050,000	16,300
7	5	1,290,000	19,600
8	6	1,260,000	18,200
9	7	1,072,000	16,390
10	8 月预测销售额 x		
11	TREND函数		

图 7-20 运输费用分解计算模型（TREND 函数）

	A	B	C
1	运输费用分解计算模型（TREND 函数）		
2	月份	机器工时 x	维修费 y
3	1	1,200,000	18,000
4	2	990,000	15,200
5	3	1,080,000	16,700
6	4	1,050,000	16,300
7	5	1,290,000	19,600
8	6	1,260,000	18,200
9	7	1,072,000	16,390
10	8 月预测销售额 x	1,240,000	
11	TREND函数	18,523.16	

图 7-21 TREND 函数计算结果

知识窗口

（1）混合成本是指将性质相近的成本要素汇总，并采用特定方法将其分解为变动成本和固定成本。在管理会计中，这种分解可以通过公式 $y=a+bx$ 实现，其中 y 代表总成本，a 代表固定成本，b 代表单位变动成本，x 代表业务量。

（2）混合成本的分解法主要有高低点法、回归直线法、账户分析法、技术测定法、合同确认法等。这里主要介绍高低点法和回归直线法。

回归直线法又称最小平方法，它是根据一定期间混合成本和业务量的历史资料，利用回归方程式，进行混合成本分解的一种数学方法。

回归直线法运用的前提是：

① 拥有 n 组业务量 x 和成本 y 的历史观测数据，通常要求 $n \geqslant 5$；

② 业务量 x 与成本总额 y 之间存在线性关系。两者的相关系数 r 的取值范围一般为 $-1 \sim 1$。当 $r=-1$ 时，说明 x 与 y 之间完全负相关；当 $r=0$ 时，说明 x 与 y 之间不存在线性关系；当 $r=1$ 时，说明 x 与 y 之间完全正相关。一般来说，只要 r 接近 1，就说明 x 与 y 基本正相关，才可以运用回归直线法。

（3）CORREL 函数是一个用于返回两个单元格区域的相关系数的函数，如图 7-22 所示。它的主要作用是帮助确定两个属性之间的关系。使用 CORREL 函数可以替代复杂的公式来计算相关系数。CORREL 函数的语法：CORREL（array1, array2），其中，参数 array1 和参数 array2 的数据点个数要一致。虽然可以使用 CORREL 函数来计算相关系数，但也需要了解相关系数的计算公式。相关系数的计算公式为：

$$CORREL(X,Y) = \frac{\sum(x-\bar{x})(y-\bar{y})}{\sqrt{\sum(x-\bar{x})^2 \sum(y-\bar{y})^2}}$$

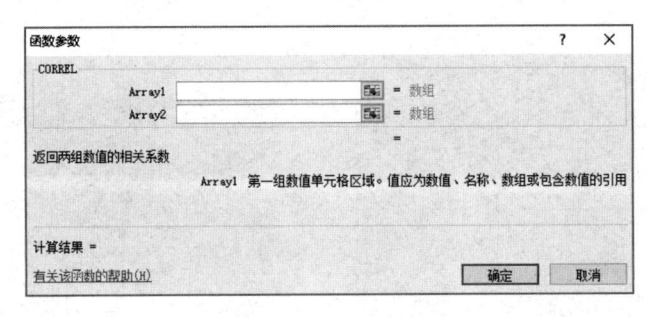

图 7-22 CORREL 函数

（4）INTERCEPT 函数（见图 7-23）用于计算固定成本 a，它可以根据给定的自变量和因变量数据集，确定线性回归方程中的截距，即固定成本 a。其语法：INTERCEPT(data_y, data_x)，其中 data_y 是必填参数，代表因变量或因变量数据集，ata_x 也是必填参数，代表自变量或自变量数据集。需要注意的是，自变量和因变量的数据点个数要一致，这样才能确保计算结果的准确性。

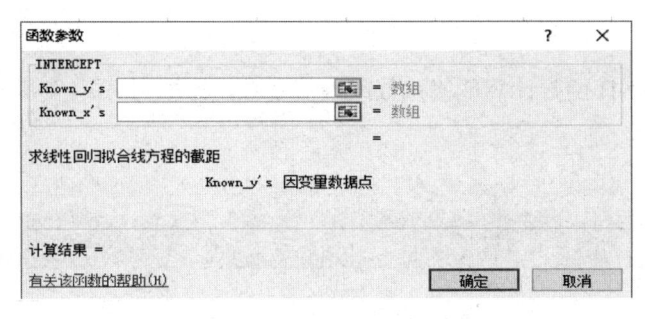

图 7-23　INTERCEPT 函数

（5）SLOPE 函数（见图 7-24）用于计算单位变动成本 b，它根据给定的自变量和因变量数据集，确定线性回归方程中的斜率，即单位变动成本 b。其语法：SLOPE(known_y's, known_x's)，其中，参数 known_y's 和参数 known_x's 分别是因变量和自变量的数据集，可以是数组或指定单元格区域。同样，自变量和因变量的数据点个数要一致。

图 7-24　SLOPE 函数

（6）TREND 函数（见图 7-25）是回归直线法中的成本预测函数。其语法：TREND(known_y's, known_x's, new_x's, const)。其中参数 known_y's 表示已知的 y 值，可以是数组或指定单元格区域；参数 known_x's 表示已知的 x 值，同样可以是数组或指定单元格区域，这两个参数用于构造指数曲线方程；参数 new_x's 表示给出的新的 x 值，即需要计算预测值的变量 x，如果省略该参数，则函数会默认其值等于 known_x's；参数 const 是一个可选参数，用于指定是否强制使常数 b 为 0。

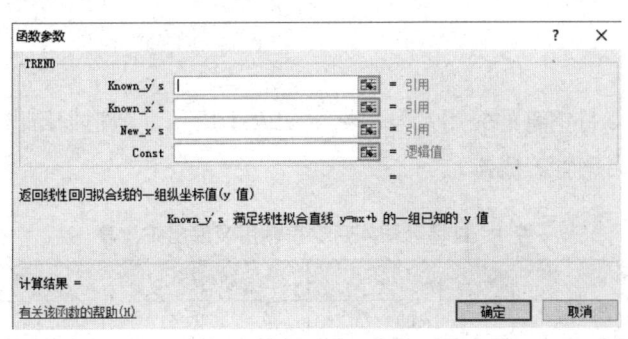

图 7-25　TREND 函数

【知识拓展】

请你运用 TREND 函数计算现值系数或终值系数,计算利率 i。利率及年金现值系数如图 7-26 所示。

	A	B
1	利率	6年的年金现值系数
2	6%	4.9173
3	i	$(P/A, i, 6)=5$
4	5.0000%	5.0757

图 7-26 利率及年金现值系数

解析:

在 A4 单元格输入"=TREND(A2:A3,B2:B3,B4)",结果如图 7-27 所示。

	A	B
1	利率	6年的年金现值系数
2	6%	4.9173
3	5%	5.0757
4	5.4779%	5

图 7-27 TREND 函数计算利率

项目小结

本项目主要介绍了运用 Excel 进行成本费用的分配及计算、混合成本的分解及辅助生产费用的分配。在学习过程中同学们会熟悉 INTERCEPT、CORREL、TREND、SLOPE 等函数的功能和作用。

课后拓展

练习一

湖南红星公司 4 月钢管的领用及发出情况如表 1 所示,请根据给出资料采用月末一次加权平均法计算发出钢管的成本。

表 1 红星公司 4 月钢管领用及发出统计表

日期	数量/根	单价/(元/根)	金额/元
期初	100	351	
4月2日	200	355	
4月8日	300	368	

续表

日期	数量/根	单价/（元/根）	金额/元
4月10日	158	354	
4月15日	240	375	
4月21日	700	364	
4月25日	260	358	
合计			

练习二

红星公司全年需要外购钢管 12,500 根，单价 500 元/根，每年的单位变动储存成本 8 元，每次进货费用 1,200 元。请进行存货决策分析。

练习三

红星公司预计 7 月销售额为 1,950,000 元，请根据表 2 提供的资料，预测公司 7 月会发生的运输费用。（请分别采用回归直线法和高低点法进行计算。）

表 2　红星公司 1—6 月份销售额与运输费用统计

月份	销售额/元	运输费用/元
1	1,176,480.00	16,746.00
2	966,520.00	13,946.00
3	1,056,420.00	15,446.00
4	1,026,320.00	15,046.00
5	1,266,410.00	18,346.00
6	1,236,450.00	16,946.00
∑		
相关系数 r		
固定成本 a		
单位变动成本 b		
7 月销售额		
变动成本		
总成本		

练习四

红星公司有供汽、供电和机修三个辅助生产车间，7 月 31 日分配辅助生产费用之前，直接发生的待分配费用分别是 210,522 元、203,850 元和 275,700 元。供汽车间每立方米蒸汽的计划成本为 6.95 元，供电车间每度电的计划成本为 2.1 元，机修车间每修理工时的计划成本为 8.8 元，有关辅助生产费用的劳务供应与耗用情况如表 3 所示。请运用 Excel 采用计划成本分配法分配辅助生产费用。

表3 红星公司有供汽、供电和机修的劳务供应与耗用情况

劳务供应与耗用情况		劳务供应		
劳务耗用		供汽车间	供电车间	机修车间
		数量/立方米	数量/度	数量/小时
供汽车间		——	20,000	12,000
供电车间		2,000	——	4,000
机修车间		8,000	30,000	——
一车间	产品耗用	17,000	90,000	5,000
	一般耗用	3,500	9,000	700
二车间	产品耗用	14,000	110,000	7,000
	一般耗用	2,500	15,000	500
行政管理部门		3,000	26,000	800
合计		50,000	300,000	30,000

练习五

某公司有供电和机修两个辅助生产车间，7月31日分配辅助生产费用之前，直接发生的待分配费用分别是85,000元和75,000元，有关辅助生产费用的劳务供应与耗用情况如表4所示。请运用Excel采用交互分配法分配辅助生产费用。

表4 红星公司供电和机修车间劳务供应与耗用情况

单位：元

辅助生产车间		分配费用	受益单位				
			供电车间	机修车间	一车间	二车间	管理部门
			数量/工时	数量/工时	数量/工时	数量/工时	数量/工时
交互分配	供电车间	85,000		5,040			
	机修车间	75,000	1,020				
对外分配	供电车间				80,200	90,100	4,020
	机修车间				6,010	5,050	1,300

项目八

投融资管理岗位

任务一　终值的计算

🏆 任务目标

1. 知识目标

（1）理解单利、复利、终值、年金的含义。

（2）掌握 FV 函数的功能和参数构成。

微课视频
终值的计算

（3）理解普通单利终值、复利终值、年金终值、预付年金终值、递延年金终值和永续年金终值的含义。

2. 能力目标

（1）能计算单利终值。

（2）能运用 FV 函数计算复利终值。

（3）能灵活运用 FV 函数计算普通年金终值、预付年金终值、递延年金终值。

3. 素养目标

（1）培养学生自主学习会计信息化的新知识、新技能的能力。

（2）培养学生的团队协助、团队互助等意识。

（3）培养学生的社会责任感、团队精神和协作精神。

（4）培养学生的爱国主义情感、沟通能力和协调能力。

Excel 在会计和财务中的应用

任务导入

（1）利达公司职工李明计划将自己的一笔闲置资金存入银行，按单利计息5年后从银行取出来，具体情况如下：资金10,000元，存期5年，单利计息，银行存款年利率为5%。5年后李明能从银行取出多少钱，其中利息有多少？

（2）利达公司职工张林为减轻子女教育成本负担，计划从现在开始为其子女建立教育基金，15年后取出用于教育支出。基金建立方案如下：一次性存入银行金额80,000元，存期15年，复利计息，银行存款月利率为0.28%。那么15年后该教育基金的本利和是多少？

（3）利达公司职工李丽计划现在开始存钱买房，她制定了如下存款方案：每月月初将2,000元工资存入银行，存期10年，复利计息，银行年利率为3.5%，在第10年一次性从银行取出，用来购买商品房。计算她能从银行取出的钱数。

（4）利达公司工会计划提高职工的福利待遇，计划每年从公司的税后利润中提留资金作为企业职工的教育培训经费，具体情况如下：每年年末存30,000元到银行，存期7年，银行存款年利率为4.2%。那么第7年年末职工的教育培训经费将达到多少元？

（5）利达公司目前有一个收益比较可观的投资项目，由于立刻投资资金会比较紧张，公司计划采用以下方式投资该项目以获取投资收益：从第三年年末开始每年投50,000元，投入8年，银行存款年利率为4.6%。计算8年后公司可以收回的本利金额。

任务实施

（1）利达公司职工李明5年后能从银行取出多少钱，其中利息是多少，这属于单利终值的计算。在Excel中建立单利终值计算模型，如图8-1所示，具体计算方法为：

在B5单元格输入"=B2+B2*B3*B4"，在B6单元格输入"=B5-B2"，敲回车确定，结果如图8-1所示。

（2）利达公司职工张林计划为其子女建立教育基金，一次性向银行存入80,000元，按月利率0.28%进行复利计算，那么15年后，该教育基金的本利和是多少，这属于复利终值的计算。建立复利终值计算模型，如图8-2所示，具体计算方法如下：在B12单元格输入"=FV(B10*12,B11,,-B9)"，敲回车确定，结果如图8-2所示。

	A	B
1	单利终值的计算	
2	现值	10,000
3	年利率	0
4	期限	5
5	单利终值	12,500
6	利息	2,500

图8-1 单利终值的计算

	A	B
8	复利终值的计算	
9	现值	80,000
10	月利率	0.28%
11	期限	15
12	复利终值	¥131,334.10

图8-2 复利终值的计算

（3）利达公司职工李丽计划在10年内每年年初等额地向银行存入2,000元，银行存款年利率为 3.5%，复利计息，计算她在第 10 年的年末可一次性从银行取出的钱，属于预付年金终值的计算。建立预付年金终值计算模型，如图 8-3 所示，具体计算方法为：在 B18 单元格输入"=FV(B16,B17,-B15,,1)"，敲回车确定，结果如图 8-3 所示。

（4）利达公司每年年末从税后利润中提留 30,000 元存入银行作为职工的教育培训经费，银行存款年利率为 4.2%，以复利计息，第 7 年年末该企业职工的教育培训经费将达到多少元，此案例属于普通年金终值的计算。建立普通年金终值计算模型，如图 8-4 所示，具体计算方法为：在 B24 单元格输入"=FV(B22,B23,-B21)"，敲回车确定，结果如图 8-4 所示。

	A	B
14	预付年金终值的计算	
15	每年年初	6,000
16	年利率	3.50%
17	期限	10
18	终值	¥72,851.95

图 8-3　预付年金终值的计算

	A	B
20	普通年金终值的计算	
21	每年年初	30,000
22	年利率	4.20%
23	期限	7
24	终值	¥238,391.98

图 8-4　普通年金终值的计算

（5）利达公司计划进行一项收益可观的投资，由于目前资金紧张，公司打算在第 3 年年末开始，每年投入 50,000 元，在银行存款年利率为 4.6% 的水平下，计算投入 8 年后公司可以收回多少本利，此案例属于递延年金终值的计算。建立递延年金终值计算模型，如图 8-5 所示，具体计算方法为：在 B30 单元格输入"=FV(B28,B29,-B27*12)"，敲回车确定，结果如图 8-5 所示。

	A	B
26	递延年金终值的计算	
27	每月月末	5,000
28	年利率	4.60%
29	期限	8
30	终值	¥564,813.97

图 8-5　递延年金终值的计算

知识窗口

（1）终值（Future Value，简称 FV），也称将来值或本利和，是指当前一定量的资金在既定的利率和投资期限等条件下，在未来某一特定时点所具有的价值。

（2）单利是一种计算利息的方法，其特点是仅以初始本金为基础，按照固定的利率计算各期利息，且利息金额在整个计息期间不加入本金重复计算。

（3）复利是一种计算利息的方法。在复利计算过程中，每个计息周期的利息是根据本金与上一周期累计利息之和来计算的，通常被称为"利滚利"或"利生利"。与单利不同，复利计算时，每个计息周期的本金会随着前期利息的累积而变化，即每期产生的利息会计入下一期本金，用于计算后续利息。

（4）年金是指在一定时期内，每隔相同时间发生等额的系列收付款项。年金需满足等额性、连续性和间隔期相同的条件。根据收付款时间的不同，年金可分为普通年金、预付年金、递延年金和永续年金。

① 普通年金（后付年金）是从第一期起，在一定时期内每期期末等额收付的系列款项。其终值是一定时期内每期期末等额收付款项的复利终值之和，类似于零存整取的本利和。

② 预付年金（先付年金）是从第一期起，在一定时期内每期期初等额收付的系列款项。与普通年金的区别仅在于付款时间不同，其终值是每期期初支付的复利终值之和。

③ 递延年金是第一次收付款发生时间与第一期无关，隔若干期后才开始发生的系列等额收付款项。它是普通年金的特殊形式，其终值是第一次支付发生在第二期或第二期以后的复利终值之和。

④ 永续年金是无限期等额收付的特种年金，可视为期限趋于无穷的普通年金。例如，存本取息可视为永续年金的例子。由于永续年金的期限无限，因此没有终值。

（5）FV 函数（终值计算函数），其功能是基于固定利率和等额分期付款方式，返回某项投资的未来值，如图 8-6 所示，其语法：FV（rate,nper,pmt,pv,type）。其中，参数 rate 是各期利率，其数值根据付款周期与年利率等换算而来；参数 nper 是总付款期数，代表投资或付款过程的总期数；参数 pmt 是每期支付或收到的金额，现金流出时为负，流入时为正；参数 pv 是现值，代表初始投资或贷款本金等，若未提供初始值，可设为 0；参数 type 是可选参数，用于指定付款时间在期初（type 为 1）还是期末（type 为 0 或省略），type 为 1 对应预付年金，type 为 0 或省略对应普通年金。

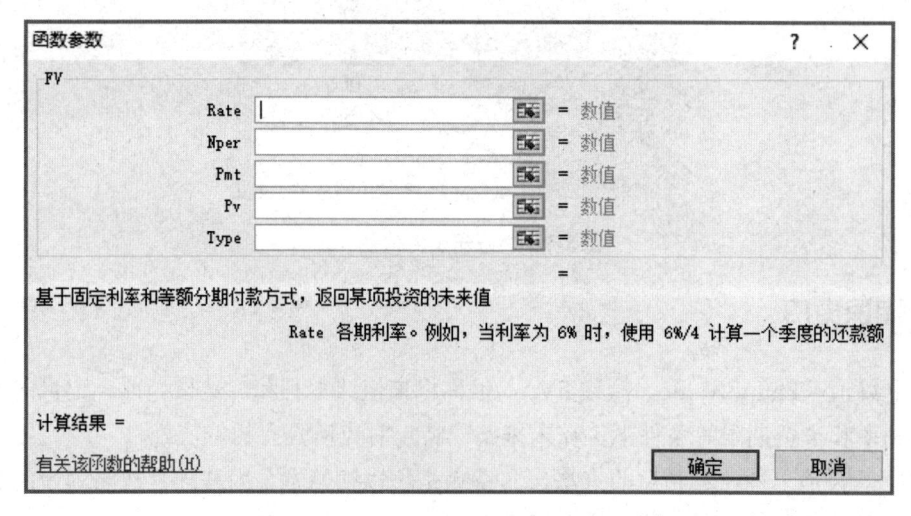

图 8-6　FV 函数

任务二 现值的计算

任务目标

1. 知识目标

（1）理解单利现值、复利现值的含义。
（2）掌握 PV 函数的作用和参数构成。
（3）理解普通年金现值、预付年金现值、递延年金现值和永续年金终现值的含义。

2. 能力目标

（1）能计算单利现值、永续年金现值。
（2）能灵活运用 PV 函数计算复利现值、普通年金现值、预付年金现值、递延年金现值。

3. 素养目标

（1）培养学生自主学习会计信息化的新知识、新技能的能力。
（2）培养学生的团队协助、团队互助等意识。
（3）培养学生的社会责任感、团队精神和协作精神。
（4）培养学生的爱国主义情感、沟通能力和协调能力。

任务导入

（1）利达公司职工李丽计划往银行存入一笔款项，具体情况如下：存期 5 年，单利计息，5 后可从银行取出 20,000 元，银行存款年利率为 4.3%。请问她现在应往银行存入多少金额？

（2）利达公司职工李伟计划往银行存入一笔款项，具体情况如下：存期 5 年，复利计息，5 年后可从银行一次性取出 100,000 元，用于支付商品房首付，银行存款年利率为 3.5%。请问他现在应往银行存入多少金额？

（3）利达公司职工李丽计划购买一项基金，具体购买情况如下：

购买成本为 80,000 元，每月月末可收到 800 元收益，期限为 10 年，目前银行的最低年利率为 5.2%，她想了解购买基金产生的收益是否高于银行存款收益。

（4）利达公司工会决定提高职工子女的福利，计划每年从公司的税后利润中提留一部分资金作为企业职工子女的教育经费，具体情况如下：每年年初存 60,000 元到银行，存期 8 年，复利计息，银行存款年利率为 4.2%。那么公司现在应存入银行多少金额？

（5）利达公司计划以分期付款方式购买运输用的大货车，购买方案为从第 3 年年初连续 5 年支付销售的 20,000 元，银行存款年利率为 4.3%。请问分期付款总额相当于一次性支付多少金额？

（6）利达公司计划为某校创立一个永久性的爱心基金用于贫困学生的生活补助，创立设想为每年能从该基金中拿出 120,000 元发放给贫困学生。基金管理人计划将该基金用来购买风险较小的国债，用其产生的利息收入给学生作生活补助，假设 1 年期的国债的平均年利率为 4%。请问利达公司要向学校捐赠多少金额才能创建该爱心基金？

任务实施

（1）利达公司职工李丽希望在 5 年后从银行取出 20,000 元，单利计息，银行存款年利率为 4.3%，计算她现在应往银行存入多少金额，这属于单利现值计算。建立单利现值计算模型，如图 8-7 所示，具体计算方法为：在 B5 单元格输入 "=B2/(1+B3*B4)"，敲回车确定，结果如图 8-7 所示。

	A	B
1	单利现值的计算	
2	终值	20,000
3	年利率	4.30%
4	期限	5
5	单利现值	¥16,460.91

图 8-7　单利现值的计算

（2）利达公司职工李伟希望在 5 年后能够从银行一次性取出 100,000 元，用于支付商品房首付，在银行存款年利率为 3.5% 的情况下，计算他现在应往银行存入多少金额，这属于复利现值的计算。建立复利现值计算模型，如图 8-8 所示，具体计算方法为：在 B12 单元格输入 "=PV(B10,B11,,-B9)"，敲回车确定，结果如图 8-8 所示。

	A	B
8	复利现值的计算	
9	终值	100,000
10	年利率	3.50%
11	期限	5
12	复利现值	¥84,197.32

图 8-8　复利现值的计算

（3）利达公司职工李丽计划购买一项基金，购买成本为 80,000 元，该基金在今后 10 年内的每月收益为 800 元，假定投资机会的最低年报酬率为 5.2%，那么李丽购买该项基金是否划算，这属于普通年金现值的计算。先建立普通年金现值计算模型，如图 8-9 所示，具体计算方法为：在 B18 单元格输入 "=PV(B16,B17,-B15*12)"，敲回车确定，结果如图8-9所示。

	A	B
14	普通年金现值的计算	
15	每月月末	800
16	年利率	5.20%
17	期限	10
18	现值	¥73,413.92
19	购买成本	80,000
20	是否划算	小于购买成本划算

图8-9 普通年金现值的计算

（4）利达公司计划连续8年，每年年初从银行固定账户中提留60,000元作为企业职工子女的教育经费，若银行存款年利率为4.2%，复利计息，计算公司现在应存入银行多少金额，这属于预付年金现值的计算。建立预付年金现值计算模型，如图8-10所示，具体计算方法为：在B26单元格输入"=PV(B24,B25,-B23,,1)"，敲回车确定，结果如图8-10所示。

	A	B
22	预付年金现值的计算	
23	每年年初	60,000
24	年利率	4.20%
25	期限	8
26	现值	¥417,476.59

图8-10 预付年金现值的计算

（5）利达公司计划以分期付款方式购买运输用的大货车，打算从第3年年初连续5年支付销售方20,000元，银行存款年利率为4.3%，计算分期付款总额相当于一次性支付多少金额，这属于递延年金现值的计算。建立递延年金现值计算模型，如图8-11所示，具体计算方法为：在B32单元格输入"=FV(B30,B31,-B29,,1)"，敲回车确定，结果如图8-11所示。

	A	B
28	递延年金现值的计算	
29	每年年初	20,000
30	年利率	4.30%
31	期限	5
32	第3年年初的年金现值	¥113,663.87
33	第1年年初的复利现值	

图8-11 递延年金现值的计算1

在B33单元格输入"=FV(B30,2,,-B32)"，敲回车确定，结果如图8-12所示。

（6）利达公司想给学校创立一个永久性的爱心基金，希望每年能从该基金中拿出120,000元用于经济困难学生的生活补助。考虑到基金资金的安全性，基金管理人计划购买风险较小的国债，将其产生的利息收入用于学生的补助。假设一年期的国债的平均年利率为 4%。那么，利达公司要向学校捐赠多少金额才能创建该爱心基金，这属于永续年金现值计算。建立永续年金现值计算模型，如图 8-13 所示，具体计算方法为：在 B39 单元格输入"=PV(B10,B11,,-B9)"，敲回车确定，结果如图 8-13 所示。

	递延年金现值的计算	
28		
29	每年年初	20,000
30	年利率	4.30%
31	期限	5
32	第3年年初的年金现值	¥113,663.87
33	第1年年初的复利现值	¥123,649.12

图 8-12 递延年金现值的计算 2

	永续年金现值的计算	
35		
36	每年年初	120,000
37	年利率	4.00%
38	期限	永续
39	现在要支付	3,000,000

图 8-13 永续年金现值的计算

知识窗口

（1）现值是指一笔资金按照一定的折现率，折算为某一特定时点的现值，也可以理解为一系列未来现金流的现值总和。在经济活动中，人们常用现值来衡量未来金额与当前金额的价值差异。例如，当折现率（贴现率）为 4%时，1 年后价值 104 元（计算公式：100×1.04）的资金在现值层面等同于现在的 100 元；反之，1 年后的 100 元折算到现在仅价值约 96.15 元（计算公式：100÷1.04=96.15）。

（2）根据折现率和现金流的时间结构，现值可以分为单利现值、复利现值、普通年金现值、预付年金现值、递延年金现值、永续年金现值。

（3）在计算现值时，可运用 PV 函数来计算一系列未来现金流的现值，PV 函数如图 8-14 所示，其语法：PV（rate,nper,pmt,fv,Type）。其中，参数 rate 为各期折现率；参数 nper 为年金的付款期总数；参数 pmt 为各期应支付的金额（包括本金和利息）；参数 fv 为未来值，即最后一次支付后希望获得的现金余额；参数 type 为数字 0 或者 1，用于表示付款发生的时间（0 表示期末，1 表示期初）。PV 函数计算的结果与 pmt 参数和 fv 参数在数值的正负方向上是相反的。

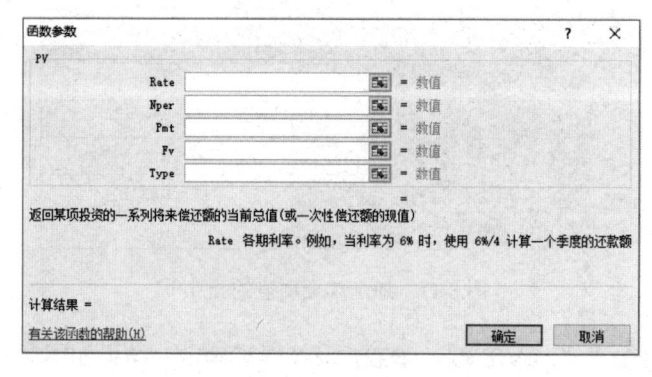

图 8-14 PV 函数

（4）永续年金现值=A/I，其中 A 代表年金，I 代表利率。

任务三 净现值的计算

任务目标

1. 知识目标
（1）理解净现值的含义。
（2）掌握 NPV 函数的功能和参数构成。

微课视频
净现值的计算

2. 能力目标
（1）能运用 NPV 函数计算净现值。
（2）能根据净现值进行投资决策。

3. 素养目标
（1）培养学生自主学习会计信息化的新知识、新技能的能力。
（2）培养学生的团队协助、团队互助等意识。
（3）培养学生的社会责任感、团队精神和协作精神。
（4）培养学生的爱国主义情感、沟通能力和协调能力。

任务导入

（1）利达公司 2022 年 1 月 1 日从旺福公司购买一台平地机，该平地机已投入使用。合同约定，该设备的总价款为 285 万元，设备款分 3 年付清，2022 年 12 月 31 日支付 55 万元，2023 年 12 月 31 日支付 120 万元，2024 年 12 月 31 日支付 110 万元，3 年期银行借款年利率为 5.3%。计算该设备的入账价值。

（2）利达公司计划投资一个项目，该项目需要第一年年初投入资金 580,000 元，当年年末能产生净现金流量为 80,000 元，以后 5 年每年净现金流量均为 125,000 元，折现率为 4.3%。分析该投资方案是否可行。

（3）利达公司计划投资一个项目，投入资金 480,000 元，第 1 年至第 6 年的每年年末现金流量分别为 50,000 元、50,000 元、100,000 元、100,000 元、148,000 元、106,000 元，折现率为 4.8%。分析该投资方案是否可行。

任务实施

（1）利达公司 2022 年 1 月 1 日从旺福公司购买一台平地机，该平地机已投入使用。合同约定，该设备的总价款为285万元，设备款分3年付清，2022年12月31日支付55万元，2023年12月31日支付120万元，2024年12月31日支付110万元。3年期银行借款年利率为5.3%。计算设备的入账价值，这属于设备购买现值的计算。建立现值计算模型，即购买方案分析模型，如图8-15所示，具体计算方法为：在B8单元格输入"=NPV(B6,B3,B4,B5)"，敲回车确定，结果如图8-15所示。

（2）利达公司现有一投资项目，该项目需要第一年年初投入资金580,000元，当年年末的净现金流量为80,000元，以后5年每年净现金流量均为125,000元，折现率为4.3%，分析该投资方案是否可行，需要计算该投资项目的净现值。建立投资项目净现值计算模型，即投资方案分析模型，如图8-16所示，具体计算方法为：在B20单元格输入"=NPV(B19,-B12,B13,B14,B15,B16,B17,B18)"，敲回车确定，结果如图8-16所示，投资方案的净现值大于零，此方案可行。

	A	B
1	购买方案分析	
2	总价	2,850,000
3	2022/12/31	550,000
4	2023/12/31	1,200,000
5	2024/12/31	1,100,000
6	年利率	5.30%
7	期数	3
8	设备现值	¥2,546,682.41

图8-15　购买方案分析

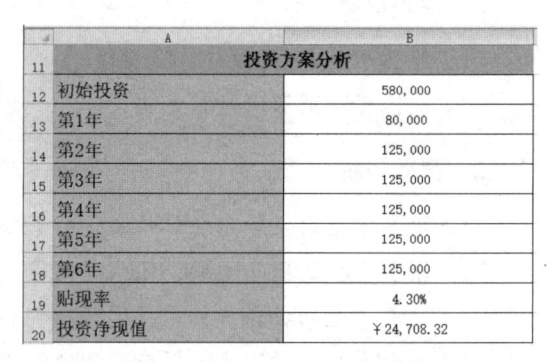

	A	B
11	投资方案分析	
12	初始投资	580,000
13	第1年	80,000
14	第2年	125,000
15	第3年	125,000
16	第4年	125,000
17	第5年	125,000
18	第6年	125,000
19	贴现率	4.30%
20	投资净现值	¥24,708.32

图8-16　投资方案分析

（3）利达公司为一项目投入资金480,000元，第1年至第6年的每年年末现金流量分别为50,000元、50,000元、100,000元、100,000元、148,000元、106,000元，折现率为4.8%，分析该投资方案是否可行，先需要计算该项目投资净现值。建立投资项目净现值计算模型，即投资方案分析模型，如图8-17所示，具体计算方法为：在B31单元格输入"=NPV(B30,-B23,B24,B25,B26,B27,B28,B29)"，敲回车确定，结果如图8-17所示，投资方案的净现值小于零，此方案不可行。

	A	B
22	投资方案分析	
23	初始投资	480,000
24	第1年	50,000
25	第2年	50,000
26	第3年	100,000
27	第4年	100,000
28	第5年	148,000
29	第6年	106,000
30	贴现率	4.30%
31	投资净现值	¥-10,756.91

图8-17　投资方案分析

知识窗口

（1）净现值是通过将投资方案所产生的现金净流量以资金成本作为折现率进行折现处理后，与原始投资额现值之间的差值所得，其本质上体现了一系列现金流的综合现值状况。

（2）净现值法作为一种用于评价投资方案的有效手段，其核心操作流程是先依据净现金效益量的总现值与净现金投资量来精准计算出净现值数值，而后凭借净现值的具体正负与大小情况对投资方案予以评价判定。净现值数值越大，表明投资方案的收益潜力越高；反之，净现值为负值则表明投资方案的收益潜力较低，甚至可能导致亏损。

（3）NPV 函数（净现值函数），如图 8-18 所示，其语法：NPV (rate, value1, [value2])。其中，参数 rate 为某一期间的贴现率；参数 value1,value2,...为一系列在时间序列上具备相等间隔且均发生在期末的现金流数据，value1 为必需参数，后续的 value2 等则为可选参数。在现金流数据的记录规则中，支出项目需用负数予以表示，而收入项目则采用正数记录。此函数的核心功能在于能够基于所输入的一系列将来收支现金流信息及选定的贴现率，高效、准确地返回一项投资的净现值数值，从而为投资方案的评估与筛选提供关键的数据依据与量化参考。

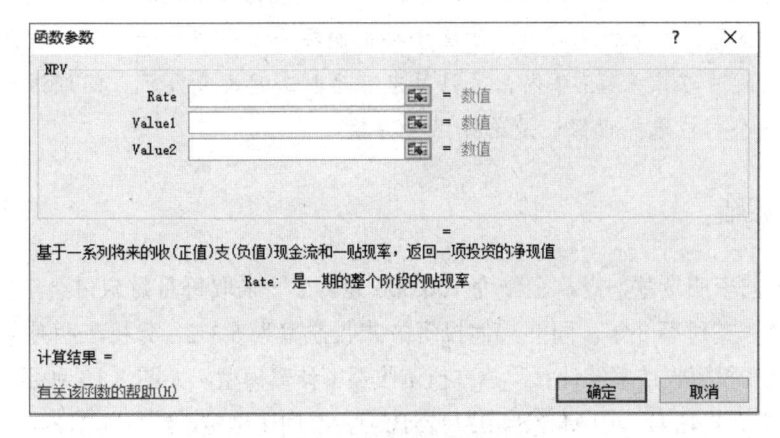

图 8-18　NPV 函数

任务四　收益率的计算

任务目标

1. 知识目标

（1）掌握收益率、利率的含义及在投资决策中的作用。

（2）掌握 RATE 函数的功能和参数构成。

微课视频
利率的计算

2. 能力目标

（1）能运用 NPV 函数计算收益率。

（2）能运用利率进行投资决策。

3. 素养目标

（1）培养学生自主学习会计信息化的新知识、新技能的能力。

（2）培养学生的团队协助、团队互助等意识。

（3）培养学生的社会责任感、团队精神和协作精神。

（4）培养学生的爱国主义情感、沟通能力和协调能力。

任务导入

（1）小严向李明贷款，贷款金额为 100,000 元，小严采取每月月末付给李明 1,200 元的方式偿还贷款，支付期 8 年，同期其他方式投资收益率为 6.3%。小严是否应贷款给李明？

（2）利达公司职工张林现有 200,000 元闲置资金，他计划用来投资，希望投资 5 年后资金达到 275,000 元，那么他在选择投资方案时可接受的最低收益率是多少？

（3）利达公司打算为职工从太平阳保险公司购买一项商业养老保险，该保险需要一次性缴费 90,000 元，在未来 15 年内，每月月末可为职工返还 950 元，同期银行存款年利率为 5.5%。利达公司应选择投保还是选择银行存款？

任务实施

（1）小严向李明贷款，贷款金额为 100,000 元，小严采取每月月末付给李明 1,200 元的方式偿还贷款，支付期 8 年，同期其他投资方式收益率为 6.3%，分析李明是否应将款项贷给小严，这属于投资收益率的计算。建立投资收益率计算模型，如图 8-19 所示，具体计算方法为：在 B5 单元格输入"=RATE(B4,B3*12,-B2)"，敲回车确定，结果如图 8-19 所示。

（2）利达公司职工张林现有 200,000 元闲置资金，计划通过投资在 5 年后达到 275,000 元，需要计算他在选择投资方案时可接受的最低收益率，这属于投资收益率的计算。建立投资收益率计算模型，如图 8-20 所示，具体计算方法为：在 B13 单元格输入"=RATE(B12,,-B10,B11)"，敲回车确定，结果如图 8-20 所示。

	A	B
1	投资收益率的计算	
2	现值（贷款额）	100,000
3	每月月末收到	1,400
4	期限	8
5	可获得的投资收益率	7.08%
6	其他贷款的投资收益率	6.30%
7	结论	可以将款项贷出

图 8-19 投资收益率的计算（1）

	A	B
9	投资收益率的计算	
10	现值	200,000
11	终值	275,000
12	期限	5
13	投资收益率	6.576%

图 8-20 投资收益率的计算（2）

（3）利达公司打算为职工从太平阳保险公司购买一项商业养老保险，该保险需要一次性缴费 90,000 元，在未来 15 年内，每月月末可为职工返还 950 元，同期银行存款年利率为 5.5%，分析与银行存款相比，投保是否有利，这属于投资收益率的计算。先建立投资收益率计算模型，如图 8-21 所示，具体计算方法为：在 B13 单元格输入"=RATE(B18,B17*12,-B16)"，敲回车确定，结果如图 8-21 所示。

	收益率的计算
一次性缴纳	90,000
每月月末	850
期限	15
收益率	7.51%
银行同期的收益率	5.50%
是否有利	大于银行收益率，有利

图 8-21　收益率的计算（3）

知识窗口

（1）收益率是指一定时期内获得的收益与初始投资成本的比率，通常以百分比形式表示，反映了投资的获利水平。根据计算期限单位的不同，利率可分为年利率、月利率和日利率。

（2）利率又称利息率，是指在一定时期内利息额与借贷资金额（本金）的比率，通常以百分比形式表示。利率计算公式：利息率=[利息量÷（本金*时间）]×100%

在特定情形下，利率也称为贴现率或折现率。贴现率是将未来支付折现为现值所使用的利率，或者是持票人以未到期票据向银行兑现时，银行预先扣除利息所依据的利率。

（3）RATE 函数（利率函数），用于计算年金的利率或收益率，如图 8-22 和图 8-23 所示，其语法：RATE(nper,pmt,pv,[fv],[type],[guess])。其中，参数 nper 为年金付款总期数；参数 pmt 为各期应支付金额（含本金和利息），且在年金期间保持不变，若省略参数 pmt，则须包含参数 fv；参数 pv 为现值，即未来付款当前值的累积和；参数 fv 为终值，即最后一次付款后期望的现金余额，若省略参数 fv，则默认其值为零；参数 type 取值 1 或 0，0（默认）表示付款在期末，1 表示付款在期初；参数 guess 为预期利率的初始猜测值，省略时默认是 10%。需注意，参数 pmt 与参数 pv 的数值正负方向相反，参数 pv 与参数 fv 的数值正负方向相反。

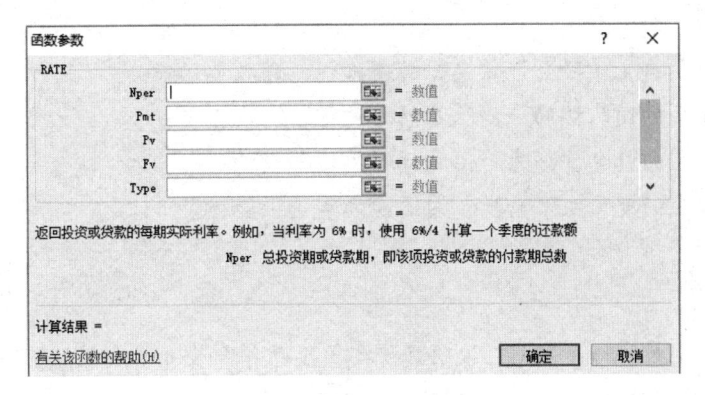

图 8-22　利率函数（1）

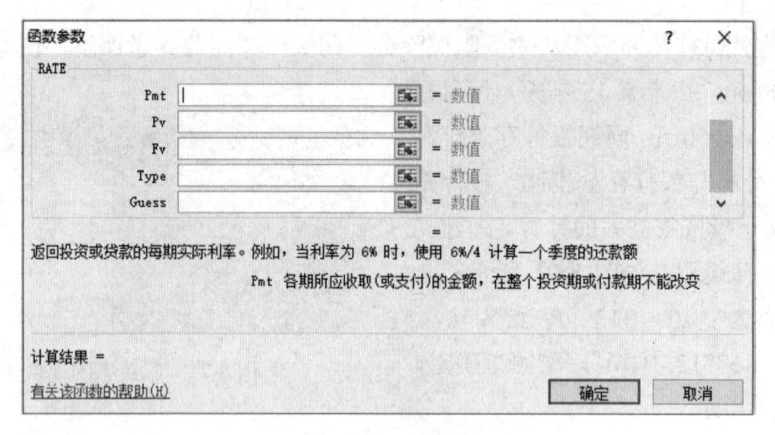

图 8-23　利率函数（2）

任务五　内含报酬率和修正内含报酬率的计算

任务目标

1. 知识目标

（1）掌握内含报酬率和修正内含报酬率的含义及在投资决策中的作用。
（2）掌握 IRR 函数的功能和参数构成。
（3）掌握 MIRR 函数的功能和参数构成。

微课视频
内含报酬率

2. 能力目标

（1）能运用 IRR 函数计算内含报酬率。
（2）能运用 MIRR 函数计算修正内含报酬率。
（3）能根据内含报酬率和修正内含报酬率进行投资决策。

3. 素养目标

（1）培养学生自主学习会计信息化的新知识、新技能的能力。
（2）培养学生的团队协助、团队互助等意识。
（3）培养学生的社会责任感、团队精神和协作精神。
（4）培养学生的爱国主义情感、沟通能力和协调能力。

任务导入

利达公司计划投资一个项目，该项目需要第 1 年年初投入资金 1,000,000 元，投资期为 6 年，第 1 年年末可得净收益 220,000 元，以后每年年末可获净收益 310,000 元，折现率为

4.95%。计算该投资项目的净现值和 6 年后的内含报酬率。假如每年将净收益用于再投资,再投资报酬率为 6.2%,那么利达公司 6 年后的修正内含报酬率是多少?

任务实施

该投资项目第 1 年年初投入资金为 1,000,000 元,投资期为 6 年,第 1 年年末可得净收益 220,000 元,以后每年年末可获净收益 310,000 元,折现率为 4.95%,计算公司该投资项目的净现值和 6 年后的内含报酬率。假如每年将净收益用于再投资,再投资报酬率为 6.2%,那么利达公司 6 年后的修正内含报酬率是多少?这属于内含报酬率和修正内含报酬率的计算。建立内含报酬率和修正内含报酬率计算模型,如图 8-24 所示,具体计算方法为:在 B12 单元格输入"=IRR(B3:B7)",敲回车确定,结果如图 8-24 所示。

在 B13 单元格输入"=MIRR(B3:B8,B10,B11)",敲回车确定,结果如图 8-25 所示。

报酬率的计算	
项 目	数 据
投资额(现金流出)	-1,000,000
第一年 净收益	220,000
第二年 净收益	310,000
第三年 净收益	310,000
第四年 净收益	310,000
第五年 净收益	310,000
第六年 净收益	310,000
资金成本率(折现率)	4.95%
再投资报酬率	5.10%
四年后投资的内含报酬率	5.55%
四年后投资的修正内含报酬率	

图 8-24 内含报酬率的计算

报酬率的计算	
项 目	数 据
投资额(现金流出)	-1,000,000
第一年 净收益	220,000
第二年 净收益	310,000
第三年 净收益	310,000
第四年 净收益	310,000
第五年 净收益	310,000
第六年 净收益	310,000
资金成本率(折现率)	4.95%
再投资报酬率	5.10%
四年后投资的内含报酬率	5.55%
四年后投资的修正内含报酬率	9.95%

图 8-25 修正内含报酬率的计算

知识窗口

(1)内含报酬率是指能够使未来现金流入现值等于未来现金流出现值的贴现率,或者说是使投资方案净现值为零的贴现率。内含报酬率法通过投资方案自身的内含报酬率来评定该方案的优劣,当内含报酬率高于资金成本率时方案可行,且该比率越高方案越佳。

(2)内含报酬率法的优点在于可关联投资项目投资期内收益与投资总额,揭示投资项目收益率,通过与同行业投资收益率对比,判定项目的建设价值。

(3)当项目以借款方式筹集资金且借款利率未知时,可采用内含报酬率法。该方法能够绕过对借款条件的依赖,先行计算出项目的内含报酬率,并以此作为项目可接受借款利率的上限。

(4)内含报酬率是比率而非绝对值。如某方案内含报酬率低但其规模大,产生的净现值大,也可带来可观收益,因此应将内含报酬率与净现值结合起来综合考量。

（5）IRR 函数（内含报酬率函数），如图 8-26 所示，其语法：IRR(values,[guess])。其中，参数 values 为用于计算内部收益率的数组或单元格引用，且至少含一正一负两个数值，函数依数值顺序解读现金流顺序；参数 guess 为计算结果估计值。Excel 用迭代法计算，若 20 次迭代无果则返回#NUM!，省略 guess 时默认为 10%，若返回错误值或结果不符预期，可更换 guess 值重试。该函数可返回一系列现金流的内含报酬率，现金流不必均衡，但作为年金需按固定间隔产生，此内含收益率即投资回收利率，涵盖定期支付（负）与定期收入（正）。

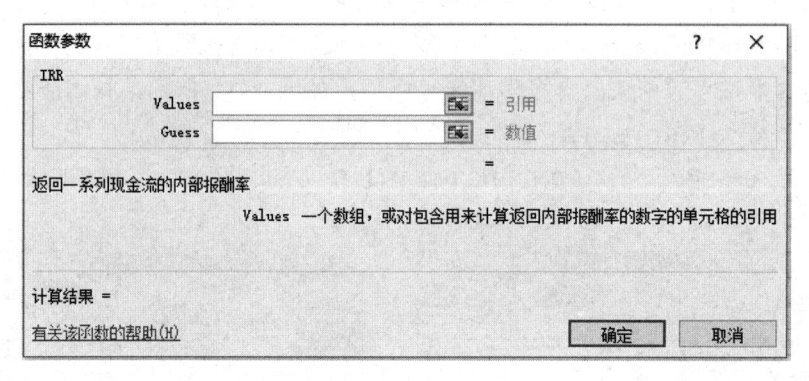

图 8-26　IRR 函数

（6）修正内含报酬率是指在综合考量投资成本与现金再投资利率情形下，一系列现金流所对应的内部报酬率。

（7）MIRR 函数（修正内含报酬率函数），如图 8-27 所示。其语法：MIRR(values,finance_rate,reinvest_rate)。其中，参数 values 为数组或含数字单元格的引用，其数值涵盖各期支出（负）与收入（正），且至少需有一正一负两个数值才能计算，否则返回#DIV/0!，数组中若含文本、逻辑值或空白单元格会被忽略，零值单元格则参与计算；参数 finance_rate 是现金流资金支付所用利率；参数 reinvest_rate 是现金流再投资的收益率。该函数功能为返回考虑投资成本与现金再投资利率时一系列分期现金流的内部报酬率，全面兼顾了投资成本和现金再投资收益率状况。

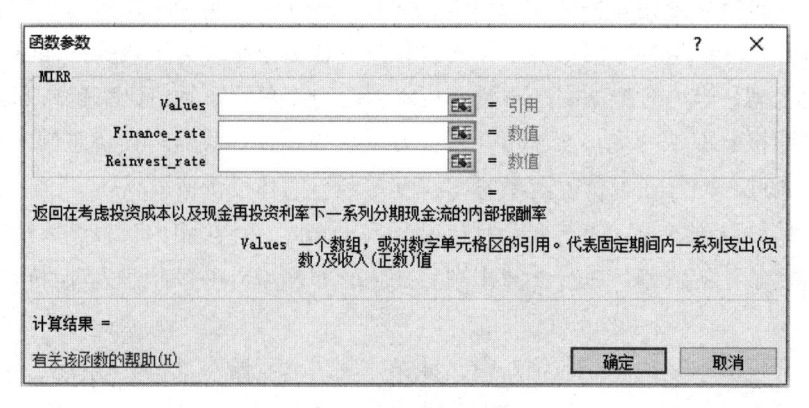

图 8-27　MIRR 函数

任务六 投资回收期与还款期的计算

任务目标

1. 知识目标

(1) 掌握投资回收期与还款期的含义及在投资决策中的作用。
(2) 掌握 NPER 函数的功能和参数构成。

2. 能力目标

(1) 能运用 NPER 函数计算投资回收期。
(2) 能灵活运用投资回收期与还款期的计算进行投资决策。

3. 素养目标

(1) 培养学生自主学习会计信息化的新知识、新技能的能力。
(2) 培养学生的团队协助、团队互助等意识。
(3) 培养学生的社会责任感、团队精神和协作精神。
(4) 培养学生的爱国主义情感、沟通能力和协调能力。

微课视频
期数的计算

任务导入

(1) 利达公司现有一笔闲置资金 120,000 元,公司计划将此笔资金进行投资,假设投资项目的年报酬率为 6.3%。计算多少年可以使现有资金增加到 180,000 元。

(2) 利达公司计划购买一台油电混合汽车或加油车。油电混合汽车比加油车每月可以节约燃料费 1,000 元,但油电混合汽车的价格比加油车高出 100,000 元。假设目前资金的年报酬率为 5.6%,年资金周转 12 次以上(每月复利一次)。分析油电混合汽车至少应使用多少年才划算。

(3) 利达公司职工陈东计划采用按揭方式购房,贷款 400,000 元,贷款的年利率为 6.91%,他计划每月还款 3,000 元。计算他需要多少年能还清贷款。

(4) 利达公司计划投资一个项目,该项目需要一次性投入资金 400,000 元,公司希望经过 10 年的投资使资金达到 65 万元。那么年投资回报率应该不低于多少?如果公司期望年投资回报率为 8.3%,在投资资金不变的条件下,投资回收期是多长?

任务实施

(1) 利达公司要将闲置资金 120,000 元投资到年报酬率为 6.3% 的投资项目,计算多少年可以使现有资金增加到 180,000 元，这属于投资回收期的计算。建立投资回收期计算模型，如图 8-28 所示，具体方法为：在 B5 单元格输入"=NPER (B4,,B2,-B3)"，敲回车确定，结果如图 8-28 所示。

（2）利达公司如果购买的是油电混合车而非加油车。分析油电混合汽车至少应使用多少年才划算，这属于设备购买决策的分析。建立设备购买分析模型，如图 8-29 所示，具体计算方法为：在 B12 单元格输入"=NPER(B8/12,B10,-B11)/12"，敲回车确定，结果如图 8-29 所示。

A	B
投资回收期的计算	
现值	120,000
预期收款金额	180,000
年报酬率	6.30%
期数	6.64

图 8-28　投资回收期的计算

A	B
设备购买分析	
年报酬率	5.60%
年资金周转	12
燃料费	1,000
价格	100,000
期数	11.25

图 8-29　设备购买分析

（3）利达公司职工陈东计划以按揭方式购房，贷款 400,000 元，贷款的年利率为 6.91%，每月还款 3,000 元的情况下，计算他需要多少年能还清贷款，这属于按揭还款期的计算，需要分月末、月初还款两种情况来分析。先建立按揭还款期计算模型，如图 8-30 所示，具体计算方法为：

在 B19 单元格输入"=NPER(B16/12,B17,-B15)/12"，敲回车确定，结果如图 8-30 所示。

在 B20 单元格输入"=NPER(B16/12,B18,-B15,,1)/12"，敲回车确定，结果如图 8-31 所示。

A	B
按揭还款期的计算	
贷款金额	400,000
年利率	6.91%
每月月末还款	3,000
每月月初还款	3,000
每月月末还款期数	21.19
每月月初还款期数	

图 8-30　按揭还款期的计算（月末还款）

A	B
按揭还款期的计算	
贷款金额	400,000
年利率	6.91%
每月月末还款	3,000
每月月初还款	3,000
每月月末还款期数	21.19
每月月初还款期数	20.92

图 8-31　按揭还款期的计算（月初还款）

（4）利达公司计划投资的 40 万元，要在 10 年投资期中使资金达到 65 万元，计算最低年投资回报率；如果公司期望年投资回报率为 8.3%，在投资资金不变的条件下，计算投资回收期，这属于回报率及投资回收期的计算。建立回报率及投资回收期计算模型，如图 8-32 所示，具体计算方法为：

在 B26 单元格输入"=RATE(B25,,B23,-B24)"，敲回车确定，结果如图 8-32 所示。

在 B28 单元格输入"=NPER(B27,,B23,-B24)"，敲回车确定，结果如图 8-33 所示。

项目八
投融资管理岗位

	A	B
22	回报率及投资回收期的计算	
23	投资额	400,000
24	投资期	680,000
25	期限	10.00
26	投资回报率	5.45%
27	期望回报率	7.30%
28	投资回收期	

图 8-32　回报率的计算

	A	B
22	回报率及投资回收期的计算	
23	投资额	400,000
24	投资期	680,000
25	期限	10.00
26	投资回报率	5.45%
27	期望回报率	7.30%
28	投资回收期	7.53

图 8-33　投资回收期的计算

知识窗口

（1）期数计算涵盖投资回收期或还款期计算。投资回收期是指从起始投资日至预设投资回收日的时长，还款期（还贷期）则是借款向贷款人偿还贷款本金和利息的时间段。

（2）NPER 函数（期数函数），用于计算在固定利率和等额分期付款模式下，某项投资或贷款的期数，如图 8-34 所示，其语法：NPER(rate,pmt,pv,[fv],[type])。其中，参数 rate 是各期利率；参数 pmt 是年金期间不变的各期应支付金额（含本金与利息）；参数 pv 为现值，即未来付款当前值的累积和；参数 fv 是未来值（若省略则默认为 0），代表最后一次付款后期望的现金余额；参数 type 取值 0 或 1，用于指定付款时间在期末或期初。需注意，pmt、pv 与 fv 参数数值正负方向相反。

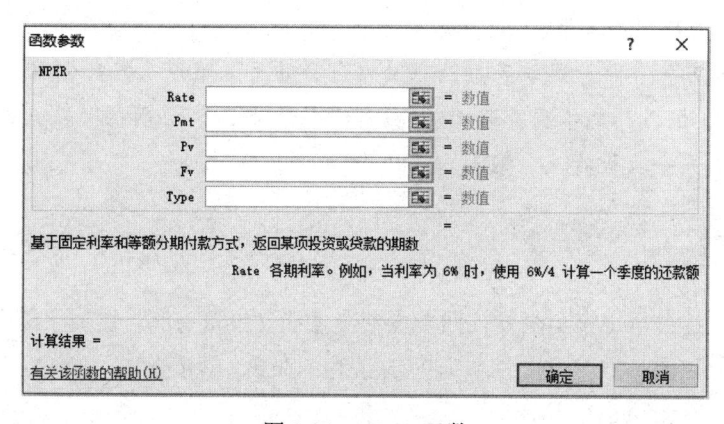

图 8-34　NPER 函数

任务七　年金的计算

任务目标

1. 知识目标

（1）掌握年金的含义及在投资决策中的作用。

微课视频
年金的计算

（2）掌握 PMT 函数的功能和参数构成。

2. 能力目标

（1）能运用 PMT 函数计算年金。
（2）能灵活运用年金的计算进行投资决策。

3. 素养目标

（1）培养学生自主学习会计信息化的新知识、新技能的能力。
（2）培养学生的团队协助、团队互助等意识。
（3）培养学生的社会责任感、团队精神和协作精神。
（4）培养学生的爱国主义情感、沟通能力和协调能力。

任务导入

（1）利达公司计划以 6.4% 的年利率借款 200,000 元，投资于期限为 10 年的某个项目，那么该公司每年至少要收回多少资金，这笔投资才有利？

（2）利达公司张林为购买商品房向本市住房公积金管理中心贷款 300,000 元，贷款的年利率为 4.87%，每月等额还款，还款期限为 12 年。计算每月应还款金额。

（3）利达公司计划为其将在 10 年后离职的一批职工制订一套企业负担的商业养老金计划，具体情况如下：10 年后离职的每位职工在每月的月末可以从银行领取 2,000 元养老金，连续领取 20 年，银行存款年利率为 4.56%。如果分期投入，公司每年年末应为每位职工存入多少金额？如果一次性存入，应存入多少金额？

任务实施

（1）计算利达公司每年至少要收回多少资金才能使投资有利，这属于年金的计算。建立年金计算模型，如图 8-35 所示，具体计算方法为：在 B5 单元格输入"=PMT(B4,B3,-B2)"，敲回车确定，结果如图 8-35 所示。

（2）就算张林每月应还款金额属于按揭还款金额的计算，需要分月末和月初还款两种情况讨论。建立按揭还款金额计算模型，如图 8-36 所示，具体计算方法为：在 B12 单元格输入"=PMT(B9,B10,-B8)/12"，敲回车确定，结果如图 8-36 所示。

	A	B
1	年金的计算	
2	现值（借款金额）	200,000
3	期数	10.00
4	年报酬率	6.40%
5	每年收回的金额	27,690.89

图 8-35　年金的计算

	A	B
7	按揭还款金额的计算	
8	贷款金额	300,000
9	年利率	4.87%
10	每月月末还款期数	12
11	每月月初还款期数	12
12	每月月末还款	2,799.99
13	每月月初还款	

图 8-36　按揭还款金额的计算（月末还款）

在 B13 单元格输入"=PMT(B9,B11,-B8,,1)/12",敲回车确定,结果如图 8-37 所示。

(3)计算公司商业养老金计划两种不同方式的存入金额问题,属于年金现值和年金终值的计算。建立商业养老金计划模型,如图 8-38 所示,具体计算方法为:

在 B20 单元格输入"=PV(B18/12,B17*12,-B16)",敲回车确定。

在 B21 单元格输入"=PV(B18,B19,,-B20)",敲回车确定。

在 B22 单元格输入"=PMT(B18,B19,,-B21)",敲回车确定,结果如图 8-38 所示。

	A	B
7	按揭还款金额的计算	
8	贷款金额	300,000
9	年利率	4.87%
10	每月月末还款期数	12
11	每月月初还款期数	12
12	每月月末还款	2,799.99
13	每月月初还款	2,669.97

图 8-37 月按揭还款金额的计算(月初还款)

	A	B
15	商业养老金计划	
16	每月领取养老金	2,000
17	领取退休金期限	20
18	年利率	4.56%
19	缴纳时间	10.00
20	领取20年相当于第1年一次性存入的金额	¥314,518.46
21	再计算10年期的复利现值	¥201,367.97
22	10年中每年应存入的金额	16,341.40

图 8-38 商业养老金计划

知识窗口

(1)年金是指在一定时期内每隔相同时间就发生等额的系列收付款项。

(2)PMT 函数(年金函数),用于在固定利率条件下,计算贷款的等额分期偿还金额,其语法:PMT(rate,nper,pv,[fv],[type]),如图 8-39 所示。其中,参数 rate 是贷款利率;参数 nper 是贷款付款期的总数;参数 pv 代表现值,也就是一系列未来付款当前值的累积和,亦称为本金;参数 fv 是未来值,即在最后一次付款后期望的现金余额(省略时默认为 0);参数 type 取值 0 或 1,用于确定各期付款时间处于期末还是期初。需留意,PMT 函数的计算结果与 pv 参数数值正负方向相反。

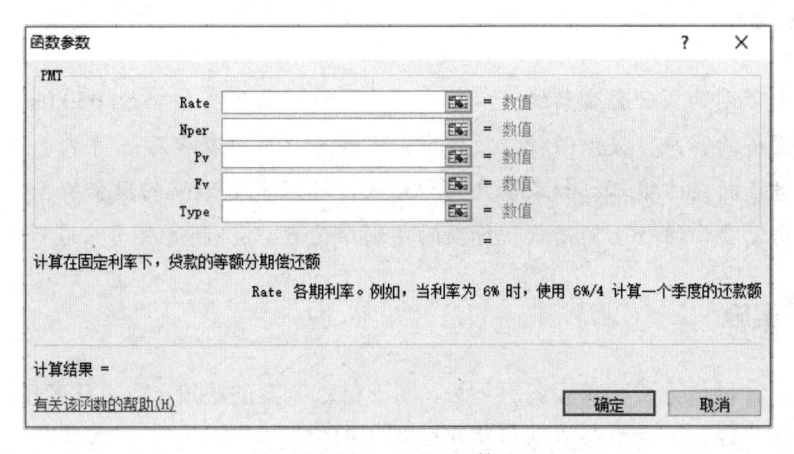

图 8-39 PMT 函数

任务八　付款方案分析

任务目标

1. 知识目标

（1）理解如何利用利率进行付款方案分析。
（2）理解如何利用年金进行付款方案分析。
（3）理解如何利用现值进行付款方案分析。

微课视频
付款方案分析

2. 能力目标

（1）能通过利率来分析付款方案。
（2）能通过年金来分析付款方案。
（3）能通过现值来分析付款方案。

3. 素养目标

（1）培养学生自主学习会计信息化的新知识、新技能的能力。
（2）培养学生的团队协助、团队互助等意识。
（3）培养学生的社会责任感、团队精神和协作精神。
（4）培养学生的爱国主义情感、沟通能力和协调能力。

任务导入

利达公司计划购买一套生产线，以扩大产能，该设备交易价格为 650,000 元，供应商对于购买该设备的客户，提供两种收款方案：方案一、客户在今后 5 年内，以 5.84% 的年利率按月等额还款；方案二、如果客户立即付款，可以享受 10% 的现金折扣。如果选择方案二利达公司需要向银行全额借款，贷款的年利率为 6.4%。利达公司应选择哪种方案？

任务实施

选择哪一种付款方式购买设备更划算，属于付款方案的决策，需要从多角度进行分析。方案一是分期付款，方案二是立即付款享受折扣但需要向银行借款。这涉及资金的时间的价值、利息支出及实际现金流出等因素。利率小为优选方案，偿还额小为优选方案，每年支付租金所对应的总现值小为优选方案。先建立付款方案决策模型，如图 8-40 所示，具体计算方法为：

（1）设置方案二的借款额，在 C9 单元格输入"=650000*0.9"，敲回车确定。

（2）设置方案一的每月还款额，在 C10 单元格输入"=PMT(0.0584/12,5*12,-650000)*12"，敲回车确定。

（3）设置好借款利率后，在 C13 单元格输入"=RATE(C11,C10,-C9)"，敲回车确定。

（4）在 C14 单元格输入"=PMT(C12,5,-C9)"，敲回车确定。

（5）在 C15 单元格输入"=PV(C12,C11,-C10)"，敲回车确定。

（6）在 C16 单元格输入"=IF(C13<C12,"方案一","方案二")"，敲回车确定。

（7）在 C17 单元格输入"=IF(C10<C14,"方案一","方案二")"，敲回车确定。

（8）在 C18 单元格输入"=IF(C15<C9,"方案一","方案二")"，敲回车确定。计算结果图 8-40 所示。

	付款方案决策	
借款额		585,000
按月等额还款一年的还款额		¥150,216.23
租赁期限		5
借款利率		6.40%
决策方法	方法一：每年支付租金所对应利率测算	8.95%
	方法二：一次性付现而借款的年偿还额	¥140,391.50
	方法三：每年支付租金所对应的总现值	625,938.87
	方法一自动分析结果	方案二
	方法二自动分析结果	方案二
	方法三自动分析结果	方案二

图 8-40 付款方案决策

知识窗口

（1）如果在付款方案中测算出每年支付租金的利息率比银行借款利息率小，则每年支付租金的方案划算；否则相反。

（2）如果每年支付的租金额比每年的借款偿还额少，则每年支付租金的方案划算；否则相反。

（3）如果测算出租金的总现值比银行借款金额小，则每年支付租金的方案划算；否则相反。

任务九　贷款查询系统的设计

任务目标

1. 知识目标

（1）掌握 INDEX 函数和 PMT 函数的功能和参数构成。

微课视频
贷款查询系统的设计

（2）掌握 Excel 控件的功能。

2. 能力目标

（1）能利用列表框和数值调节钮等操作设计自动查询系统。

（2）能利用 INDEX 函数进行查询系统中值的引用。

（3）能利用 Excel 控件完善自动查询系统。

3. 素养目标

（1）培养学生自主学习会计信息化的新知识、新技能的能力。

（2）培养学生的团队协助、团队互助等意识。

（3）培养学生的社会责任感、团队精神和协作精神。

（4）培养学生的爱国主义情感、沟通能力和协调能力。

任务导入

利达公司为提高职工福利，新建一批小户型住房，供内部职工购买，价格低于市场价格，职工可以贷款按揭支付。房屋面积及价款资料如下：房屋面积为 50 平方米、60 平方米、70 平方米、80 平方米、90 平方米；房款分别为 24 万元、30.6 万元、37.1 万元、43.6 万元、50.85 万元。请运用 Excel 建立按揭购房的分期付款动态查询系统，方便职工根据自身的付款能力选择合适的按揭方案，并为职工计算其每月还款额。

任务实施

（1）在电脑桌面新建名为“利达公司分期付款查询系统.xlsx”的工作簿，将“Sheet1”重命名为“查询系统”，建立查询模型如图 8-41 所示。

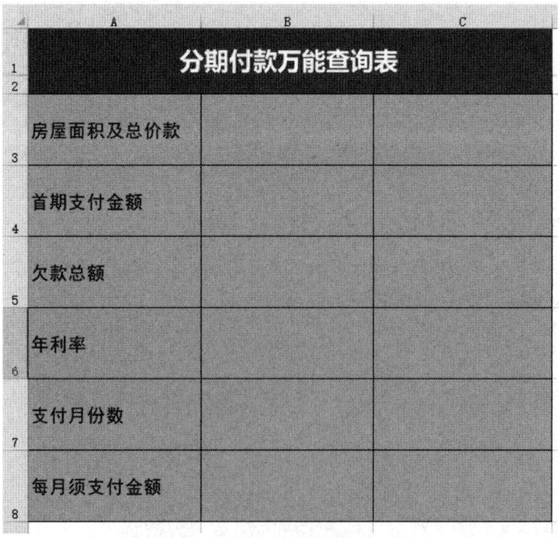

	A	B	C
1	分期付款万能查询表		
2			
3	房屋面积及总价款		
4	首期支付金额		
5	欠款总额		
6	年利率		
7	支付月份数		
8	每月须支付金额		

图 8-41　分期付款万能查询表

（2）单击"文件"选项卡的"选项"，于弹出的"Excel 选项"对话框中单击"自定义功能区"，勾选"开发工具"复选框，如图 8-42 所示。

图 8-42　勾选"开发工具"复选框

（3）单击"开发工具"选项卡的"插入"，选择"列表框"图标，将其放到 B3 单元格，选中该列表框，右键单击，选择"设置控件格式"，将数据源区域设为"$E$3:$E$7"，单元格链接设为"$D$2"，如图 8-43 所示，敲回车确定。注意，设置控件可依实际需求灵活设定，相关数据并非固定不变。

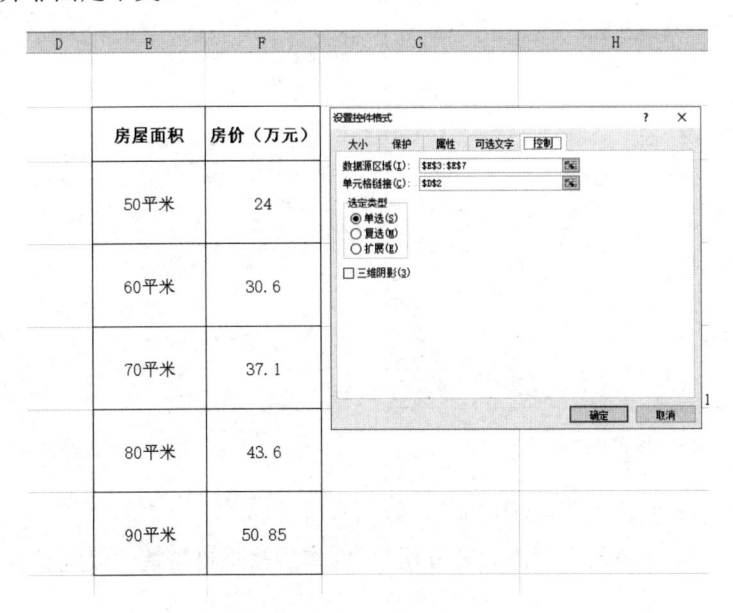

房屋面积	房价（万元）
50平米	24
60平米	30.6
70平米	37.1
80平米	43.6
90平米	50.85

图 8-43　设置控件格式

（4）在 C3 单元格输入"=INDEX(F3:F7,D2)"，敲回车确定，或者单击"公式"选项卡的"插入函数"，设置函数参数结果如图 8-44 所示。

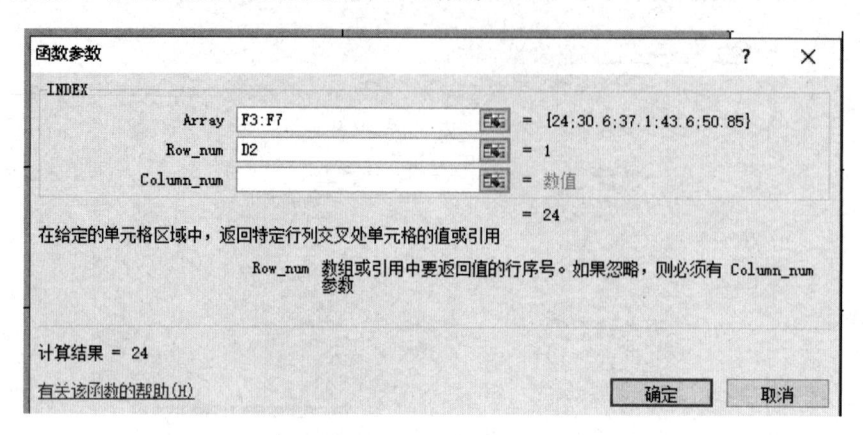

图 8-44　INDEX 函数参数

（5）单击"开发工具"选项卡的"插入"，选择"数值调节按钮"图标，将其放到 B4 单元格，随后选中该数值调节按钮，右键单击，选择"设置控件格式"，进行控件格式设置，如图 8-45 所示。

（6）在 C5 单元格输入"=C3-C4"，敲回车确定。

（7）单击"开发工具"选项卡的"插入"，选择"数值调节按钮"图标，将其放到 B6 单元格，随后选中该数值调节按钮，右键单击，选择"设置控件格式"，进行控件格式设置，如图 8-46 所示。

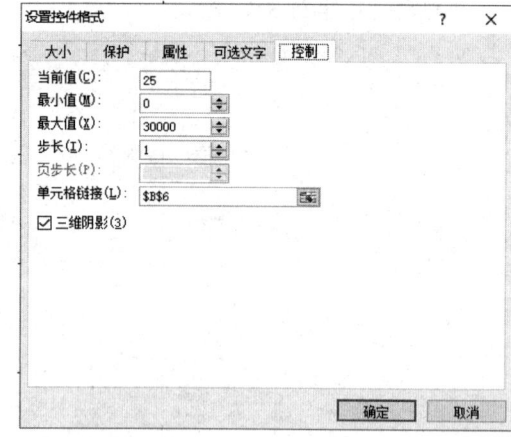

图 8-45　设置控件格式　　　　图 8-46　设置控件格式

（8）在 C5 单元格输入"=B6/1000"，敲回车确定。

（9）在 B7 单元格插入"数值调节按钮"，操作步骤不再赘述，设置控件格式如图 8-47 所示。

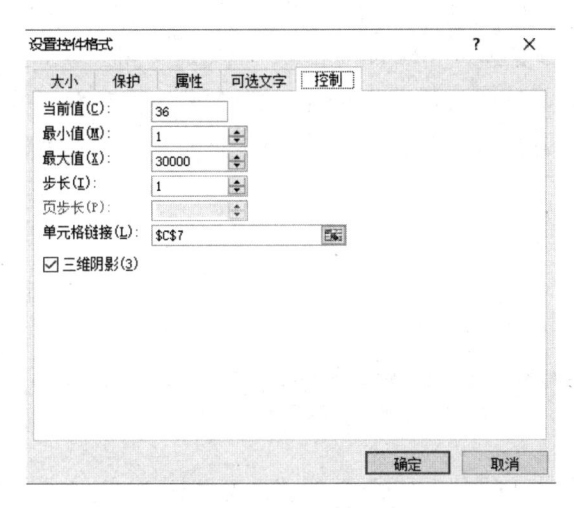

图 8-47 设置控件格式

（10）在 C8 单元格插入"=PMT(C6/12,C7,-C5*10000)"，敲回车确定，计算出相应贷款的每月还款额。

至此分期付款万能查询表编制完成，计算结果如图 8-48 所示。

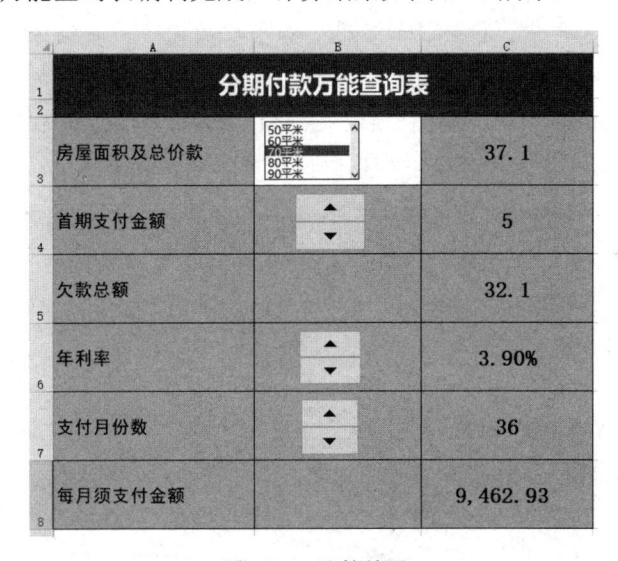

图 8-48 计算结果

知识窗口

INDEX 函数（查找引用函数）用于依据行序号与列序号的索引值，确定并返回列表或数组中的元素值，即返回行列交叉点的引用，如图 8-49 所示，其语法：INDEX（array,row_num,[column_num]）。其中，参数 array 代表单元格区域或数组常量；参数 row_num 是数组中某行的行号，函数依此行号返回数值，若省略 row_num 参数，则必须指定 column_num 参数；column_num 参数为数组中某列的列标，函数据此列标返回数值，若省略 column_num 参数，则必须有 row_num 参数。当同时使用 row_num 和 column_num 参数时，INDEX 函数会返回 row_num 与 column_num 参数交叉处单元格的值。若将 row_num 或 column_num 参数设为 0，INDEX 函数会分别返回整列或整行的数组数值。

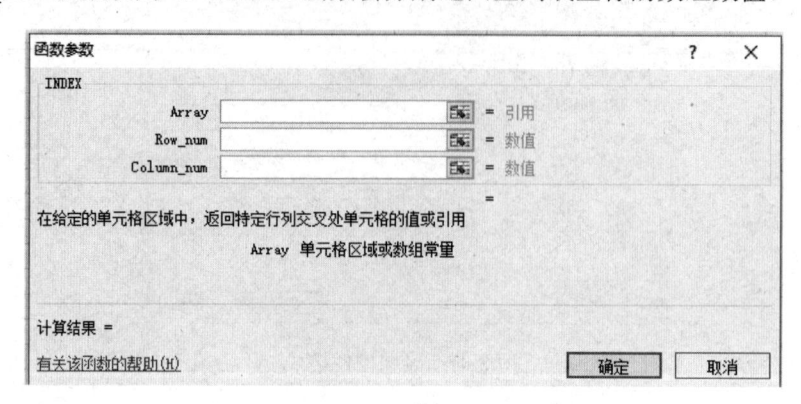

图 8-49　INDEX 函数

项目小结

（1）在财务管理工作中，投融资管理是一项重要的内容，我们经常需依据企业实际状况开展投融资计算与剖析，进而为企业敲定最为适宜的投融资决策。

（2）本项目重点介绍了 PV、NPV、FV、RATE、IRR、MIRR、NPER、PMT、TREND、INDEX 等函数在投融资岗位中的运用和分期付款万能查询表的编制。

课后拓展

练习一

1. 张红在银行存入 80,000 元，复利计息，银行存款年利率为 3.5%，请问此人在第 10 年的年末可一次性从银行取出的本息合计为多少？

2. 张红在 10 年的期限内每年年末等额地向银行存入 8,000 元，复利计息，银行存款年利率为 3.2%，请问此人在第 10 年的年末可一次性从银行取出的本息合计为多少？

3. 李林在 10 年内每年年初等额地向银行存入 4,000 元，复利计息，银行存款年利率为 2.8%，请问此人在第 10 年的年末可一次性从银行取出的本息合计为多少？

练习二

1. 如果张阳想在 5 年后从银行取出 1,000 元，单利计息，银行存款年利率为 5%，则现在需要存入银行的金额为多少？

2. 红星公司计划在投资 5 年后获得资金 1,200,000 元，假设年投资收益率为 10%，问现在应该一次性投入多少资金？

3. 李明打算买一项基金，购买成本为 81,000 元，该基金在购买后 20 年内每月月末收益为 600 元。若李明期望的最低年收益率为 8%，请问他是否应该购买该项基金？

4. 红星公司有一笔 5 年期分期付款购买设备的业务，每年年初付 500,000 元，银行存款年利率为 5.4%，请问购买该设备分期付款的总额相当于购买时一次性支付多少金额？

5. 红星公司有一笔分期付款购买设备的业务，从第 3 年年初开始连续 5 年支付销售方 200,000 元，银行存款年利率为 4.5%，请问购买该设备分期付款的总额相当于购买时一次性支付多少金额？

6. 红星公司 2024 年 1 月 1 日从乙公司购买一台设备，该设备已投入使用。合同约定，该设备的总价款为 7,000,000 元，设备款分 3 年付清，2021 年 12 月 31 日支付 1,000,000 元，2022 年 12 月 31 日支付 2,000,000 元，2023 年 12 月 31 日支付 4,000,000 元。假设 3 年期银行借款年利率为 5.1%。计算设备总价款的现值。

练习三

1. 红星公司有一投资方案，第一年年初投资 500,000 元，当年年末的净现金流量为 62,000 元，以后 5 年每年净现金流量均为 135,200 元，假定折现率为 5.1%。计算该投资方案的净现值是多少，判断该方案是否可行。

练习四

1. 王丽现有 25,000 元，要想在 10 年后达到 55,000 元，那么在选择投资项目时，其最低可接受的收益率是多少？

2. 李微向你借款 30,000 元，并同意每年年末支付 8,000 元，共付 5 年。你是否应接受该借款建议？（当前投资收益率为 4.5%。）

3. 王明投资 100,000 元的理财产品，预计每年可获得 25,000 元的回报，若该理财产品的期限为 5 年。请问该理财产品投资收益率是多少？（用 TREND 函数，当 $i=7\%,(P/A,i,5)=4.1002$；$i=8\%,(P/A,i,5)=3.9927$。）

4. 红星公司计划投资一个项目，如果第 1 年年初投入 1,100,000 元，第 1 年年末可得净收益 150,000 元，以后 3 年每年年末可获净收益 200,000 元，假如每年折现率为 5.75%，计算该投资项目的净现值和 4 年后的内含报酬率。假如每年将净收益用于再投资，再投资收益率为 7.8%，那么该公司 4 年后的修正内含报酬率是多少？

练习五

1. 张明现有 40,000 元，拟投入收益率为 5.5% 的投资项目，请问经过多少年才可使现有资金增加 1 倍？

2. 红星公司计划投资一项目，一次性投入资金 30,000 元，如果要求在 10 年投资期使资金达到 50,000 元，则年投资收益率应不低于多少？假定年投资收益率为 6.3%，在投资资金不变的情况下，该公司投资回收期为多少年？

练习六

1. 李林购买住房向其所在市的住房公积金管理中心贷款 500,000 元，贷款的年利率为 3.86%，还款期限为 20 年，请计算李林每月的还款额为多少？

2. 假设以 4.25%的年利率向银行借款 30,000 元，投资于一个期限为 10 年的项目，每年至少要收回多少现金此借款方案才有利？

3. 红星公司为其将在 10 年后离职的一批员工制订企业负担的商业养老金计划，10 年后离职的每位员工在每年的年末可以从银行领取 36,000 元，连续领取 18 年。假定银行存款的年利率为 3.56%，那么该公司从本年开始，每年年末应为每位员工存多少款项？

练习七

1. 红星公司计划购买一套新设备，以扩大产能，该设备交易价格为 650,000 元，供应商提供两种付款方式：（1）客户在今后 5 年内，以 4.9%的年利率按月等额还款；（2）如果客户立即一次性付款，可以享受 5%的现金折扣。立即付款需要向银行全额借款，贷款的年利率为 4.65%。请问红星公司应选择哪一种付款方式购买该设备？

2. 红星公司拟购置一套设备，目前有 A、B 两种设备可供选择。A 设备的价格比 B 设备高 75,000 元，但每年可节约维修保养费 18,000 元。假设 A 设备的经济寿命为 7 年，年利率为 5.35%，应选择购买哪一套设备？假设 A 设备的经济寿命为 4 年，其他条件不变，应选择购买哪一套设备？

练习八

1. 湖南腾飞 4S 汽车销售公司需要利用 Excel 建立按揭买车的分期付款动态查询系统，公司每台车的价格、型号、首付款利率和付款期为可变动数据，请为公司设置万能查询系统计算按揭买车每月应支付的款项。相关信息如表 1 所示。

表 1　车型及价格明细

型号	价格/万元	具体型号
传祺 GS4 车型	11.98	1.5T 130kW
长安 CS75 车型	10.5	2024 款　畅享版　1.5T 手动精英型
荣威 RX5 车型	12.3	2023 款　1.5T 舒享版
奔腾 T77 车型	11.5	2023 款　1.5T 自动豪华型
风行 T5 车型	12.5	2022 款　盛世款　1.5T 自动大客户专享版七座
吉利星越 L 车型	18	2024 款　智擎　1.5T 天宫版
宝马 5 系新能源	50	2022 款　改款二　535Le 豪华套装
福特锐界 L	27	2023 款　2.0T EcoBoost E-混动两驱 7 座　豪华型

反侵权盗版声明

电子工业出版社依法对本作品享有专有出版权。任何未经权利人书面许可，复制、销售或通过信息网络传播本作品的行为；歪曲、篡改、剽窃本作品的行为，均违反《中华人民共和国著作权法》，其行为人应承担相应的民事责任和行政责任，构成犯罪的，将被依法追究刑事责任。

为了维护市场秩序，保护权利人的合法权益，我社将依法查处和打击侵权盗版的单位和个人。欢迎社会各界人士积极举报侵权盗版行为，本社将奖励举报有功人员，并保证举报人的信息不被泄露。

举报电话：（010）88254396；（010）88258888
传　　真：（010）88254397
E-mail： dbqq@phei.com.cn
通信地址：北京市万寿路173信箱
　　　　　电子工业出版社总编办公室
邮　　编：100036